U0105460

主權區塊鏈 1.0

秩序互聯網與
人類命運共同體

大數據戰略重點實驗室 著

連玉明 主編

浙江大學國際聯合商學院

浙江大學互聯網金融研究院

特別支持

大數據戰略重點實驗室浙江大學研究基地

學術支持

編撰委員會

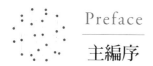

人類剛剛跨過新千年第三個十年的門檻，世界彷彿進入「無錨之境」，面臨前所未有的「失序之困」，人們唯一可以確定的是「世界的不確定性」。在《黑天鵝：如何應對不可預知的未來》的作者納西姆・尼古拉斯・塔勒布看來，歷史和社會不是緩慢前行的，而是從一個斷層躍上另一個斷層。人類的文明進程，往往正是被少數「黑天鵝」事件改變的。在科技劇烈改變世界的今天，要在一切發生之前研究結局。正如塔勒布在其另一本著作《反脆弱：從不確定性中獲益》中所強調的，我們要構建起屬於自己的「反脆弱」機制，才能更好地活在這個不確定的時代。這種「反脆弱」機制就是戰勝波動性和不確定性的力量，核心是推動構建人類命運共同體。我們的研究認為，秩序互聯網與主權區塊鏈是開啟人類命運共同體的新鑰匙。

人類命運共同體是基於人類共同利益和共同價值的超級帳本。世界面臨的不穩定性、不確定性突出，呈現出德國社會學家烏爾裡希・貝克眼中的「風險社會」特徵，「隨著人類技術能力的增強，技術發展的後果變得難以預計，導致了全球性的技術性風險和制度性風險」，全球赤字成為擺在全人類面前的嚴峻挑戰。核戰爭、網絡戰、金融戰、生物戰、非主權力量等全球性威脅依然存在，全球變暖、文明衝突等「灰犀牛」事件無可抗拒，人工智能全面接管人類等共同的災難揮之不去。尤瓦爾・赫拉利在《未來簡史》中

回顧人類文明時曾說，人類長期被三個問題所困擾，分別是饑荒、瘟疫和戰爭，但這些問題在新世紀已經逐步被解決。現在看來這個結論有待商榷，因為這三個幽靈至今仍在不斷困擾著人類。面對困擾自身生存與發展的全球性問題，人類產生共同利益，進而結成命運共同體。在解決人類共同面臨的全球性問題、實現可持續發展的過程中，各國政府和國際組織就會達成某種共識，形成共同價值：積極參與全球治理，推動構建人類命運共同體。基於制度安排和治理體系的區塊鏈是一個超級帳本，體現人類共同利益和共同價值，這就是主權區塊鏈。其對人類社會的影響正使用土地、民族來劃分的國家，變成基於共識構建的新型組織或群體，由此形成的「數字世界」正在逐漸模糊虛擬與現實的邊界。全球治理是在全球信息革命、全球性問題增多等背景下提出的，它指出一個不可逆轉的政治過程正在進行，權威在其中日益分解，進而產生了一個由越來越多的權威中心組成的全球治理體系。建立於國家主權弱化、疆界模糊前提下的全球治理體系，使得主權讓渡成為全球治理實踐的一種存在。

秩序互聯網的核心是構建新型社會信任關係。秩序是人類共同生活的需要，秩序存在與否及實現程度是衡量社會文明發展水平的重要價值尺度。人類文明是建立在信任和共識基礎上的合作網絡。信任是一種秩序，秩序需要服從和遵守，而服從和遵守在深層次需要以信任為支撐。進入數字時代，數字（算法）是全球文明的最大公約數，也是全球人類獲得最多共識的基礎。面對「信任赤字」所導致的一系列全球治理難題，人類迫切需要建構一種新型社會信任關係。主權區塊鏈將推動互聯網從信息互聯網、價值互聯網向秩序互聯網轉移，從人類命運共同體的角度說，這是一種全球性的信任共同體。當今世界正面臨百年未有之大變局，在這個大變局中，究竟什麼在變，朝什麼方向變，會變成什麼樣，這些問題還有諸多不確定性，甚至是不可預知性。但可以確定的是，有兩種力量正在改變我們的生活，進而改變這個世

界。一是數字貨幣，它將引發整個經濟領域的全面變革；二是數字身分，它將重構整個社會領域的治理模式。在數字貨幣和數字身分的推動下，藉助超級帳本、智能合約與跨鏈技術等能夠建立起一套可信且不可竄改的共識和共治機制，這套機制通過編程和代碼進而建構一種數字信任體系。當數字貨幣、數字身分遇到區塊鏈並與之珠聯璧合時，就標誌著我們已經跨入一個新的世界。在這個新的世界裡，網絡就是我們的計算機。區塊鏈藉助數字網絡與終端重構國家、政府、市場、公民的共治格局，一個基於數字信任、數字秩序的數字文明新時代呼之欲出。

從契約精神到良知之治。區塊鏈的真正意義是將人對人的依賴、人對物的依賴轉化為人對數的依賴，數據成為區塊鏈的邏輯起點和治理科技的核心。沒有數據治理現代化就沒有國家治理現代化，以數字化、網絡化、智能化為標誌的治理科技成為國家治理現代化的關鍵因素。過去半個世紀以來，科技企業的進取精神是人類文明進步的核心動力。而在未來相當長的時間裡，治理科技的向善精神將成為人類文明躍遷的重要保障。科技向善是通往普遍、普惠、普適數字社會的路標，其塑造了數字社會的第一個特徵——向善利他。良知是科技向善的內涵，陽明心學在全球範圍內傳播與普及，成為構建人類命運共同體的文化源泉之一。「陽明學問是倫理的體系、道德的體系、哲學的體系，它應該成為管理、治理、決策、推動的力量，它應該是管理學，又是治理學。」正如美國夏威夷大學哲學系終身教授成中英所說，陽明學的以道德良知為核心的道德理想主義，對於當今世界道德滑坡、唯利是圖、物欲橫流的非人性化弊端無疑是一劑對症良藥。人類對自然肆無忌憚的掠奪和破壞，破壞了人與自然、人與自我、人與世界的平衡，這個問題在二十一世紀可能變得更為嚴重，需要重新用「良知」來審視和反思，通過「致良知」克制私欲，回歸初心，通過「天地萬物為一體」與不確定性相處，與動盪的世界相處。這正是陽明心學思想的精髓，所謂「二十一世紀是王陽明

的世紀」（杜維明語）即「二十一世紀是呼喚良知的世紀」。

　　全球已吹響「警示的哨聲」，科幻作家劉慈欣在《流浪地球》裡描述的事件──「最初，沒有人在意這場災難，這不過是一場山火、一次旱災、一個物種的滅絕、一座城市的消失。直到這場災難和每個人息息相關」──正在地球發生。人類正經歷一段可能漫長而危險的不確定性時期，這樣的危機，在歷史上不是第一次，也不會是最後一次。正如達沃斯論壇創始人克勞斯・施瓦布所言，當前需要的是更具全球性和前瞻性的合作。唯有共建人類命運共同體，才能化解發展失衡、治理困境、數鴻溝、生物安全、文明衝突等共同挑戰，以全人類命運與共的視野和遠見，共同構建新的全球架構，開闢治理新境界，創造美好新未來。

連玉明

大數據戰略重點實驗室主任

二〇二〇年三月一日

Contents

目　錄

Introduction
緒　論

一

　　二〇二〇年初春，新型冠狀病毒肺炎（COVID-19）疫情肆虐橫行，成為世界各國最為關注的「黑天鵝」事件。新冠病毒之「毒」，並不在致死率，而在於傳播率和破壞率。它攻擊的是醫療秩序，考驗的是國家疫情防控體制機制和公共衛生應急管理能力，是對國家治理體系和治理能力的一次大考、一堂大課。COVID-19 的全球性大爆發再次引發了我們對人類命運的思考。人類只有一個地球，各國共處一個世界。國際社會日益成為一個你中有我、我中有你的「命運共同體」。面對日益激增的全球挑戰，面對國際秩序的失信、失序和失控，沒有一個國家，也沒有一個組織能夠獨自應對。國際社會比歷史上任何時期都更加需要一種平衡、均衡、守恆的世界秩序。

　　習近平主席在達沃斯世界經濟論壇二〇一七年年會開幕式上指出：「今天，我們也生活在一個矛盾的世界之中。一方面，物質財富不斷積累，科技進步日新月異，人類文明發展到歷史最高水平。另一方面，地區衝突頻繁發生，恐怖主義、難民潮等全球性挑戰此起彼伏，貧困、失業、收入差距拉大，世界面臨的不確定性上升。」翌日，習近平主席在聯合國日內瓦總部演講時發出了「世界怎麼了、我們怎麼辦」的時代之問。兩年多後，習近平主席在中法全球治理論壇閉幕式上再次強調：「當今世界正面臨百年未有之大變局，和平與發展仍然是時代主題，同時不穩定性、不確定性更加突出，人

類面臨許多共同挑戰。」特別是近年來，核戰爭、網絡戰、金融戰、生物戰、非主權力量等全球性「灰犀牛」與「黑天鵝」事件層出不窮，原子武器、生物武器、化學武器、數武器等新型威脅日益突出，治理赤字、信任赤字、和平赤字、發展赤字等「赤字危機」亟須解決，這些不斷威脅著人類的自然權利、生命安全與未來發展。

建設持久和平、普遍安全、共同繁榮、開放包容、清潔美麗的世界是人類共同的美好願望。攜手共建人類命運共同體，構建「共識、共建、共治、共享」且富有活力、包容、公平、和諧的世界秩序，成為當前應對全球問題和全球挑戰的最佳選擇，也是突破國際秩序失信、失序、失控困境的最佳路徑。人類命運共同體的建設離不開制度設計，也離不開科技支撐。主權區塊鏈是從技術之治到制度之治的治理科技，是基於互聯網秩序的共識、共建、共治和共享所建構的智能化制度體系，是科技創新與制度創新「雙重疊加」下的治理重器。基於主權區塊鏈的人類命運共同體的本質是治理共同體，其建設對促進多邊主義合作、完善全球治理體系、構建平衡的世界秩序具有重要意義。

二

習近平總書記強調：「科技創新、制度創新要協同發揮作用，兩個輪子一起轉。」[1]科技創新和制度創新是人類社會創新的兩大基本形式，兩者的結合所發揮的作用和產生的影響將是前所未有的。區塊鏈作為點對點網絡、密碼學、共識機制、智能合約等多種技術的集成應用，被譽為「二十一世紀初人類最偉大的科技創新」。區塊鏈重構了整個社會領域的治理模式，提供了一種在不規則、不安全、不穩定的互聯網中進行信息與價值傳遞交換的可

---

1 習近平：《為建設世界科技強國而奮鬥》，人民出版社 2016 年版，第 14 頁。

信通道，開創了一種在不可信、不可靠、不可控的競爭環境中以低成本建立信任的新型計算範式和協作模式，憑藉其獨有的信任建立機制，實現了穿透式監管和信任逐級傳遞。

區塊鏈是一種基於密碼學的分布式數據庫技術。通過這種技術，可實現巨大的分布式計算，以此支撐大數據的數據挖掘和分析這種數據密集型計算。主權區塊鏈是區塊鏈發展的一種高級形態，是下一代區塊鏈的核心，是基於科技創新的制度創新。簡單地講，主權區塊鏈是一種技術之治，將實現一套具創新性的混合技術架構。基於此，主權區塊鏈突出了法律規制，是一套由技術規則和法律規則共同形成的監管與治理「組合拳」，兼顧技術規則的可行性和法律規則的權威性，是法律規制下的技術之治。主權區塊鏈要解決的是國家、組織、個人的數據權屬問題，由此將會創新一種從共識結構演變為共治結構進而形成共享結構的治理體系。區別於區塊鏈單純以數據為中心的特點，主權區塊鏈同時強調人的主體性，是治理科技賦能治理現代化的強大助推器。

從區塊鏈到主權區塊鏈，並不僅僅是對區塊鏈的補充，更大的意義在於給網絡空間治理帶來了新理念、新思想和新規制。互聯網是大數據在虛擬空間的複雜互動和開放聯繫，這種複雜互動和開放聯繫是無界、無價、無序的。從人人傳遞信息，到人人交換價值，再到人人共享秩序，互聯網也經歷著從信息互聯網到價值互聯網再到秩序互聯網的演進過程。這種從低級到高級、從簡單到複雜的演進，正是把不可拷貝變成可拷貝的一種數據形態，本質上是以人為中心的數據流在虛擬空間中的表現狀態。這種表現狀態的無邊界性和可擴展性，讓數據流變得不可確權、不可定價、不可交易、不可追溯，也不可監管。從某種意義上講，互聯網讓我們處於無序和混沌之中。區塊鏈的誕生為互聯網帶來了新的曙光。區塊鏈技術的應用打破了互聯網無序、混沌、不安全的狀態，並試圖構建一個更加有序、安全、穩定的新世

界。特別是主權區塊鏈的發明，又為區塊鏈技術的應用插上法律翅膀，使區塊鏈從技術之治走向制度之治，把互聯網狀態下不可拷貝的數據流控制在可監管和可共享的框架內，從而加速區塊鏈的制度和治理體系的構建。

三

數據主權論、社會信任論、智能合約論是主權區塊鏈的理論起點。從數據到數權，是人類社會邁向數字文明的必然。像人權、物權一樣，我們還擁有數權。數權是人人共享數據以實現價值最大化的權利，是主權區塊鏈的制度約束力。信任是社會良性循環的重要基石，是基於共識機制在熟人社會、生人社會、網絡社會中構建的「自信＋他信＋信他」的治理邏輯，是主權區塊鏈的文化約束力。智能合約是合約代碼化帶來的技術之治，是打造可信數字經濟、可編程社會、可追溯政府的監管框架，是主權區塊鏈的技術約束力。

數據主權論。數據已成為國家基礎性戰略資源，對經濟發展、社會治理、國家管理、人民生活等產生越來越重要的影響。因此，任何主體對數據的非法干預都可能構成對一國核心利益的侵害。基於國家安全、公民隱私、政府執法和產業發展等需要，數據主權應運而生，並且成為個人、企業和國家關注的中心。數據主權的核心是歸屬認定，從數據的歸屬上劃分，數據主權可分為個人數據主權、企業數據主權和國家數據主權。實踐中，各主體間數據主權的激烈博弈形成了數據安全困境的無秩序狀態，同時數據主權成為利益重疊交錯的領域，存在數據權屬不清晰、數據流通和利用混亂等諸多問題。為保障數據安全、維護數據主權，各主體應當構建總體國家安全觀下的數據主權，處理好主權和人權的關係，推動數據主權與數字人權協調發展，增進人類的數據福祉。

社會信任論。信任是個體安全感的基本屏障，更是人際關係、社會系統

運行的內在基礎。隨著「人」的歷史性生成和變化，建構秩序需要轉變信任類型。區塊鏈以技術保證建立了一套去中心化的、公開透明的信任系統，信任主體與信任客體只需要相信由算法驅動的分布式網絡就可以建立互信。既不需要知道對方的信用度，更不需要第三方信用背書即可建立一種不需要信任積累的體系，推動自信用社會的形成，實現「數據即信用」。「數字貨幣—數字生活—數字生命—數字經濟—數字社會」是未來發展的一條主線，數字信任共同體則是未來發展的基石。在未來理想的數字社會中，物質財富充裕，信任與秩序問題將逐漸被解決，「人」達到了自由自覺的存在狀態，整個社會將是一個數字公民的聯合體。

　　智能合約論。從身分到契約，從農耕文明到工業文明再到如今的數字文明，人類從「人權時代」「物權時代」邁向「數權時代」，法律將實現從「人法」到「物法」再到「數法」的巨大轉型。智能合約是一套能夠自動執行某些需要手動才能完成的任務的協議，可植入現行的法律體系，為法律能夠儘快適應新技術的快速發展提供有效方案。區塊鏈具有去中心化、透明可信、不可竄改等特質，又為智能合約提供可信的執行環境，保障了智能合約的公平、公正執行。隨著大數據、人工智能、區塊鏈等新一代信息技術深度融合發展，整個世界將基於物理世界生成一個數字化的孿生虛擬世界，物理世界的人和人、人和物、物和物之間可通過數字化世界來傳遞信息與智能，人類將進入一個萬物智聯的時代，開啟智慧社會。通過區塊鏈特別是智能合約所建立的社會關係，將是一種全新的智慧社會關係，將成為構建數字文明新秩序的重要「基石」。

四

　　全球問題的應對之道是全球治理，人類命運共同體是中國著眼於世界前途、人類發展和全球治理提出的「中國方案」。作為一種全球治理機制，人

類命運共同體強調人類的平等和共同價值，即求同存異、和平相處。各國遵循共同的規則，彼此信任，從而大幅度降低人類社會的治理成本，使人類消費最少的資源，創造最大的價值。人類命運共同體已成為國際關係和全球治理領域的「熱搜詞」，不僅被中國國家領導人在國內外各種講話中反覆提及、不斷闡釋，還被相繼寫入聯合國相關機構的多個決議，在很大程度上成為國際共識。二〇一八年三月，十三屆全國人大一次會議表決通過《中華人民共和國憲法修正案》，「推動構建人類命運共同體」寫入憲法序言，使得「人類命運共同體」理念上升到憲法層面，納入我國法律制度體系，這標誌著人類命運共同體成為「中國之治」的重要內容。

人類命運共同體的提出，既是基於現實的，也是面向未來的。建設人類命運共同體的目標之所以難以很快實現，是因為各個地域、各個國家、各個民族人群仍秉持一定的本位主義和保護主義，尚缺乏足夠的共識基礎和信任機制。人類在「囚徒困境」中，自然不會選擇全局最優，而會選擇局部最優。迄今為止，人類社會始終運行在局部最優的狀態，而中國主張的人類命運共同體是整個人類社會全局最優的運行模式，兼具了中國「協和萬邦，和衷共濟」的天下觀和「和而不同，美美與共」的治理觀。故而，建立一個基於共識的低成本、高可信度、極致安全的信任機制和治理模式，是實現人類命運共同體的基礎。

歷史告訴我們，僅僅靠制度設計是難以解決信任問題的，信任的建立還需要有可靠的信任保障技術作為基礎。區塊鏈恰恰在這一點上解決了人類社會的信任機制問題。但是，區塊鏈無法替代社會組織行使制度功能。它無法體現一種社會制度的屬性，無法體現一個國家的主權意志，也無法體現一個社會的價值觀、倫理偏好和文化特質。也就是說，區塊鏈面臨人類社會制度功能的巨大挑戰，除非能夠將原來由社會組織承擔的社會制度功能，轉由技術方式來實現。而這種技術方式就是主權區塊鏈。主權區塊鏈是在堅持國家

主權原則的前提下，加強法律監管，以分布式帳本為基礎，以規則和共識為核心，根據不同的數據權屬、功能定位、應用場景和開放權限構建不同層級的智能化制度體系。基於主權區塊鏈的人類命運共同體的價值導向是建設人人有責、人人盡責、人人享有的全球治理共同體，進而形成人類社會的共同行為準則和價值規範，推動全球秩序互聯網時代的真正到來。

秩序互聯網

我們站在一個美麗新世界的入口,而這是一個令人興奮的,同時充滿了不確定性的世界。

——英國著名物理學家　霍金

互聯網是人類創造的第一個人類自己所不理解的東西,是我們所進行的最大規模的無政府狀態試驗。

——谷歌前董事長兼首席執行官　埃裡克‧施密特

不必太懂區塊鏈技術,就像當初不用太懂互聯網技術一樣。

——阿里巴巴集團創始人　馬雲

互聯網進化

　　互聯網[1]的出現及其帶來的技術迭代，帶來了一種新的人類語言、一種新的思維理念、一種新的人類文明，人類進入一個嶄新的時代。從信息互聯網到價值互聯網再到秩序互聯網是互聯網從低級向高級演進的基本規律。信息互聯網解決了信息不對稱問題，讓人們獲得了溝通便利、信息成本降低的紅利。隨著電子商務的發展，互聯網使人們能夠在互聯網上像傳遞信息一樣方便、快捷、低成本地傳遞價值的功能初見端倪，特別是隨著區塊鏈的發展，人們逐步看到數據資產增值、價值體系重構的潛力。而秩序互聯網，讓人們看到主權區塊鏈創新組織方式、治理體系、運行規則的前景。互聯網發展的三個階段，實質上就是從傳統互聯網走向智慧互聯網、從信息科技走向數字科技的過程。未來，區塊鏈和互聯網的融合將重構新一代網絡空間，給人類帶來無可估量的影響。

一　信息互聯網

　　從語言到文字，從印刷術的發明到互聯網的繁榮，每一次信息革命都給人類社會帶來革命性影響。一九六九年，有兩件事足以讓這一年在歷史的長

1　中國古代先賢老子的《道德經》深刻闡述了萬事萬物互動連接、相生相剋、共生共榮的發展規律。我們可以借用老子「道生一，一生二，二生三，三生萬物」的思想框架來解讀互聯網。互聯網之道就是自由，對自由的追求催生了自我與他人自由相連的渴望，這就是互聯網的「一」。互聯網去中心化的結構在連接每個人時保證了獨立性。因為去中心，每一個人都成了中心，人人為我；同時，每個人又以他人為中心，我為人人。這個對立統一的「人人為我，我為人人」構成了互聯網太極結構的「二」。二元互動催生了互聯網的「三」要素：人、信息和交易。三要素的動態組合催生了千姿百態的互聯網奇蹟。（唐彬：《互聯網是一群人的浪漫》，《中國商界》2015 年第 5 期，第 122-123 頁。）

河中閃耀：人類首次登上月球和互聯網的誕生。登陸月球意味著人類邁出了星際探索的第一步，而互聯網實現了不同計算機之間的連接，兩者都意味著從單點的存在向多點的存在進行網絡拓展，也都意味深長地延伸了人類自身。[1]一九九三年，萬維網的出現讓互聯網逐漸走向民主化。一九九五年，《數字化生存》的問世宣告人類社會開始了一場數字化遷徙。如果說上一次地理大發現拓展的是人類的物理空間，那麼這一次地理大發現拓展的是人類的數字空間。如果從進化論的角度看，五十歲的互聯網還很年輕，但「互聯網已成為我們腦海裡習以為常的一個固定配置，我們甚至更容易想像生命的結束而無法想像互聯網時代之後的」[2]生活。凱文‧凱利甚至認為，如果真有地外生命的話，他們也會發明電，還有電燈，以及汽車，最終也會發明互聯網。正如埃裡克‧施密特所言：「互聯網是人類創造的第一個人類自己所不理解的東西，是我們所進行的最大規模的無政府狀態試驗。」它將人類帶入一種無窮、無界、無遠弗屆的境地，以免費、跨界、開放、民主、長尾效應、多元價值等的特性滲透到現代文明的各個角落，由此催生的互聯網世界創造的驚喜和意外超過了當年鐵路、電報等發明帶給人類的所有驚喜和意外。

信息的躍遷。隨著媒介的延伸和承載方式的進步，信息傳遞的速度、廣度、維度都在發生前所未有的變化。麥特卡爾夫定律認為，隨著設備和用戶的加入，網絡的價值和重要性將不斷呈幾何級數增長。[3]電話的發明是第一

---

1 余晨：《看見未來——改變互聯網世界的人們》，浙江大學出版社 2015 年版，第 22 頁。
2 〔美〕珍妮弗‧溫特、〔日〕良太小野：《未來互聯網》，鄭常青譯，電子工業出版社 2018 年版，第 74 頁。
3 網絡必須擁有巨大的數量：第一部電話毫無用處；第二部電話稍微有點用處，但只限於與第一部電話通話；在有了上千部電話後，自己購買一部電話才有意義；在有了幾百萬部電話後，一部電話才會真正成為必不可少的工具。

個節點，一對一的信息傳播更加便捷；廣播電視的發明是第二個節點，一對 N 的傳播得以實現；互聯網的發明則是信息傳遞效率通向 N^2 的重要節點。互聯網通過 TCP/IP 協議實現了信息互聯，開啟了一個信息大爆炸的時代，全世界的網民都可以通過互聯網無差別地實現信息的傳播和接收，信息從「1 到 N 的傳遞效率」延伸到「N^2 傳遞效率」。藉助互聯網，每個人都擁有「麥克風」和「朋友圈」，可以自主進行議題設置和話語傳播，形成了現實制度與物理空間所無法賦予的自我賦權能力和自治取向。[1]互聯網打破了時空限制，虛擬與現實、數字與物質的邊界正日漸消失，人類逐漸走向無邊界社會。互聯網為人類社會提供了一種非正式、虛擬化的社會空間結構，任何政府、組織和個人等多元主體都可以參與其中，把我們塑造成新的物種——「數據人」，如同古典經濟學中的「經濟人」。正如紀錄片《互聯網時代》所描述的那樣：「不管是世界還是中國，人類生活的大遷移已經開始，這是從傳統社會向互聯網數字化時代全面的遷徙，這是一個時代性的課題和不可阻擋的人類命運。無論你是不是網民，無論你遠離互聯網還是沉浸其中，你的身影都在這場偉大的遷徙洪流中。」互聯網實現了信息互聯，移動互聯網實現了人人互聯，第五代移動通信技術（5G）出現以後，物聯網將搭乘 5G 的「快車道」實現從萬物互聯到萬物智聯。互聯網消除了信息傳遞的障礙，讓我們進入了信息自由傳遞的信息互聯網時代。信息互聯網是指以信息記錄、傳遞為主的互聯網，這些信息具有可複製性且複製成本極低。信息互聯網的革命性意義，在於不僅衝擊了傳統的遊戲邏輯與規則，還創造了無限延展的價值基礎與空間。

　　信息互聯網的互信難題。 人類在享受信息大爆炸一切好處的同時，也經

1　馬長山：《「互聯網＋時代」法治秩序的解組與重建》，《探索與爭鳴》2016 年第 10 期，第 40 頁。

受互聯網帶來的苦痛，忍受網絡世界的混沌和無序，甚至感受網絡帶來的風險和恐懼。因為「在互聯網上沒有統一的、預先設定的節拍，每個人都是率性地按照自己的心靈起舞」[1]，互聯網成為新型暴力的工具、新型武器的構件、新型權力的基礎。[2]我們在 BAT [3]締造的信息互聯網商業帝國享受著便利與快捷，依靠著這些龐大的中心機構傳遞我們的聊天信息、購物信息和交易信息，同時也無可奈何地接受著這柄雙刃劍帶來的弊端，包括信任缺失、隱私洩露、信息瘟疫、商業壟斷、網極化、網詐騙、黑客入侵等問題。互聯網呈現出的失序程度和不確定性不斷提升，互聯網治理作為一個時代命題的提出正是「失序」的一種反映。混沌理論認為，「一切事物的原始狀態，都是一堆看似毫不關聯的碎片，但是這種混沌狀態結束後，這些無機的碎片會有機地彙集成一個整體」。互聯網放大了信息與噪聲之間的對立，信息互聯網的混沌狀態帶來了信息無效、信息氾濫和信息扭曲等問題。信息無效主要表現為圍繞特定問題或多方問題的信息獲取不足，進而引發社群集體的無意識行為，導致決策依賴事後結果等問題。信息氾濫是信息互聯網時代面臨的最突出的問題，如果說信息不足可能帶來監管和決策的風險，信息過多則會增加甄選監管和決策信息的成本。海量信息帶來信息量激增的同時，其分析的不確定性也在提升。不確定性與社會失序程度呈正相關關係，不確定性越

---

1 段永朝、姜奇平：《新物種起源：互聯網的思想基石》，商務印書館 2012 年版，第 128 頁。

2 隨意搜索一下便可以找到很多相關名詞或案例，如數字強制（digital coercion）、數字暴力（digital violence）、虛擬霸凌（cyber-bullying）、虛擬暴力（cyber-violence）、被迫數字參與（coerced digital participation）等，數字盜竊（digital burglary）、數字詐騙（digital fraud）、數字勒索（digital extortion）、數字搶劫（digital robbery）往往比傳統盜竊、詐騙、勒索、搶劫更嚴重。

3 中國三大互聯網公司——百度（Baidu）、阿里巴巴（Alibaba）、騰訊（Tencent）——名稱 首字母的縮寫。

高，社會失序就會越嚴重。信息扭曲是指互聯網與傳統媒體不同，它缺乏有效的信息質量控制機制，因此，互聯網上的真實信息往往容易脫離原創者和擁有者的控制，在傳播過程中被扭曲。互聯網實現了信息的「去中心化」傳播，但卻存在兩個致命的問題：一是一致性問題，二是正確性問題。這就是「拜占庭將軍問題」，即去中心化信息傳播中的「同步」和「互信」問題。「指向自由的秩序並不必然是自由的家園，反而異化為自由的枷鎖。」[1]從某種程度上說，信息互聯網處於一種混沌、無序狀態，互聯網空間存在著不確定性與失序風險。

信息互聯網：無界、無價、無序。當互聯網衝破不可拷貝的禁錮，人們在沉浸於信息自由傳遞的美好之中時，又不得不面臨互聯網無界、無價、無序帶來的困擾，這是信息互聯網的本質特徵。第一是無界，互聯網沒有邊界，是無限的。第二是無價，互聯網有價值，但沒有價格——就像空氣一樣，有使用價值，但沒有價值，所以不能體現為價格。第三是無序，互聯網是沒有秩序的，是混沌的。「正如深受嬉皮士精神影響的喬布斯所說，『電腦是人類所創造的最非同凡響的工具，它就好比是我們思想的自行車』，自行車是流浪和叛逆的工具，它讓人自由地抵達沒有軌道的目的地。在電腦的胚胎裡成長起來的互聯網，是一個四處飄揚著自由旗幟的混沌世界。」[2]互聯網的無序是與生俱來的，與無界、無價有直接關係，這是互聯網帶給我們的最大麻煩。互聯網就像一匹野馬一樣快速地奔跑在沒有邊界的原野，如果再沒有韁繩，後果不堪設想。野馬變良駒，要更加強調有序，強調用規則解決互聯網的聯繫、運行和轉化等問題。人類可以通過互聯網將信息快速生成

1　白淑英：《論虛擬秩序》，《學習與探索》2009 年第 4 期，第 28 頁。
2　吳曉波：《騰訊傳（1998-2016）：中國互聯網公司進化論》，浙江大學出版社 2017 年版，第 16 頁。

並傳遞到全世界每一個有網絡的角落，但其始終無法解決價值轉移[1]和信用轉移的問題。簡單地說，互聯網解決了信息不對稱的問題，但並沒有解決價值不對稱的問題，也因此無法解決信用儲存的問題。網絡的進化遵循「增長→斷點→平衡」的發展路徑：首先，網絡會呈指數式增長；接著，網絡會達到斷點，這時它的增長已經超過負荷，其容量必須有所減小（輕微或顯著）；最後，網絡會達到平衡狀態，會理智地在質量上（而不是數量上）增長。[2]「馬斯洛需求層次理論」將人的需求分成五個層次，我們將其類推到互聯網需求層面，建立一個層次化的互聯網需求模型（圖 1-1）。[3]當前，人

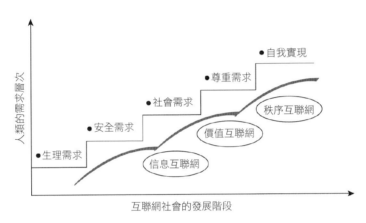

圖 1-1｜互聯網馬斯洛需求模型

1 所謂的價值轉移，簡言之，我們要將一部分價值從 A 那裡轉移給 B，那麼就需要 A 明確地失去這部分價值，B 明確地獲得這部分價值。這個操作必須同時得到 A 和 B 的認可，結果還不能受到 A 和 B 任何一方的操控，目前的互聯網協議是不能支持這種做法的，因此，價值轉移需要第三方背書。例如，A 的錢通過互聯網轉移給 B，往往需要第三方機構的信用背書。
2 〔美〕傑夫·斯蒂貝爾：《斷點──互聯網進化啟示錄》，師蓉譯，中國人民大學出版社 2015 年版，第 20 頁。
3 從滿足人們的需求屬性而言，信息互聯網滿足人類不斷拓展社交範圍的社會需求，價值互聯網滿足人類獲得價值認可的尊重需求，而秩序互聯網滿足人類自我實現的最高需求。

類社會的需求不斷擴展，人類本性中暗含的對秩序的需求越來越迫切。一方面，信息互聯網、價值互聯網的邊界仍將隨著技術的變革不斷延伸；另一方面，人類對更高層次的需求如對信任和秩序的需求與日俱增。

二 價值互聯網

隨著技術的不斷進步，互聯網的發展進入價值大發現、價值大創造、價值大創新的階段。區塊鏈是構建價值互聯網的基石，天生具有傳遞信任與價值、重構規則與秩序的能力。世界經濟論壇發布的《釋放區塊鏈潛力》白皮書稱，區塊鏈即將開創更具顛覆性與變革性的互聯網時代，能夠催生新的機會，促進社會價值的創造與交易，使互聯網從信息互聯網向價值互聯網轉變。互聯網的出現與普及，使人們在網絡上建立點對點的連接變得異常容易。相較於互聯網使信息傳輸變得簡易，區塊鏈以一種完全開放的數據區塊信息鏈條的形式出現，實現點與點之間的價值傳遞和交換，由此成為互聯網的新引擎，開啟價值互聯網時代。

價值的互聯互通。信息互聯網實現了信息傳遞由原來的封閉、滯後、煩瑣到快速、自由、便捷等方面的變革，但信息的交換已難以滿足人們日益增長的價值需求。區塊鏈的誕生為信息互聯網的進化帶來了新的曙光，通過基於區塊鏈協議的價值互聯網，可以實現價值的傳遞和交換。所謂價值互聯網，就是人們能夠在互聯網上，像傳遞信息一樣傳遞價值，尤其是資產，而不需要任何第三方中介或媒介（圖 1-2）。價值互聯網是互聯網價值基於區塊鏈協議，形成價值互聯鏈、實現互聯網價值的真實體現與透明轉移，其核心特徵是實現資金、合約、數據、可信身分等價值的互聯互通（表 1-1）。資金、合約等的轉移雖然已經能夠在互聯網上實現，但均需依靠中心化的機構傳遞信息給相應的中心化機構，這帶來的是：交易費用高，信息不對稱，以及被動接受和隱私安全問題。區塊鏈將引領價值互聯網的原因在於：區塊

鏈能夠解決以上交換、交易和轉移的難題，使人們能夠在互聯網上像傳遞信息一樣方便快捷、安全可靠、以極低成本來傳遞價值。在區塊鏈的世界裡，人們可以像發微信、微博一樣把資金、數據資產等轉移到世界的各個角落。價值互聯網與信息互聯網之間並非替代關係，兩者是針對不同的應用場景解決不同的問題。價值互聯網在信息互聯網基礎上疊加價值屬性，從而逐漸形成實現信息傳輸與價值傳遞的新型互聯網。

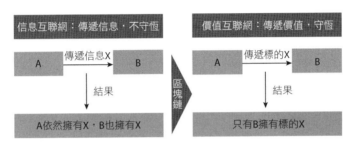

圖 1-2 ｜ 信息互聯網與價值互聯網

表 1-1　信息互聯網與價值互聯網的比較

項目	信息互聯網	價值互聯網
功能	信息傳遞	價值轉移
方式	複製	記錄
表示	鏈接	通證
協議	萬維網協議	區塊鏈信用層

　　區塊鏈：價值互聯網的重要基石。區塊鏈的出現，為互聯網帶來了新的發展空間，觸發了新的發展階段。區塊鏈就是從信息網絡到價值網絡的躍遷過程，將促進基於互信機制的價值傳遞，顛覆商業模式，打破產業格局，改變分配制度。區塊鏈具有去中心化、不可竄改、全程留痕、可以追溯、集體維護、公開透明等特性，互聯網處於無序、壟斷、混沌、不安全的狀態。在價值互聯網中，區塊鏈讓網絡中的每個人天然互信，杜絕了傳統互聯網的中

心化壟斷；區塊鏈的防偽、防竄改特性使每個人在網絡中建立自己的誠信節點。在制度和技術的雙重監督下，人一旦作惡，將會受到來自法律制度和智能合約的雙重懲罰，人們進而在潛移默化中把維護信用當成一種習慣。必須指出的是，無論是信息還是價值的傳輸，歸根結底是數據的傳輸。數據的可信是價值互聯網的基礎，數據確權是數據可信的基礎。數據只有可信才有進行計算分析進而提供智能服務的價值，從而實現業務契約化、契約數據化、數據可信化。價值互聯網可信基礎設施是承載價值交換、支撐價值應用、營造產業生態的重中之重。區塊鏈是進行數據確權、價值交換與利益兌付的核心技術，通過確權與交換為價值互聯網的形成奠定基礎。一是真實唯一的確權，價值的前提是確定資產所有權。通過密碼學，利用公鑰私鑰機制，能夠保證對資產的唯一所有權。共識機制保障聲明所有權的時間順序，第一個聲明的人才是資產的真正唯一擁有者。分布式帳本保障歷史的所有權長期存在，不可更改。二是安全可靠的交換，價值在供需中體現出來，沒有交換就沒有價值。藉助密碼學，所有者通過提供簽名驗證才能釋放自己的資產，轉移給另外的人。共識機制給交易確定順序，解決資產的「雙花問題」[1]，確認後的交易記錄在案。智能合約保障交易只有在符合條件的情況下，才能真正發生，自動化進行。[2]

---

1 「數字經濟之父」唐・塔斯考特曾在演講中提到，「過去的幾十年裡，我們迎來了互聯網的信息時代。當我向你發送一封電子郵件、一份 PPT 文件或其他的時候，實際上我發送的並不是原始文件，而是拷貝的副本。但是如果牽涉到資產的話，比如說金錢、股票及債權等金融資產，會員積分、知識產權、音樂、藝術、選票、碳信用額等其他資產，發送副本可不是個好主意。如果我給了你 100 美元，對我來說重要的是，我就不再擁有這筆錢了，並且我不能再次發送給你。這被密碼專家叫作『雙重消費』問題，即「雙花問題」。中本聰通過創建比特幣解決了數字通證的雙花問題，更進一步，價值互聯網需要解決互聯網上所有數字資產的雙花問題。
2 易歡歡：《價值互聯網與區塊鏈：四位一體的新型網絡》，搜狐網，2018 年，https://www.sohu.com/a/249565405_100112552。

治理：區塊鏈面臨的最大挑戰。互聯網不僅是國家治理的新對象，更是治理的新手段、新工具、新平臺。中共十九屆四中全會強調，「加強和創新社會治理，完善黨委領導、政府負責、民主協商、社會協同、公眾參與、法治保障、科技支撐的社會治理體系」，首次在「社會治理體系」前加上「科技支撐」，強調了治理中的技術因素，充分體現了發展、運用、治理互聯網等技術的高度自覺和充分自信。當價值互聯網像信息互聯網那樣成為遍布全球的基礎設施後，智能合約作為自動執行、開放透明的去中心化網絡協議，將確保價值互聯網的規則被可信地執行，並帶來一個新型契約時代。治理價值互聯網比治理信息互聯網要複雜得多，因為信息互聯網的構成網絡是基於全球統一平臺建構的，而區塊鏈是由不同帳戶有時甚至是對立帳戶構成的一個帳戶。其困境在於「三元悖論」，即可擴展性、分布式和安全性三者不可兼得。區塊鏈利用全球對等網絡資源來實現利益相關方之間的價值交換，需要一套合理有序的治理框架，才能確保其技術潛能的有效發揮。世界經濟論壇在《釋放區塊鏈潛力》白皮書中指出，區塊鏈生態治理面臨的挑戰包括：缺乏合理的法律治理結構，不成熟的立法或規範將有可能阻礙區塊鏈發展，區塊鏈應用速度超過技術成熟速度，缺乏多元化思想，存在當權者控制整個網絡的風險等。此外，還存在一些未知的挑戰，例如：資源浪費、創新集成引起的多症並發、可能加強的監管，以及恐怖主義事件、量子計算的打擊和技術失敗等。比如，雖然區塊鏈技術的目的在於推進交易能力的提升，但其一旦以開源形式在網上公開，恐怖分子將有可能用這些優秀的技術來製造更多、更大的混亂。又如，量子計算作為一項超越電子計算的密碼算法，將有可能使區塊鏈的技術優勢受到致命打擊。更有甚者，如果區塊鏈技術最終被證明漏洞百出，將有可能導致整個價值互聯網的崩潰。[1]

---

1 世界經濟論壇：《釋放區塊鏈潛力》，《賽迪智庫譯叢》2017 年第 47 期，第 1-19 頁。

三　秩序互聯網

在互聯網的發展過程中，許多發展趨勢和途徑受到了質疑，但是其核心思想——互聯網的必要性——沒有被質疑過。互聯網最佳的未來不是不朽的或者一成不變的，而是去質疑人們目前所擁有的互聯網是否是我們所能設計的最好的，並且思考互聯網時代結束後人們生活的替代選擇。[1]當前，開展一場廣泛而深刻的互聯網變革比過去任何時候都顯得更加必要和迫切。區塊鏈的特性恰好能呼應這種需求，維護網絡世界的生態秩序，進而建立更加良性的治理架構，有效賦能國家治理體系和治理能力現代化建設。互聯網已成為各種力量博弈的場所，而這個場所對秩序的呼喚，以及由此折射的現實世界中秩序與責任的缺失愈發突顯。秩序是互聯網發展的生命，沒有規則和秩序，互聯網將在無序中毀滅。互聯網治理正在形成某種秩序，只是在秩序形成的過程中，難免會存在政府、企業、社會、個人之間以無國界的互聯網場域為戰場的博弈。面對解構與重構並存的秩序震盪，在博弈過程中強弱優劣的力量轉換是動態的，數據主權論、社會信任論和智能合約論構成了互聯網秩序的核心要素與治理邏輯。美國著名建築學家路易斯・康說過一句話：「這個世界永遠不會需要貝多芬第五交響曲，直到貝多芬創作了它。現在我們離開它無法生活。」進入秩序互聯網時代，我們面臨更多的未知，如果只有一件事情是已知的話，那就是我們會創造出更多的、人們離開了它就無法生活的東西。

基於未來的三個推論。第一個基本推論是，人類社會正由二元世界體系邁向三元世界體系。過去，人類生活在一個由物理空間（physical space，簡稱 P）和人類社會空間（human social space，簡稱 H）構成的世界，其活動

---

1 〔美〕珍妮弗・溫特、〔日〕良太小野：《未來互聯網》，鄭常青譯，電子工業出版社 2018 年版，第 39 頁。

秩序是由人與人、人與物之間的相互作用和相互影響形成的，人是人類社會秩序的制定者和主導者。網絡化、數字化和智能化技術突破了物理時空並對其進行數字化重建，信息空間（cyber space，簡稱 C）成為世界空間的新一極。[1]在這個新的空間裡，數據是滋生萬物的土壤。世界正從傳統的二元世界（P、H）變成三元世界（C、P、H），人類活動的秩序必然也隨之發生重構，基於原有二元世界而形成和運行的生產生活規律、社會組織形式、社會治理體系、法律制度規範等，必將面臨三元世界發展邏輯帶來的挑戰與重塑，急需理論和實踐的回應。第二個基本推論是，時代發展由石油驅動變成數據驅動。在經濟社會發展到較高階段後，以要素驅動、投資驅動為主的發展道路已難以為繼。「大數據之父」維克托・邁爾-舍恩伯格認為，「有時候不一定是理念驅動世界的變化，可能是實實在在的數據，在數據的基礎上產生理念，新的理念是創造性破壞的核心，而數據則是創新的驅動力」。創新驅動發展，數據驅動創新。數據是氧氣，是變革世界的關鍵資源和秩序建構的核心要素，給人類帶來新的平衡。第三個基本推論是，秩序互聯網是互聯網的未來。秩序互聯網將是人類一切活動的中心，秩序互聯網把技術規則與法律規則結合起來，實現信用和秩序的共享，是互聯網發展的高級形態。互聯網是二十世紀最具革命性的技術，秩序互聯網可能是未來的創新驅動發展的先導力量，對完善互聯網全球治理體系、推動構建網絡空間命運共同體具有重要意義。

改變未來的三個力量。當今世界有三大力量正以前所未有的方式影響著世界：一是數權。「信息是權力的中心」[2]，秩序互聯網下的社會權力成為一

1　潘云鶴：《世界的三元化和新一代人工智能》，《現代城市》2018 年第 1 期，第 1 頁。

2　〔美〕安德雷斯・韋思岸：《大數據和我們——如何更好地從後隱私經濟中獲益？》，胡小銳、李凱平譯，中信出版社 2016 年版，第 12 頁。

種體系化的力量。未來學家阿爾文・托夫勒認為，權力作為一種支配他人的力量，自古以來就通過暴力、財富和知識這三條途徑來獲得。數據賦權，使得社會力量由暴力、財富、知識向數權轉移。數權是人類邁向數字文明的時代產物和必然趨勢，是推動秩序重構的重要力量。這種力量標誌著傳統權力的衰退、新型權力的擴展和個人主權的讓渡。二是利他。「人類正從 IT（internet technology）時代走向 DT（data technology）時代」， DT 時代的關係結構決定了其內在機制是去中心、扁平化、無邊界，基本精神是開放、共享、合作、互利。這些特徵確定了這個社會「以人為本」的人文底色，也決定了這個時代「利他主義」的核心價值。利他與共享是新一輪科技革命和產業變革的關鍵力量，基於利他與共享，人類文明必將走向更高階段，進入一個由共享權建構的秩序之中。三是重混。重混是對已有事物的重新排列和再利用，融合內外部資源，創造新價值。增長來源於重混，包括文明的增長、經濟的增長、數據的增長……重混是至關重要的顛覆性方式，是一股必然而然的改變力量。數權的價值主張、利他的價值取向、重混的價值創新是秩序互聯網的核心要素，正是這三大力量之間的互動塑造著這個世界。

面向未來的三個判斷。第一個基本判斷是，中國的崛起是大勢所趨。沒有任何力量能夠阻擋中國人民和中華民族的前進步伐，中國崛起的根本動力在於兩個「全面」，即全面深化改革和全面擴大開放。新興國家由大而強，無不經歷一個風險和挑戰增大的特殊歷史階段。中國制度的獨特優勢，是我們應對風險與挑戰的最大底氣。站在更長的時間軸上，大國崛起必然經歷溝坎，關鍵要保持戰略定力和戰略耐力，集中精力辦好自己的事。「風會熄滅蠟燭，卻能使火越燒越旺。」第二個基本判斷是，中國崛起的真正標誌是國家治理現代化，以及在全球治理體系中確立國際話語權。中國正站在「兩個一百年」的歷史交匯點上，新一輪科技革命和產業變革成為影響世界變局與大國興衰的主要力量，全球經濟治理體系重塑為我國爭取更加有利的國際地

位創造了條件，國際政治格局不穩定性上升特別是美國對我國的戰略遏制將成為外部環境最大的不確定性因素。中國未來所面對的，不僅是經濟、科技、軍事實力等硬實力的較量，更為重要的、更具標誌意義的是國家治理體系和治理能力的綜合性軟實力的競爭。中國的崛起將帶來世界治理格局和全球治理方式的巨變。第三個基本判斷是，治理科技是國家治理現代化的核心力量。以人工智能、量子信息、移動通信、物聯網、區塊鏈等為標誌的治理科技，對國際格局的影響至少可以概括為以下三個方面：一是可以顯著增加全球財富；二是加劇經濟和軍事變化，以至直接影響和改變國家間力量對比；三是非國家行為體的權力迅猛增長，甚至帶來意識形態、安全和全球戰略穩定的新挑戰。秩序互聯網將成為國家治理現代化的關鍵因素，抓住此關鍵戰略機遇期，推動基於秩序互聯網的基礎設施、法律體系、標準體系構建，將助力中國搶占在全球治理中的制度性話語權。

　　未來將更加撲朔迷離，卻也更加讓人期待。「互聯網的進化，在微觀上是無序雜亂的，但在宏觀上表現出令人詫異的方向性，如同經濟學裡那隻『看不見的手』，商業活動在微觀上是無序的，但在宏觀視野裡，卻出現了平衡力量。互聯網的進化比經濟學更神奇，因為它不是平衡控制而是向單調遞增方向進化。」[1]互聯網是一條通往未來的高速公路，大數據是行駛在這條高速公路上的車輛，區塊鏈則是讓車輛在高速公路上合法、有序行駛的制度和規則。互聯網是一個不規則、不安全、不穩定的世界，區塊鏈則讓這個世界變得更有秩序、更加安全和更趨穩定。如果說信息互聯網解決了無界問題，價值互聯網解決了無價問題，那麼，秩序互聯網則解決了互聯網的無序問題。基於秩序互聯網，我們將迎來一個全新的數字星球，在這個新的世界裡，無論是個人、企業還是國家，都必須從舊的經驗中覺醒以跟上時代的變

1　劉鋒：《互聯網進化論》，清華大學出版社 2012 年版，第 196 頁。

化，讓自己成功「移民」到新的星球。

第二節
數據力與數據關係

隨著互聯網的不斷進化，數據呈現爆發式增長。而區塊鏈以其信任性、安全性和不可竄改性，讓更多數據被解放和真正流通起來。數化萬物，「在數據構成的世界，一切社會關係都可以用數據表示，人是相關數據的總和」[1]。生產力與生產關係是人類社會中最為重要的一對概念，毫無疑問，大數據時代也存在數據力與數據關係的問題。從普遍意義上說，數據力是推動大數據時代發展的根本力量，這種力量使生產關係被打上數據關係的烙印。人與技術、人與經濟、人與社會的關係因而面臨前所未有的解構和重構，人類社會正處於歷史性的關鍵拐點：舊平衡、舊秩序逐漸瓦解，新制度、新秩序呼之欲出。在三元世界中，從「三邊博弈」到「三位一體」的融合，需要重新認識人與技術、人與經濟、人與社會的新型關係問題，進而重新構建人與世界的關係。人類必將迎來一場革命，「雖然目前我們還無法命名這場革命，但只要其目的是使世界進入最終安定平衡的狀態，那麼它就必須是一場為了實現人類與自然、社會與社會、人類與人類的和諧共存，創造社會體系、價值觀和人類的生存方式的革命」[2]。在秩序互聯網時代，基於數據進化論、數據資本論、數據博弈論的以人為原點的數據哲學，預示了文明的增長與秩序的重構。

---

1 〔英〕維克托·邁爾-舍恩伯格、〔英〕肯尼思·庫克耶：《大數據時代：生活、工作與思維的大變革》，盛楊燕、周濤譯，浙江人民出版社 2013 年版，第 1 頁。
2 〔日〕見田宗介：《人類與社會的未來》，朱偉玨譯，《社會科學》2007 年第 12 期，第 64 頁。

一　數據進化論

進化論是一種生物學理論，是對物種起源和發展的科學證明。「數據進化論」以數據為核心要素，從歷史唯物主義和辯證唯物主義的視角審視、研究人與技術的關係及其本質規律。最能決定未來趨勢的是技術，「數據化」的核心意義在於：「它是一種完全不同於工業化技術、無須消耗大量有限資源就能創造出無限價值的技術，一個可以保持無限幸福、可以不斷創造新的感動的技術領域。」[1]從這一意義上講，數據化是一個能夠在現有條件下，使作為更高層次的「穩定平衡體系」的社會成為可能的技術領域。人的存在從一定意義上也可以說是一種技術性存在，由此出現一個以新的技術結構支撐新的社會結構的人類新時代，人類社會逐漸演變為「技術的社會」。美國學者維貝‧E. 比傑克在談到堤壩技術之於荷蘭人的重要性時指出：「技術和海岸工程學使得大約一千萬的荷蘭人能夠生存在堤壩背後低於海平面的土地上，如果沒有這種技術就沒有荷蘭人。」[2]把視域放大，可以說，沒有技術就沒有人類的今天。人在技術活動中產生、形成、生存和進化。如果說，人是相關數據的總和，那麼，人與技術的關係就是技術的本質。

改變未來世界的關鍵技術。 人類社會正處在以「集成式」革命為重大標誌的新技術革命進程之中，這次技術革命的本質是「重混」，核心是通過多種數據技術的「集成」，創造出前所未有的「超級機器」（表 1-2）。「歷史已經向我們表明，重大的技術變遷會導致社會和經濟的範式轉換。」[3]凱文‧

1　〔日〕見田宗介：《人類與社會的未來》，朱偉珏譯，《社會科學》2007 年第 12 期，第 68 頁。
2　〔美〕維貝‧E. 比傑克：《技術的社會歷史研究》，〔美〕希拉‧賈撒諾夫等：《科學技術論手冊》，盛曉明等譯，北京理工大學出版社 2004 年版，第 175 頁。
3　〔英〕喬治‧扎卡達基斯：《人類的終極命運──從舊石器時代到人工智能的未來》，陳朝譯，中信出版社 2017 年版，第 296 頁。

凱利的暢銷書《科技想要什麼》的中心思想只有一個：技術獨立於人，技術發展的趨勢決定天下大勢。後半句從某種程度來看確實正確，就像人類在農業的出現、工業和資本主義的發展之後，即將面臨的也許是最後一次的升級——徹底的技術化。近年備受關注的一系列技術，如 5G、基因編輯、區塊鏈、邊緣計算、量子信息等，都帶來了顛覆時代甚至顛覆文明的猜測和想像。「技術作為一種社會活動，是人類自我表達的一種形式，負載著人的目的、價值，技術的人性化發展要堅持以人為本的原則，始終圍繞人的生存和自由發展。」[1] 技術為人類提供了大量積極的意義，人類已經在技術的「集置」（ge-stell）力量中難以脫身，卻又看到技術時代裡自身物種的岌岌可危，「技術困境」和「價值虛無」是人類難以迴避的命運。[2] 連海德格爾也圓滑地對技術既說「是」又說「不」，不過，他引用了一句荷爾德林的詩來表達信念：「哪裡有危險，哪裡便有救。」人類文明最根本的驅動力是信息的存儲能力、傳輸能力和計算能力。同時，人類文明也面臨一條不可踰越的鴻溝，這就是制約信息存儲能力、傳輸能力和計算能力快速提升的通道，也就是從有線到無線的移動通信技術和關鍵信息基礎設施，其中最根本的就是 5G 技術。5G 技術將帶來一場影響未來人類社會的革命性變革，這場變革至少有以下方面：高速度、泛在網、低功耗、低時延、萬物互聯、重構安全體系。其本質是極大提升人類信息的存儲能力、傳輸能力和計算能力，推動人類從工業文明邁向數字文明。4G 改變生活，5G 改變社會，6G 創新世界。按照移動通信產業「使用一代、建設一代、研發一代」的發展節奏，業界預期6G 將於二〇三〇年前後實現商用。目前，芬蘭政府已在世界範圍內率先啟

1　吳寧、章書俊：〈論互聯網與共產主義〉，《長沙理工大學學報（社會科學版）》2018 年第 2 期，第 37 頁。
2　南風窗編輯部：〈技術想要什麼〉，《南風窗》2019 年第 26 期，第 43 頁。

動 6G 大型研究計劃，美國聯邦通信委員會已為 6G 研究開放太赫茲頻譜，
我國也於二〇一八年著手研究 6G。6G 將進一步通過全新架構、全新能力，
結合社會發展的新需求和新場景，打造全新技術生態，推動人類社會走向虛
擬與現實結合的數字孿生世界。[1]

表 1-2 改變未來的技術

新技術	影響維度	產生的影響	落地可行性	影響力評分
人工智能	人類日常生活	眾多工作崗位將被替代，傳統行業迎來新的業態和發展模式	高	5
物聯網		家居生活智能化；社會安防體系智能化；工業互聯網發展	高	5
虛擬現實、增強現實		真實環境與設備的融合體驗；大型醫療手術成功率提高	高	4
4D 打印		定製化家庭創新工廠；癌症疫苗	中	3
機器人	人類生產方式	電商平臺在訂單履行、倉儲和配送方面部署機器人；智能家庭管家；機器人搶險救災；等等	高	5
區塊鏈		金融行業數據安全和隱私保護；保險業務的監督和保障	高	5
新能源		環境問題改善；能源利用多樣化	高	5

---

1 中國移動研究院：《2030＋願景與需求報告》，中國移動研究院官網，2019 年，http://
cmri.chinamobile.com/news/5985.html。

新技術	影響維度	產生的影響	落地可行性	影響力評分
腦機接口	人類自身能力	為盲人重新帶來光明；行動障礙人士的行動力恢復；人類智商提升	中	4
基因測序		基因層面體檢；預防及治療癌症；治療遺傳病	中	4
量子技術	科學技術本身	絕對安全性的通信技術；效率極高的量子計算	中	5
太赫茲技術		移動寬帶通信、反隱身雷達、反恐、無損工業檢測、食品安全檢測、醫療和生物成像等眾多領域的新應用	中	5

人與技術關係的多維審視。 人類的進化與技術的發展密不可分。技術是人的發展的驅動力，增加了人的可能性。麥克盧漢曾斷言：「任何技術都傾向於創造一個新的人類環境。」[1]以網絡化、數字化、智能化為特徵的數字化浪潮對社會的支配性、擴張性已滲透到人類社會的各個角落，尼葛洛龐帝在《數字化生存》中有句名言：「計算不再只和計算有關，它決定我們的生存。」[2]技術構成了人的基本處境，為人類的生存設置了全新的框架，人與技術的關係也在不斷演變。在手工技術階段，人與技術相結合，技術對人的依賴突顯。作為原始技術的手工技能屬於人體的、人內在的東西，手工技能與人融為一體，不能脫離人體而獨立存在。在機器技術階段，人與技術相分離。機器使人與技術的關係發生了根本性變化，人的價值被機器價值所取

---

1 〔美〕里查德·A. 斯皮內洛：《世紀道德——信息技術的倫理方面》，劉鋼譯，中央編譯出版社 1999 年版，第 1 頁。
2 〔美〕尼葛洛龐帝：《數字化生存》，胡泳、范海燕譯，海南出版社 1996 年版，第 15 頁。

代。技術從人體性技術發展為工具性技術，從生理性技術發展為機械性技術，從與人不可分離的技術發展為可以同人分離的技術。[1]這推動人從自然生存發展到人工生存，即提升了人的技術化程度，導致了技術與人之間關係的錯位，也導致了人性技術化的異化狀態，使技術開始偏離甚或挑戰人性。在智能技術階段，人與技術相博弈。智能技術不是近代技術的延續，而是技術發展的新階段，使技術出現了新的本質。如果說機械性技術是壓抑人性的技術，智能技術則是呼喚人性的技術。[2]正在到來的智能文明，將以人類所發明之物反噬、反控人類為特徵，這預示著人腦可能被雲腦、超腦超越與征服。凱文·凱利把技術稱為生命體的第七種存在，他堅信人類與技術可以共存，技術的進化方向也有益於人類，人類與技術、生命體與人造物，是在一場「無限博弈」中不斷協同進化，而不是在一場「零和博弈」中分出勝負。

自然人、機器人與基因人。人類的發展已經來到了巨變的前夜。尤瓦爾·赫拉利在《未來簡史》中指出，以大數據、人工智能為代表的科學技術發展日益成熟，人類將面臨進化到智人以來最大的一次改變。[3]數據化不只是一種技術體系，不只是萬物的比特化，而且是人類生產與生活方式的重組，是一種更新中的社會體系；更重要的是，這種更新甚或重構人類的社會生活。[4]數據日益成為我們生活甚至生命的一部分，這深刻改變著「人」的形象、內涵與外延。伴隨技術革命的推進，「自然人」的整體功能慢慢在退化。應當說，「自然人的體力功能已經退化得差不多了，正在進行智力功能

1　林德宏：《科技哲學十五講》，北京大學出版社 2004 年版，第 236 頁。
2　林德宏：《人與技術關係的演變》，《科學技術與辯證法》2003 年第 6 期，第 36 頁。
3　從四十億年前地球上誕生生命直到今天，生命的演化都遵循著最基本的自然進化法則，所有的生命形態都在有機領域內變動。但是現在，人類第一次有可能改變這一生命模式。
4　邱澤奇：《邁向數據化社會》，信息社會 50 人論壇編著：《未來已來：「互聯網＋」的重構與創新》，上海遠東出版社 2016 年版，第 184 頁。

向機器人的交付。自然人交付多少，自我就退化多少。在這一進一退之中，機器人替代自然人成為人類社會的主角不是不可能的」[1]。如果說，機器人還只是「集成」人的功能而超過人，那麼，通過基因編輯技術在可存活胚胎上精準操縱人類基因組，就可能創造出人為設計的「基因人」。基因人不存在「先天不足」，其體力、智力的基礎都大幅優於自然人。隨著生物技術的發展，人類很容易賦予基因人以歷史、道德、文化等方面的信息「集成」，加上「天生而來」的強大能力，基因人無疑全面地優於自然人。《自私的基因》一書中，作者這樣描述：「我們都是生存機器——作為運載工具的機器人，其程序是盲目編制的，為的是永久保存所謂基因這種稟性自私的因子。」言下之意是，人類機體作為一部機器，可改良的地方太多了。單維的技術進步並不足以為人類創造更多福利，信息傳播乃至整個社會發展的邏輯，在於人與技術的互動。[2]技術的發展沒有盡頭，進化的鏈條沒有終結。在不久的未來，人類社會很可能會由自然人、機器人和基因人共同構成，他們之間的衝突很可能超過當下的民族、宗教、文明等的衝突，未來也許是有機世界和合成世界的聯姻。

數十年來，接連不斷的技術浪潮以及隨之而來的顛覆性變革讓既有標準一次次成為歷史。技術進步推動了人類文明的進步和社會生產力的發展，也造成了自然和技術之間的長期對立與分離。目前，智能技術、生物技術等又促使人類由自然人向機器人、基因人進化，使人類進入一個新的「後達爾文的進化階段」或「後人類」階段。如果取消倫理約束，基因人也許已經誕生。目前，人工智能仍然只是在計算能力等特定方面超過了人類，並不比汽

1　陳彩虹：《在無知中迎來第四次工業革命》，《讀書》2016 年第 11 期，第 16 頁。
2　正如卡斯泰所言，擁有一部計算機並不一定能改變世界，關鍵在於人的使用。信息網絡也不一定總是好事，網絡沒有感情，它既可以服務於人類，也能摧毀人類，一切取決於人們為之設定的程序，這是一個社會和文化的過程。

車跑得比人快更可怕。真正值得警惕的「奇點」應該是在機器產生自我意識，甚至是具有了一定的自我複製能力時才出現。[1]但是，面對空前發展的科技，哪些新技術會推動人類發生重大改變？世界將會怎樣？恐怕每個人都想知道這些問題的答案。

■ 數據資本論

如果說十八、九世紀的社會主題是「機器」，反映的是人類對自然界各物質的認識、利用，那麼二十一世紀的我們正在步入一個數據時代。數據正在成為這個時代的核心資產，它們是生產、創造、消費的主要因素，並影響、改變著社會的各個方面，尤其是公司的組織形態與價值創造。[2]克里斯托弗・蘇達克在《數據新常態》一書中把數據資本主義界定為資本主義歷史的「奇點」，他指出：「我們將從一個以資本為財富和權力基礎的世界，步入一個以數據為財富和權力基礎的世界……未來十五年，世界焦點將發生從資本到數據的大遷移。」[3]數據增長帶來經濟增長，數據正在瓦解舊的經濟秩序。「數據資本論」的提出為世界經濟提供了一種全新理論解釋與多元動力選擇，其研究的是新時代人與經濟的本質關係和內在規律。

數據價值的變遷。大數據時代的標誌是數據成為社會基礎資源、經濟活動要素，數據資源化、數據資產化、數據資本化是大數據發展的必然趨勢。數據是新的生產要素，中共十九屆四中全會提出「健全勞動、資本、土地、

---

1 〔美〕史蒂芬・科特勒：《未來世界：改變人類社會的新技術》，宋麗玨譯，機械工業出版社 2016 年版，推薦序四。
2 田溯寧：《沿著知識道路繼續前行》，〔奧〕維克托・邁爾-舍恩伯格、〔德〕托馬斯・拉姆什：《數據資本時代》，李曉霞、周濤譯，中信出版社 2018 年版，推薦序 1。
3 李三虎：《數據社會主義》，《山東科技大學學報（社會科學版）》2017 年第 6 期，第 1 頁。

知識、技術、管理、數據等生產要素由市場評價貢獻、按貢獻決定報酬的機制」，這是中央層面首次提出數據可作為生產要素按貢獻參與分配。數據作為生產要素參與分配，某種角度上可以看作技術參與分配在邏輯與發展趨勢上的一個延續，具有深遠意義。「我們正在進入數據資本的時代。」英國帝國理工學院數據科學研究所所長郭毅可將數據經濟的發展總結為四個階段：數據的「前天」，即數據資料階段，數據在過去僅僅是記錄、度量物理世界的資料；數據的「昨天」，即數據產品階段，當數據被用來提供服務時就成為資源，就會成為產品，於是就誕生了一系列的數據產品和服務；數據的「今天」，即數據資產階段，人們已經意識到對數據的所有權界定使其成為資產，是產生財富的基礎，數據開始成為個人總資產的重要組成部分；數據的「明天」，即數據資本階段，是使數據資產連接其價值的時代，數據資產通過流通和交易實現其價值，最終變為資本。技術進步表現為與數據資本積累相伴的數據處理、分析和運用能力的提高，這種提高是數據成為資本的前提。「這一過程也使得數據資產轉化成了可以直接推動生產力發展的數據資本，進而創造了迥異於前幾次工業革命的生產函數：生產力＝（具有數據處理能力的）勞動力＋數據資本＋數據資本表現型技術進步。」[1]

從所有權到使用權。在工業經濟中，所有權內部的支配權與使用權是一體化的。[2]在數字化時代，所有權（實際是所有權中的支配權）與使用權正在分離。[3]在未來，使用權比擁有權更重要，與其占有不如使用，其本質就

1　殷劍峰：《數字革命、數據資產和數據資本》，《第一財經日報》2014 年 12 月 23 日，第 A9 版。

2　姜奇平：《數字所有權要求支配權與使用權分離》，《互聯網週刊》2012 年第 5 期，第 70 頁。

3　早在 2000 年，傑里米·里夫金就寫道：「摒棄市場和產權交易，從觀念上推動人際關係以實現結構性轉變，這就是從產權觀念向共享觀念的轉變。對今天的許多人來説，這種轉變是難以置信的，就如五百年前人們難以相信圈地運動、土地私有化以及勞動會成為

是要開放自己的資源與他人進行交換和連接。「全球經濟都在遠離物質世界，向非實體的比特世界靠攏。同時，它也在遠離所有權，向使用權靠攏；也在遠離複製價值，向網絡價值靠攏；同時奔向一個必定會到來的世界，那裡持續不斷發生著日益增多的重混。」[1]當前已存在所有權與使用權分離的廣泛實踐，儘管大家還在研究數據所有權的法律結構，但是事實表明：數據所有權並不重要，重要的是誰有權使用數據，以及數據能夠產生怎樣的價值。數據產權的關鍵就是所有權與使用權的分離，這正在變革舊有的經濟秩序。數據具有非消耗性、可複製性、可共享性、可分割性、非排他性、零邊際成本等特點，數據一方面是一種特殊的商品，具有價值與使用價值，另一方面更是一種資本，具有擴張的特性。正是基於這種特性，數字勞動成為大數據時代湧現的價值源泉與價值載體。數據運動的基本規律提升了全球價值鏈重構的深度和廣度，帶來新的競爭方式和增長方式。數據力帶來數據關係的深刻變革，而這種數據關係的變革正在引爆一場更廣泛的經濟運動和社會運動，推動競爭經濟轉向共享經濟。共享是一股不可阻擋的變革性力量，未來將有越來越多的社會資源開始共享化，共享經濟的本質是「弱化所有權，釋放使用權」。共享權使數據所有權和使用權的分離成為可能，形成一種「不求所有，但求所用」的共享發展格局，共享價值理論也必將成為繼剩餘價值理論之後頗具革命性的重大理論。

　　從效率到公平。 法國經濟學家托馬斯・皮凱蒂的《二十一世紀資本論》問世後，全球財富分配不均衡問題引起了廣泛關注。人類歷史上的每一次技術革命都不同程度地推動了人類社會前進的步伐，與此同時，也帶來人類不

人與人之間的財產關係一樣。二十五年之後，對於越來越多的企業和消費者來說，所有權的概念將呈現出明顯的侷限性，甚至有些不合時宜。」（〔美〕傑里米・里夫金：《零邊際成本社會》，賽迪研究院專家組譯，中信出版社 2017 年版，第 241 頁。）

1　〔美〕凱文・凱利：《必然》，周峰等譯，電子工業出版社 2016 年版，第 242 頁。

同群體之間的力量失衡和財富失衡。[1]數據資本時代，事實上意味著一場技術革命與商業模式革命，但與歷史上其他革命不同的是，這場革命讓世界財富的鴻溝逐步被填平。在數據力與數據關係的相互作用下，世界從「分工時代」走向「合工時代」，實現跨組織邊界的大規模社會化協同。在重混世界裡，跨界隨時發生，一個領域的資源跨界與另一個領域的資源重新組合，從而產生新的創新。資源數據化必然帶來資源再配置和再分配，數據化的分配方式將加速效率與公平的高度統一。這種再配置和再分配是一種更新中的社會體系，將形成新的社會經濟模式，彌合數字鴻溝。在合理配置資源和追求效率的同時，這種再配置和再分配將有效抑制數字剝削帶來的財富鴻溝，改善社會公平狀況，促進公平與效率的動態均衡。未來世界應該是「平」的，正在崛起的數字貨幣是未來資金向貧困人群轉移的重要通道，正在形成的數字身分為全球弱勢群體創造發展機會，正在構建的數字治理引領全球治理體系變革，從而跨越財富鴻溝，促進機會、身分、地位更趨平等，不同群體將公平地獲取信息，平等地實現協作，自由地進行交流。

三　數據博弈論

海量數據的悖論。隨著數據量的指數式增長，人類對數據價值的認識日趨一致，數據被大量發現、啟封和挖掘。如果說，科學的社會化和社會的科

1　十八世紀下半葉，蒸汽機的發明使歐洲開始進入工業文明時代，而此時全球許多地區還處在農耕文明時代，兩者之間的財富鴻溝日漸明顯。從此時開始，全球財富中心開始向西方轉移。二十世紀初，隨著股票交易等相關制度的完善，紐約開始成為全球第一大金融中心，紐約證券交易所、華爾街、摩根大通開始成為當代金融業的標誌。這一輪的金融業革命也同樣拉大了美國和歐洲的財富鴻溝。二十世紀下半葉，隨著電子、通信、半導體、軟件等方面創新的大量湧現，硅谷開始成為全球信息產業的聖地。這一輪信息技術革命後，美國與亞洲等其他地區的財富鴻溝進一步拉大，隨著美國技術源源不斷地出口到全球其他地區，財富和權力進一步集中到西方。

學化是科學的世紀裡兩個基本的標誌，那麼，未來的世紀就是要完成社會的數據化和數據的社會化的。在人類欣喜地看到數據價值的同時，無數垃圾數據將更加突出地呈現在社會面前，成為影響人類數據採集能力、存儲能力、分析能力、激活能力和預測能力的「數據困惑」。由此引發的數據供給與數據需求之間的結構性矛盾、數據保護與數據利用之間的社會性矛盾、數據公權與數據私權之間的對抗性矛盾、數據強國與數據弱國之間的競爭性矛盾長期存在。人類對數據價值的認識可大致分為三個階段：一是以經驗科學為基礎判斷數據價值的小數據時代；二是以數據資源為要素挖掘數據關係的大數據時代；三是以數據爆炸為標誌治理數據擁堵的超數據時代。小數據時代，數據越大，價值越高；超數據時代，數據越大，價值越低。在數據匱乏的小數據時代，落後的數據採集、存儲、傳輸、處理技術導致人類只能獲取有限的數據，難以通過數據的多維融合和關聯分析對事物做出快速、全面、精準、有效的研判與預測。在數據過剩的超數據時代，數據爆炸帶來信息過剩和數據氾濫，使得人類被數據垃圾層層包裹。我們把這種問題和困境稱為「數據擁堵」。維克托・邁爾-舍恩伯格所說的規模大、類型多、速度快等大數據特徵都將成為其致命的弱點，數據垃圾給人類帶來認知障礙，數據擁堵可能是未來全球治理的重要議題。

博弈即治理。在區塊鏈的世界裡，有句話比較流行：「算力即權力，代碼即法律。」其實可以再加上一句，「博弈即治理」，即博弈的過程就是去中心化自組織的治理過程。一是在博弈中強化社會善治能力。隨著技術的進步，網絡社會的治理更多地體現為一種包括政府、互聯網企業、網絡組織、網民等在內的多主體參與的分布式、多元合作的共治模式。同時，國際網絡空間治理也更多地體現多邊參與、多方參與的形態，各個主體是在相互博弈之中實現某種平衡和效用的。非合作博弈狀態是在技術條件下社會運行的一種基本形態，突出反映了社會數據化所帶來的社會共享發展的內在要求。二

是在博弈中提升社會自治能力。按照熊彼特的創新理論，創新就是要「建立一種新的生產函數」，就是要把一種從來沒有的關於生產要素和生產條件的新組合引進生產體系，這就是平臺化的作用。另外，納什均衡有一個很重要的特點，就是信念和選擇之間的一致性。也就是說，基於信念的選擇是合理的，同時支持這個選擇的信念也是正確的。所以，納什均衡具有預測的自我實現特徵：如果所有人都認為這個結果會出現，那麼這個結果就真的會出現。中本聰說，比特幣就是一個自我實現的預言。信念和選擇之間的這種一致性和自我實現特徵，使社會可以像永動機一樣穩定運行。三是在博弈中提升社會共治能力。在單一的政府強控制之下，網絡社會表面上呈現出有秩序的狀態，但隨著政府管治的進一步加強，網絡社會的創新活力開始減弱。這時，社會和企業等治理力量的加入，有助於解決政府強控制帶來的負面問題，通過形成互聯網的社會共治模式，網絡活力重新煥發，網絡社會治理趨於有序和高效，治理水平邁向一個新的臺階。未來的網絡社會治理呼喚更多企業、社會組織等加入，它們將成為網絡社會多元共治、共享的最佳實踐者。而政府則應該成為多利益相關方的總協調人和總主持人，以及總監督者和公共利益的總託管人。政府的職能將更多地表現為頂層設計能力、統籌能力、協同能力、規則制定能力、安全保障能力、社會動員能力等。

三元世界的平衡。大數據時代的本質是世界從二元走向三元，核心是三元平衡尋優問題，這種再平衡的關鍵是更加重視利用外部資源鞏固自身戰略地位和進行可持續發展。古代「天地人」之說是對世界組成的基本認識，可以說是三元世界的雛形。事實上，「三元」的關係就是平衡與穩定、合作與共享的關係。世界動力具有「三元」的特徵，即自主的動力、平衡的動力、共處的動力這「三元動力」合為一體，共同維持、平衡、恆定著世界。正是三元動力的共同作用驅動著宇宙世界，推動著人類社會生存、生長、生生不息。從平衡到不平衡再到新的平衡是事物發展的規律，任何事物經過「平

衡─失衡─再平衡」的螺旋式反覆，也就不斷地得到發展。宇宙正是始終處在這樣一個相對平衡運動之中，才體現出無窮的魅力和超完美的規律性。這種平衡運動是相對的，是動態的，一旦某個平衡被打破，就會產生新的條件與之相平衡。「離圓心越近，離失敗越遠。」在秩序互聯網時代，更具有動態平衡的眼光才更有利於社會的發展。凱文・凱利總結的大自然用以無中生有的九條規律強調，要從「無中生有」到「變自生變」。也就是說，任何大型複雜系統都是協同變化的，只有在對稱和均衡中才能形成一個安全的圓心，世界要平衡就要圍繞這個圓心運轉，在變化中實現動態平衡，從而遠離風險。只有在動態的平衡中才能打破生命週期的魔咒，實現可持續和再平衡，從而建立未來全球治理的全新生命週期。

美國學者塞薩爾・伊達爾戈的《增長的本質》的出版被譽為「二十一世紀經濟增長理論的重要里程碑」，其提出了一個重要觀點：經濟增長的本質是信息的增長，或者說秩序的增長。他認為，善於促進信息增長的國家會更昌盛。數據進化論、數據資本論和數據博弈論（新「三論」）正是在重構數字文明時代人與技術、人與經濟、人與社會的新秩序。在數字文明時代，增長的本質不是 GDP 的增長，而是文明的增長和秩序的增長。新「三論」的提出，對社會結構、經濟機能、組織形態、價值世界進行了再塑造，對以自然人、機器人、基因人為主體的未來人類社會構成進行了再定義，對以數據為關鍵要素的新型權利範式和權力敘事進行了再分配。簡而言之，數據運動規律重構了人與技術、人與經濟、人與社會之間的秩序，這既是研究未來生活的宏大構想，也是研究數字文明發展和秩序進化的重大發現。

主權區塊鏈

人類社會正處於新理論、新技術再一次爆發的前夜。偉大的科學家尼古拉·特斯拉曾說，「新技術的出現，是為了服務未來，而不是現在」。區塊鏈[1]是一種集成技術、一次數據革命、一次秩序重建，更是一個時代的拐點。在這個秩序多變、規則瀰散、理性缺失的時代，區塊鏈已成為人類構建秩序的前沿力量。區塊鏈是對技術、組織、行為模式的變革，是一種在技術基礎之上對治理方式、監管模式和法律規則的重構。區塊鏈通過廣泛共識和價值分享，推動人類社會在數字文明時代形成新的價值度量衡，催生新的誠信體系、價值體系、規則體系。區塊鏈與互聯網的結合，將在技術上把可拷貝變成不可拷貝，或者說是有條件的可拷貝，這個條件就是從無界、無價、無序走向有界、有價、有序。主權區塊鏈為從信息互聯網、價值互聯網到秩序互聯網的發展提供了可選路徑和無限遐想。如果說區塊鏈具有共識的技術屬性，那麼主權區塊鏈就是一個包括共識、共治、共享在內的統一體。從區塊鏈到主權區塊鏈，其意義並不僅僅在於對區塊鏈的發展，更大的意義在於給網絡空間治理帶來新理念、新思想和新規制。

一　從區塊鏈到主權區塊鏈

二〇〇八年，一個身分不明的人或群體以「中本聰·納卡莫托」（Satoshi Nakamoto）的名義，向加密郵件列表中的人介紹了「比特幣」這一概念，

---

1 麥肯錫諮詢公司認為，區塊鏈是繼蒸汽機、電力、信息技術和互聯網之後，目前最有潛力觸發第五輪顛覆式革命浪潮的核心技術。就如同蒸汽機釋放了人們的生產力，電力解決了人們最基本的生活需求，信息技術和互聯網徹底改變了傳統產業（如音樂和出版業）的商業模式一樣，區塊鏈技術將有可能實現去中心化的數字資產安全轉移。

並在二〇〇九年創立了比特幣社會網絡，開發出第一個區塊，即「創世區塊」[1]。但也有人認為，區塊鏈概念作為一種技術創新，在一九九一年就曾被斯圖爾特・哈伯和斯科特・斯托內塔作為「分布式記帳」體系提出。為提升數字文檔的精確性，他們認為如果不去信任某個人或者機構，「那就去信任每一個人，也就是說，讓世界上的每一個人都成為數字文檔記錄的見證者」。就理念而言，這一思想確實與比特幣區塊鏈的思路相通：去中心化的本質就是多中心化——既然沒有了權威中心，那麼大家都成了中心，但各個中心既需自律亦需他律，彼此之間相互驗證，相互制衡，以構造嚴絲合縫的信任機器。[2]

重新認識區塊鏈。區塊鏈的本質是信任網絡，其構建了一種低成本互信機制，實現了網絡的價值傳遞和用機器語言而非法律語言記錄的智能合約（表 1-3）。「從數據的角度看，區塊鏈是一種幾乎不可能被更改的分布式數據庫或分布式帳本，它通過去中心化形式使所有參與者能夠對其進行共同維護。從技術的角度看，區塊鏈並不是一種單一的技術，而是多種技術的集合及其結果。這些技術以新的方式組合在一起，形成了一種新的數據記錄、存儲和表達方式。」[3]區塊鏈擁有點對點、時間戳、博弈論、共識機制、數據存儲、加密算法、隱私保護和智能合約等核心關鍵技術，天然地具備多方維護、交叉驗證、全網一致、不易竄改等特性。與以往的技術相比，其核心特

1　其奠基性論文《比特幣：一種點對點電子現金系統》提出了一種全新的去中心化的電子現金系統，核心思想之一就是通過對等網絡方式消除單個中心化依賴，實現點對點交易，同時將已花費的數字貨幣序列號數據庫轉變成未花費的數字貨幣序列號數據庫，控制數據規模，並利用哈希算法，打上時間標記，縱貫相連。
2　姚前主編：《區塊鏈藍皮書：中國區塊鏈發展報告（2019）》，社會科學文獻出版社2019年版，第7頁。
3　張小猛、葉書建編著：《破冰區塊鏈：原理、搭建與案例》，機械工業出版社2018年版，第42-43頁。

點可以歸結為：一是「自治」，區塊鏈的「自治」是對目前互聯網組織與體系架構的一種挑戰；二是「可信」，區塊鏈的「可信」是對目前互聯網乃至整個人類社會信任架構的一種挑戰。迄今為止，其發展大體上可以分為三個階段：區塊鏈 1.0，即以比特幣為代表，以分布式記帳為典型應用；區塊鏈 2.0，即以以太坊為代表，引入智能合約技術；區塊鏈 3.0，即「區塊鏈＋」，區塊鏈全面融入信息生活的方方面面。[1]如果歷史重演，我們正站在人類歷史上第六輪康德拉季耶夫週期[2]的起點（圖 1-3）。互聯網是工業革命以來五輪康波的核心技術構建，它深刻改變了人類的生產生活生存方式，終端幾乎成為人類身體功能的延伸。當前，第四輪康波已經進入尾聲，第五輪康波出現了轉折，第六輪康波可能已經開始。第六輪康波中的基礎性創新可能包括新材料、人工智能、物聯網、基因工程、量子計算和區塊鏈等。日本經濟學家赤松要認為，世界體系有一種「中心—外圍」結構。因為後發優勢的存在，外圍國與中心國之間的綜合國力的差距呈現出一種「收斂—發散」的週期特徵，時間長度為二十至六十年，其長邊正好與康波的長邊對應。區塊鏈將是第六輪康波的核心基礎設施之一，誰能掌握區塊鏈的核心技術，誰就能主導未來的世界體系。如果說互聯網、大數據、人工智能是人類進入數字空間的船，區塊鏈就是那船上的帆。區塊鏈將是人類社會治理數字世界的底層技術協議，沒有區塊鏈，也許我們駛向未來的帆船將會失去方向。「如果沒有互聯網，美國也許還是今天的美國，但是中國肯定不是今天的中國。」[3]區塊鏈亦是如此，未來沒有人會拒絕區塊鏈，沒有人可以離開區塊鏈而存在。

---

1 何申等：《區塊鏈：未來已來》，《人民郵電》2019 年 11 月 15 日，第 7 版。
2 康德拉季耶夫長波（簡稱「康波」），即康德拉季耶夫長週期，被用來描述經濟增長的長期波動現象，週期一般是四十年至六十年。
3 吳曉波：《騰訊傳（1998-2016）：中國互聯網公司進化論》，浙江大學出版社 2017 年版，第 19 頁。

表 1-3　國內外有關組織機構對「區塊鏈」的定義

機構（組織）	定義
英國政府辦公室（《分布式帳本技術：超越區塊鏈》）	區塊鏈是一種數據庫，它將一些記錄存放到一個區塊裡（而不是將它們收集到單一的表格或者紙張上）。每一個區塊是使用密碼學簽名與下一個區塊「鏈接」起來的，可以在任何有足夠權限的人之間進行共享和協作
中國工信部（《中國區塊鏈技術和應用發展白皮書》）	區塊鏈是一種按照時間順序將數據區塊以順序相連的方式組合而成的一種鏈式數據結構，並以密碼學方式保證的不可竄改和不可偽造的分布式帳本
中國區塊鏈技術和產業發展論壇（中國首個區塊鏈標準《區塊鏈參考框架》）	區塊鏈是一種在對等網絡環境下，基於透明和可信規則構建的不可偽造、不可竄改和可追溯的塊鏈式數據結構，是實現和管理事務的模式
世界經濟論壇	區塊鏈（分布式帳本技術）是集密碼學、數學、軟件工程等技術與行為經濟學理論於一體的新興技術，是採用全球對等網絡多個節點共同記錄數據的方式，在不需要可信第三方背書的情景下，可以確保數十億臺設備之間價值交換的公正性
國際商業機器公司	區塊鏈是一種共享帳本技術，商業網絡中的任何參與方都可以查看交易系統記錄（帳本）
畢馬威	區塊鏈是比特幣的核心技術，是一個去中心化的數據庫帳本
麥肯錫	區塊鏈本質上是一個去中心化的分布式帳本
埃森哲	在比特幣交易中，區塊鏈技術被用作一種公開分布式總帳，用於記錄交易信息；多個區塊以點對點的方式共享交易數據及記錄，形成了一種分布式數據庫

續表

機構（組織）	定義
戴德梁行	區塊鏈是分布式的數據庫系統，它支持並提供了連續的交易記錄，即區塊，這些記錄是不可以變更和修改的。每一區塊都擁有其對應的時間標記，並能連接到記錄著前一次交易信息的區塊。區塊鏈是比特幣的重要核心技術
投資百科	區塊鏈是一個公共分類帳本，所有比特幣交易都需要以此為支撐
維基百科	區塊鏈是一個基於比特幣協議的不需要許可的分布式數據庫，它維護了一個持續增長的不可被竄改和修改的數據記錄列表，即使對於數據庫節點的運營者也是如此。

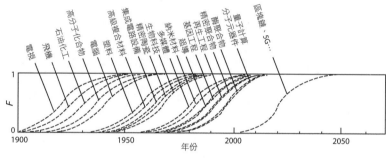

（a）技術發展軌道

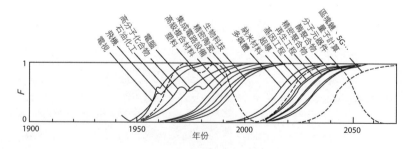

（b）技術傳播軌道

圖 1-3 ｜ 第六輪康波基礎性創新的演化路徑

資料來源：東方證券。

主權區塊鏈：下一代區塊鏈的核心。 在全球互聯網發展進程中，人類社會將構建網絡空間命運共同體，這是以尊重網絡主權背後的國家主權為前提的。主權的互聯網需要配套主權的區塊鏈來共同進行歸置。區塊鏈在法律與監管下，以分布式帳本為基礎，以規則與共識為核心，實現不同參與者的相互認同，進而形成公有價值的交付，建立主權區塊鏈。未來，在主權區塊鏈發展的基礎上，不同經濟體和各節點之間可以實現跨主權、跨中心、跨領域的共識價值的流通、分享和增值，進而形成互聯網社會的共同行為準則和價值規範。[1]主權區塊鏈的基礎是區塊鏈，它是一種技術之治，將創新一套混合技術架構。基於此，主權區塊鏈突出了法律規制，它將技術創新和制度重構融為一體，可以說是法律規制下的技術之治（圖1-4）。主權區塊鏈不是標新立異、刻意求奇，也不是疊床架屋、畫蛇添足，主權區塊鏈的發展符合內外因相互作用的基本規律。第一，主權區塊鏈將全面創新現代治理模式。對於國家治理主體來說，主權區塊鏈既可以實現治理手段的迭代更新，也必然加快治理機制的演進創新，最終推動現代治理的新的範式革命，即從封閉走向開放，從壟斷走向共享，從集中走向分散，從單維走向多維。就政府治理來說，主權區塊鏈下的政府治理升級將打造出一個全新的共享政府、開放政府、協同政府和數字政府，基於數字技術構建一個從共識結構演變為共治結構進而形成共享結構的治理體系。第二，主權區塊鏈將促成人、技術與社會的有機融合。區塊鏈與塊數據的有機融合是最重要的突破口，不是簡單的技術融合，而是以人為中心，實現人類與技術、技術與制度、線上與線下的交融，進而實現人、技術與社會的全面融合，這將成為人類首次大規模協作互相認證的開始。第三，主權區塊鏈將推動互聯網從低級躍升為高級。在區塊鏈的支撐和推動下，互聯網的發展將完成「三部曲」，即信息互聯網、價

1　貴陽市人民政府新聞辦公室：《貴陽區塊鏈發展和應用》，貴州人民出版社 2016 年版。

值互聯網和秩序互聯網。這一重大提升和演進過程是由區塊鏈技術自身具有的特性所決定的。儘管從目前來看，區塊鏈技術應用還需要一段時間的探索、發展和完善，但是這一趨勢已經變得不可阻擋。

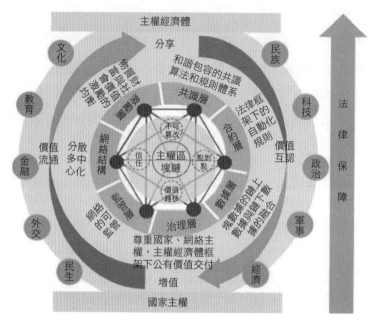

圖 1-4 | 主權區塊鏈

區塊鏈與主權區塊鏈。主權區塊鏈為區塊鏈技術的應用插上法律翅膀，使區塊鏈從技術之治走向制度之治，把互聯網狀態下不可拷貝的數據流建立在可監管和可共享的框架內，從而加速區塊鏈的制度安排和治理體系構建。主權區塊鏈通過算法建立規則，參與方只要信任算法就可以建立互信：既不需要知道別人的信用度，更不需要第三方背書和擔保，建立一種不需要信任積累的體系，推動自信用社會的形成，實現數據即信用。主權區塊鏈將政府納入網絡，實現參與主體多元化，發揮政府有形的手和技術無形的手的作用。《貴陽區塊鏈發展和應用》白皮書從治理、監管、網絡結構、共識、合

約、激勵、數據、應用等八個方面對主權區塊鏈進行了辨析（表 1-4）。在治理方面，主權區塊鏈強調網絡空間命運共同體之間相互尊重網絡主權，即在主權經濟體框架下進行公有價值交付，而不是超主權或無主權的價值交付。在監管方面，主權區塊鏈強調網絡與帳戶的可監管，即在技術上提供監管節點的控制和干預能力，而不是無監管。在網絡結構方面，主權區塊鏈強調網絡的分散多中心化，即在技術上提供網絡主權下各節點的身分認證和帳戶管理能力，而不是絕對的「去中心化」或形成「超級中心」。在共識方面，主權區塊鏈強調和諧包容的共識算法與規則體系，形成各節點意願與要求的最大公約數，在技術上提供對多種共識算法的整合能力，而不是單純強調效率優先的共識算法和規則體系。在合約方面，主權區塊鏈強調在主權經濟體法律框架下的自動化規則生成機制，即「代碼＋法律」，而不僅僅是「代碼即法律」。在激勵方面，主權區塊鏈提供基於網絡主權的價值度量衡，實現物質財富激勵與社會價值激勵的均衡，而不是單純強調物質財富激勵。在數據方面，主權區塊鏈強調與物聯網、大數據、雲計算等技術並行發展，實現鏈上數據與鏈下數據的融合應用，而不是僅限於鏈上數據。在應用方面，主權區塊鏈強調經濟社會各個領域的廣泛應用，即基於共識機制的多領域應用的集成和融合，而不僅限於金融應用領域。主權區塊鏈是基於互聯網秩序的共識、共享和共治的智能化制度體系。可以預見，未來在主權區塊鏈構架下，互聯網將形成一種全新的生態，改變互聯網世界的既定遊戲規則，為互聯網全球治理提出解決方案，這必將成為數字化、網絡化、智能化時代的重要拐點。

表 1-4 **主權區塊鏈與其他區塊鏈的比較**

方面	主權區塊鏈（代碼＋法律）	區塊鏈（代碼即法律）
治理	網絡空間命運共同體間尊重網絡主權和國家主權，在主權經濟體框架下進行公有價值交付	無主權或超主權，網絡社群共同認同的價值交付
監管	可監管	無監管
網絡結構	分散多中心化	去中心化
共識	和諧包容的共識算法和規則體系	效率優先的共識算法和規則體系
合約	在主權經濟體法律框架下的自動化規則生成機制，即「代碼＋法律」	「代碼即法律」
激勵	物質財富激勵與社會價值激勵的均衡	物質財富激勵
數據	基於鏈上數據與鏈下數據的融合	僅限於鏈上數據
應用	經濟社會各個領域的廣泛應用	僅限於金融應用領域

資料來源：貴陽市人民政府新聞辦公室：《貴陽區塊鏈發展和應用》，貴州人民出版社 2016 年版。

二　從一元主導到分權共治

人類正在經歷從舊時代向新時代轉型的重大歷史時期，這不僅表現在技術革命上，還表現在整個世界的組織形態與秩序體系的構建上。工業文明的世界體系集中表現為人類的分治競合的特點，而新的時代將呈現出分權共治的特點。[1]

組織結構的演化趨勢。美國未來學家、經濟學家傑里米・里夫金在《第

1　何哲：《人類未來世界治理體系形態與展望》，《甘肅行政學院學報》2018 年第 4 期，第4頁。

三次工業革命》中說：「當今世界正在實現由集中型第二次工業革命向扁平式第三次工業革命的轉變。在接下來的半個世紀，第一次、第二次工業革命時期傳統的、集中式的經營活動將逐漸被第三次工業革命的分散經營方式取代，傳統的、等級化的經濟和政治權力將讓位於以社會節點組織的扁平化權力。」人類社會的組織結構經歷了長期演化並日漸多元，包括科層制組織、扁平化組織和網絡狀組織，從簡單到複雜，從垂直到水平，從封閉到開放，從有形到無形……當組織規模較小、價值創造活動較為簡單時，權力集中在不同層級的管理者手中，科層制組織是一種有效率的組織結構。隨著規模的擴大，為應對價值需求的變化以及解決金字塔式組織結構僵化的問題，組織逐漸朝著橫向的運行秩序發展，開始重視組織價值的創造能力。組織朝著靈活性轉變，從而出現了扁平化組織。實現了扁平化之後，組織變得更加開放。縱橫交錯的價值創造鏈條構成了網絡狀的組織結構，組織結構更加複雜，組織形態也更加靈活，組織從而更能夠應對環境的變化和不確定性，更具有開放性。以互聯網為中心的數據革命使得傳統公共機構不再是主導數據的唯一機構，而是治理變革的真正動力。

塊數據組織正在崛起。科技變革特別是新一代信息技術，將推動數字貨幣和數字身分的廣泛普及與應用。不論是數字貨幣還是數字身分，其普及和應用必然突破「信息孤島」，把分散的點數據和分割的條數據匯聚到一個特定的平臺上，並使之發生持續的聚合效應。這種聚合效應通過數據的多維融合、關聯分析和數據挖掘，揭示事物的本質規律，從而對事物做出更加全面、更加快捷、更加精準和更加有效的研判與預測。我們把這種聚合效應稱為「塊數據」。塊數據的持續聚合又形成塊數據組織，這種新的組織將解構和重構組織模式，引發新的範式革命。塊數據組織所引發的範式革命究竟是什麼，究竟會帶來什麼樣的革命性變化？如果用一句話來概括，那就是一場改變未來世界的治理革命。因為，在數字貨幣和數字身分推動下形成的塊數

據組織，本質上是一個在公正算法控制下的去中心化、分布式組織模式，我們稱之為「分權共治組織」。這個組織通過三大核心技術，即超級帳本、智能合約和跨鏈技術建立起一套可信且不可竄改的共識和共治機制。這套機制通過編程和代碼把時間、空間、瞬間多維疊加所形成的數據流加以固化，形成可記錄、可追溯、可確權、可定價、可交易、可監管的技術約束力。隨著區塊鏈的發展，智能合約變得極其複雜與自治。本質上，Dapp（去中心化應用）、DAO（去中心化自治組織）、DAC（去中心化自治公司）、DAS（去中心化自治社會）等藉助日益複雜和自動化執行的智能合約而成為能夠自我管理的實體，通過自編程操作連接到區塊鏈。當數字貨幣、數字身分遇到區塊鏈並與之珠聯璧合時，就標誌著我們已經跨入一個新的世界。在這個新的世界裡，網絡就是我們的計算機。區塊鏈藉助於數字網絡與終端，重構國家、政府、市場、公民的共治格局，由此形成一個多元共治的全球治理模式。

共享型組織的新範式。共享是互聯網給人類帶來的最大紅利，它所開啟的並非只是一種全新的商業模式，同時也是一場共享社會的變革，激盪著共生、協同的共享組織新範式。人與組織的關係從交換關係轉變為共享關係。傑里米・里夫金認為：「未來社會可能不再是簡單地交換價值，而是實現價值共享。過去所有的東西如果不交換就沒有價值，但在未來不是交換而是共享。」人類的進化脫離不了萬物共生的定律，生物是共生的，人類是共生的，組織亦如是。塊數據組織突破了內外邊界和傳統競爭的線性思維方式，從競爭邏輯轉向共生邏輯，人與組織的關係是價值共鳴、相互依賴、同創共享的共生關係，成員間的關係實現了互為主體、資源共通、價值共創、利潤共享。此外，塊數據組織實現了協同的轉變。互聯網、區塊鏈給組織管理帶來了三個最根本的變化，第一個根本變化是效率不再來源於分工，而是來源於協同。第二個根本變化是績效的核心在於激勵創新，而不是簡單的績效考

核。第三個根本變化是創立全新的組織文化，其本質是互為主體、共創共生。這些變化背後的邏輯我們稱之為「協同的效率」。塊數據組織強調的是數據人的利他主義，是對經濟人假設的超越。意大利政治哲學家尼可羅‧馬基亞維利曾說，如果不能使參與這件事情的所有人都獲利，那麼這件事情就不會成功，即使成功也不能持久。

三　從物的依賴到數的依賴

我們無法否定數據化時代的存在，也無法阻止數據化時代的前進，就像我們無法對抗大自然的力量一樣。數據世界如同浩瀚星河，人類對數據世界進行不懈的探索，而探索的成果又推動人類不斷進化。人類社會從農耕時代發展到數據時代，數據經歷了從數到大數據、從點數據到塊數據、從數據到數權的演化。這不僅是數據科學維度的進化，更是人類思維範式的升級。進入大數據時代，個人既是數據的生產者也是數據的消費者，當數據化生產、數據化生活和數據化生命成為現實，人類智能與人工智能相融合，「自然人」進而發展為「數據人」。數據已覆蓋和記錄了一個人從搖籃到墳墓的全部生活，人類對數據已經形成了難以擺脫的依賴性。人類的行為模式將發生巨大變革，在人對人的依賴、人對物的依賴[1]尚未完全消除的情況下，出現了人

1　人的發展問題是馬克思主義哲學關於人的學說的重要組成部分。馬克思在《1857-1858年經濟學手稿》中將人的發展過程分為人的依賴階段、物的依賴階段和人的自由全面發展階段。「人的依賴關係（起初完全是自然發展的）是最初的社會形態，在這種形態下，人的生產能力只是在狹隘的範圍內和孤立的地點上發展著。以對物的依賴為基礎的人的獨立性，是第二大形態，在這種形態下，才形成普遍的社會物質交換、全面的關係、多方面的需求以及全面的能力的體系。建立在個人全面發展和他們共同的社會生產能力成為他們的社會財富這一基礎上的自由個性，是第三個階段。第二個階段為第三個階段創造條件。」（〔德〕馬克思、〔德〕恩格斯：《馬克思恩格斯全集（第46卷‧上）》，中共中央馬克思恩格斯列寧斯大林著作編譯局譯，人民出版社1979年版，第104頁。）

對「數」的依賴。秩序互聯網與主權區塊鏈為把人從其對現代社會「物」的依賴和「數」的依賴中解放出來提供了新的現實可能性，進而促逼新制度模式的建構與形成。

人的依賴。馬克思在《1857-1858 年經濟學手稿》中把人類社會的發展過程分成三個階段：第一階段為前資本主義時期，其特點是「人的生產能力只是在狹隘的範圍內和孤立的地點上發展著」，由此形成的社會形態是「人的依附性社會」。在這種社會形態中，人與人之間的關係「或者以個人尚未成熟、尚未脫掉同其他人的自然血緣關係為基礎，或者以直接的統治和服從的關係為基礎」。這種社會形態之下，人的生存與發展只是在共同體內畫地為牢的空間中的生存與發展，人是須臾不可離開共同體的人。在手工技術占主導地位的時代即人類以「人的依賴關係」生存的時代，人的發展的最基本的特徵是在對自然的直接依附基礎上的人身歸屬。這種依賴關係表明，人的聯繫是局部的和單一的，因而是原始的或貧乏的。「無論個人還是社會，都不能想像會有自由而充分的發展，因為這樣的發展是同個人和社會之間的原始關係相矛盾的。」[1]人的個性的發展尚處於萌芽狀態。

物的依賴。隨著生產力和社會分工的發展，人的依賴關係被物的依賴關係所取代。「在這種形態下，才形成普遍的社會物質交換、全面的關係、多方面的需求以及全面的能力體系。」[2]個體擺脫共同體的束縛，一方面為個體心理擺脫低層次、依附性和諧而走向高層次、自主性和諧提供了可能，另一方面使個體需要面對一個充滿不確定性的世界，處理各種日益複雜的關係，其心裡充滿了衝突與不安，同時陷入了對「物的依賴」。對技術、資本

---

1 〔德〕馬克思、〔德〕恩格斯：《馬克思恩格斯全集（第 46 卷·上）》，中共中央馬克思恩格斯列寧斯大林著作編譯局譯，人民出版社 1979 年版，第 485 頁。

2 〔德〕馬克思、〔德〕恩格斯：《馬克思恩格斯全集（第 46 卷·上）》，中共中央馬克思恩格斯列寧斯大林著作編譯局譯，人民出版社 1979 年版，第 104 頁。

等物的依賴成為人類從事社會生產的基本前提，具體表現為勞動依賴資本、機器。這一階段，技術就像一個引擎，推動著人與世界的交融。技術深度嵌入並重塑人類日常的生活實踐和意義生成，已成為人類行為方式、生存方式、創造方式和社會生活的一種決定性力量。人的異化是人類社會向前發展的必然，人類每向前進一步都會伴隨著深刻的異化感。因此可以說，人是一種憑藉著技術不斷異化的動物。

　　數的依賴。大數據是一種生產要素、一種創新資源、一種組織方式、一種權利類型。數據的利用成為財富增長的重要方式，數權的主張成為數字文明的重要像徵。在《未來簡史》中，尤瓦爾・赫拉利對二十一世紀的新宗教（數據主義）進行了定義：「宇宙由數據流組成，任何現象或實體的價值就在於對數據處理的貢獻。」雖然數據主義的觀點正確與否還有待商權，但我們確實已經身處大數據的海洋中，形成了對大數據難以擺脫的依賴性，大數據正在以難以想像的速度和深度介入與改變人類的生產、生活、生存方式。通過強調和推崇數據生產力，大數據建立了數據與數據之間的組合、整合、聚合的新型社會關係。揚棄普遍物化的依賴關係，把人從對物的依附和隸屬關係中解放出來，使人成為依靠數據自主存在、自由發展的新人。在這個階段，人的發展的基本特徵是：在對數據依賴基礎上的相對個性化和自由發展。按照資產階級和無產階級的本來含義，即有資產的階級和沒有資產的階級的劃分，掌握大數據的人將成為數據資產階級，而交出數據的人則成為數據無產階級，由此又造成人的發展的分化。面對日益高漲的數據化浪潮，需要建構一個以數權為基點的權利保障體系，這個體系稱為「數權制度」。基於數權制度而形成的法律規範，稱為「數權法」。當數權法與區塊鏈走到一起時，區塊鏈就從技術之治走向制度之治。這種基於制度安排和治理體系的區塊鏈，就叫「主權區塊鏈」。可以預見，治理科技最終將把人類帶入新的階段：這個階段關鍵的不同是，對幾千年不變的生老病死的「人類規律」發

起了衝擊，並由此引發廣泛而深刻的技術革命、治理革命和行為革命。

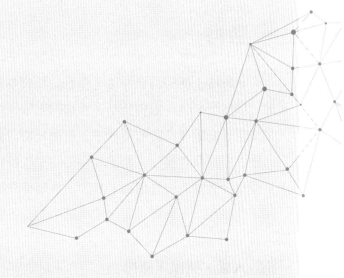

數據主權論

隨著以數字科技為代表的第四次科技革命和經濟社會的急遽變革，新興人權大量湧現，「數字人權」是其中最顯赫、最重要的新興權利。

——中國法學會副會長、學術委員會主任　張文顯

數字主權將成為繼邊防、海防、空防之後另一個大國博弈的空間。誰掌握了數據的主動權和主導權，誰就能贏得未來。

——中華人民共和國工業和信息化部部長　苗圩

我們必須共同努力，確保大數據及其生成的技術，被用於提升人類福祉，並將其對發展、和平安全和人權的風險降到最低。

——聯合國秘書長　安東尼奧・古特雷斯

數權

著數據不斷朝著資源化、資產化和資本化方向演變,世界將從原有的物權、債權體制轉向數權體制。數權的主張是文明躍遷的產物,也是人類從工業文明邁向數字文明的新秩序。數權是相對獨立於物權的一項新的權利,與人權、物權共同構成人類未來生活的三項基本權利。數據權、共享權、數據主權形成數權的核心權益,其中,共享權是數權的本質。數權的主張是推動秩序重構的重要力量,對人類共同生活具有特殊意義。

一 人權、物權與數權

大數據時代,一個新的既有別於傳統又超越了傳統的人的東西開始進入法律關係的視野,這就是「數」。從「數」到「數據」再到「數權」,是人類邁向數字文明的時代產物和必然趨勢。數權是人類在數字文明時代的基本人權,在釋放數據價值的同時,保障人類在數字世界的基本權利。數權與人權、物權有本質的不同,權利主體、權利客體、權利內容等的差異決定了數權內容不能簡單按照物權來規範。

(一)從數到數權

數並不是天然存在的,而是人類社會實踐的產物。在長期的實踐活動中,人類通過比較不同事物在數量上擁有的共同特性時,創造性地領悟到抽象的數與具象實體之間一一對應的邏輯關係——數。[1]在中國古代,人們對

---

1 王耀德、譚長國、何燕珍:〈「數」和相關科技發展的歷史分期考察〉,《開封教育學院學報》2017 年第 12 期,第 11 頁。

「數」有著特別的關注，以老子為代表的道家用數來闡釋宇宙產生的模式及事物變化的規律。在古希臘，人們對「數」的關注在不同學派中廣泛存在，特別是畢達哥拉斯學派對數表現出一種非同一般的崇拜，他們將數上升為具有本體論意義的萬物始基，提出了「數是萬物的本源」的觀點，認為數決定一切事物的形式和內容。「數是萬物的本源」並不是像原子是世界的本源、水是世界的本源那樣，是物理性的，而是說世界的一切都可以用數來表徵。這種試圖將萬物概念以數的形式歸於人腦，以及以數的思想認識世界的大膽假設，正是現在大數據技術所逐步實現的。由此可見，數不僅是現實世界的本源，也是現代科技創造的虛擬世界的本源，或者說是人類精神世界的本源。

從某種程度上來說，「數據是數的概念的延伸和擴展，是現代自然科學，特別是信息科學發展的產物」[1]。英語中「data」（數據）一詞最早出現在十三世紀，來源於拉丁語「datum」，含義為授予的物品。在計算機普及和廣泛使用的今天，數字化已成為現實，數據的形式也各式各樣，數、語言、文字、表格和圖形都成為數據的構成部分。「數據不僅限於表徵事物特定屬性，更為重要的是成為推演事物運動、變化規律的依據和基礎。」[2]隨著物聯網、雲計算、移動互聯網等新興信息技術的發展，越來越多的「事物」被數字化並存儲起來，形成龐大的數據規模。「大數據的出現，再次擺脫了數據時代人類對自然界認知的有限性，通過海量數據的獲得，人類對自然界的每一分鐘、每一秒鐘的變化更加能夠捕捉並及時記錄。」[3]作為一種

1　賀天平、宋文婷：《「數—數據—大數據」的歷史沿革》，《自然辯證法研究》2016 年第 6 期，第 36 頁。
2　劉紅、胡新和：《數據革命：從數到大數據的歷史考察》，《自然辯證法通信》2013 年第 12 期，第 35 頁。
3　賀天平、宋文婷：《「數—數據—大數據」的歷史沿革》，《自然辯證法研究》2016 年第

新型的表徵世界的方式，大數據正在深刻變革人類社會的溝通方式、組織方式、生產方式、生活方式，驅動著人類邁入數字文明時代。

在數字文明時代，人類開始重新認識人與數據的關係，考量「數據人」的權利問題。大數據是一種生產要素、一種創新資源、一種組織方式、一種權利類型。數據的利用成為財富增長的重要方式，數權的主張成為數字文明的重要像徵。數據賦權，社會力量構成由暴力、財富、知識向數據轉移。在數據的全生命週期治理過程中會產生諸多權利義務問題，涉及個人隱私、數據產權、數據主權等權益。數據權、共享權、數據主權等成為大數據時代的新權益。數權是共享數據以實現價值的最大公約數。目前，學界已出現大量關於數權及其權屬的討論，主要有人格權說、財產權說、隱私權說等主流觀點（表 2-1）。此外，還有商業祕密說、知識產權說等主張。但傳統權利類型均不足以覆蓋數據的所有權利形態，其主張影響數權權能的完整性。數字時代是多維而動態的，數權設計不應僅體現原始數據單向的財產權分配，更應反映動態結構和多元主體的權利問題。因此，一種涵蓋全部數據形態、積極利用並許可他人利用的新型權利呼之欲出——數權。

表 2-1　**幾種數權學說**[1]

學說	主張、理由及缺陷
人格權說	主張：個人數據權是一項人格權，並且是一項具體的新型人格權

---

6 期，第 38 頁。

1　于志剛：《「公民個人信息」的權利屬性與刑法保護思路》，《浙江社會科學》2017 年第 10 期，第 8-9 頁；阿里研究院：《中央財經大學吳韜：法學界四大主流「數據權利與權屬」觀點》，搜狐網，2016 年，http://www.sohu.com/a/117048454_481893。

學說	主張、理由及缺陷
人格權説	理由：首先，從權利內涵的特性出發，個人數據權以人格利益為保護對象，數據主體對於自身數據具有控制與支配的權利屬性，具有特定的權利內涵；其次，從權利客體的豐富性出發，公民個人數據包括一般個人數據、隱私個人數據和敏感個人數據，其中有些數據，比如姓名、肖像、隱私等，已經上升為具體人格權，不再需要依靠個人數據權進行保護，而其他數據則必須要通過個人數據保護權的機制進行保護；再次，從保護機制的有效性出發，如果將個人數據權界定為財產權，則可能沒有保護的必要，反之，如果將其視為人格權，則一方面能夠保證不會因為個人身分的差異而在計算方式上有所區別，從而維護了人格平等這一宗旨，另一方面公民還能依據《侵權責任法》第 22 條主張精神損害賠償；最後，從比較法的角度出發，世界上個人數據保護法所保護的主要是公民的人格利益。
	缺陷：自然人的人格權具有專屬性、不可交易性，即便能產生經濟價值，也不能作為財產予以對待，否則便會貶損自然人的人格意義。
財產權説	主張：公民對其個人數據的商業價值所擁有的權利是一種新型財產權，即「數據財產權」。
	理由：隨著數字時代的到來，個人數據事實上已經發揮出維護主體財產利益的功能，此時，法律和理論要做的就是承認主體對於這些個人數據享有財產權。另有學者將公民個人數據的權利性質理解為所有權的一種，即公民對於自身數據享有占有、使用、收益、處分的權利。
	缺陷：如果單純把個人數據權作為一種財產權，則會過於強調它的商業價值，反倒忽略了對於公民個人數據的保護，而後者才是個人數據相關的法律制度的首先目標，也是公民最現實的需要。此外，如果忽略了「個人數據」中「人」的因素，則必然「在商言商」，妨害人格的平等性，「因為每個人的經濟狀況不同，其信息資料的價值也不同，但人格應當是受到平等保護的，不應區別對待」。

續表

學說	主張、理由及缺陷
隱私權說	主張：公民個人數據權應當屬於隱私權，受到侵犯時應當通過隱私權的相關途徑尋求救濟。
	理由：第一，之所以保護個人數據是因為侵犯公民個人數據可能侵犯到公民的人格尊嚴，破壞公民的私生活安寧。而如果該數據不屬於隱私，則他人即便獲取也不會影響到數據主體，不會對其產生冒犯。第二，我國《侵權責任法》第二條已正式確立了對隱私權的保護，而通過對隱私權的擴張解釋，足以將個人數據所要保護的各種數據囊括進隱私的概念，因此無須再創設獨立的個人數據權。
	缺陷：一是隱私權強調的是對於公民個人隱私的保護，側重於消極防禦，而這難以涵蓋現代社會中大量存在的公民積極地使用個人數據參與各種活動的現實。二是隱私權難以與數字社會相兼容。隱私權對於數據提供的保護是一種「絕對性」的保護，而在數字社會，對於信息的收集、處理、存儲和利用不僅必要而且必須，不僅國家從單純的保護者姿態變為了最大的數據收集、處理、存儲利用者，而且公司、社會組織等第三方數據從業者也逐漸產生。三是隱私權的概念具有模糊性。利用「隱私」的主觀性做文章的辦法會使得對於隱私的判斷也隨之主觀化，即數據主體認為是隱私就是，認為不是就不是。實際上，本質問題在於「授權」，關鍵在於是否經過了數據主體的同意。

資料來源：龍榮遠、楊官華：《數權、數權制度與數權法研究》，《科技與法律》2018 年第 5 期。

（二）數權的界定

數權的主體是特定權利人，客體是特定數據集（表 2-2）。在具體的數權法律關係中，權利人是指特定的權利人。數權擁有不同的權利形態，如數據採集權、數據可攜權、數據使用權、數據收益權、數據修改權等。因此，需要結合具體的數權形態和規定內容確定具體的數權人。對於數權的客體而

言，單一獨立存在的數據不具有任何價值，只有按一定的規則組合成的具有獨立價值的數據集才有特定的價值，不能將數據集中的單個數據作為分別的數權客體對待。因此，數權的客體是特定的數據集。

表 2-2　數權的特徵

特徵	概略
權利主體	數據所指向的特定對象以及數據的收集、存儲、傳輸、處理者等
權利客體	有規律和價值的特定數據集
權利類型	集人格權和財產權於一體的綜合性權利
權利屬性	具有私權屬性、公權屬性和主權屬性
權利權能	一種不具排他性的共享權，往往表現為「一數多權」

　　數權具有私權屬性、公權屬性和主權屬性。與傳統的權屬類型不同，數權作為一種新型權屬類型，體現出權屬的多元性。不同類型的數據有不同的權屬，處於數據生命週期不同階段的數據也有不同的權屬。數權同時具有私權屬性、公權屬性和主權屬性，包括體現國家尊嚴的主權、體現公共利益的公權和突顯個人福祉的數據權利。在私權屬性範疇，數權根據數據掌握主體分為個人數據權與企業數據權，個人數據資源與企業數據資源被視為數權客體。數權的公權屬性具有豐富的公共性和集體性意涵，是以國家和政府為實施主體、以公共利益最大化為價值取向、強力維護公共事務參與秩序的一種集體性權力，具有自我擴張性。數權的主權屬性體現為數據主權是國家主權的重要組成部分。作為國家主權的必要補充，數據主權豐富和擴展了傳統國家主權的內涵與外延，是國家適應現代化虛擬空間治理、維護自身主權獨立的必然選擇。

　　數權是人格權和財產權的綜合體。數據既具有人格屬性，又具有財產屬性，但同時又與人格權、財產權有所不同。數據人格權的核心價值是維護數

據主體之為人的尊嚴。大數據時代，個人會在各式各樣的數據系統中留下「數據腳印」。通過關聯分析可以還原一個人的特徵，形成「數據人」。承認數據人格權就是強調數據主體依法享有自由不受剝奪、名譽不受侮辱、隱私不被窺探、信息不被濫用等權利。同時，「數據有價」已成為全社會的共識，因而有必要賦予數據財產權並依法保護。數據財產作為新的財產客體，應當具備確定性、可控制性、獨立性、價值性和稀缺性這五個法律特徵。

（三）人權、物權與數權的區分

人權是全人類唯一相同的標誌，是全世界人民的最大公約數。所謂人權，就是「人依其自然屬性和社會本質所享有與應當享有的權利」[1]。人權所指的人不是經濟人、道德人、政治人[2]，而是具有生物學特徵、抽象掉一切附加因素後的自然人，一個人僅僅因為是人就應當享有人權。人權是如何產生的？這涉及人權的哲學基礎問題。有關人權來源的學說，主要有習慣權利說、自然權利說、法定人權論與功利人權論、人性來源說以及道德權利說等。[3]人權本質上是權利，「權利、人權、法律權利、公民基本權利是一些依次相包容、具有屬種關係的概念」[4]。人權的概念和內涵較為寬泛，其保障

---

1 李步雲：《法理探索》，湖南人民出版社 2003 年版，第 169 頁。
2 人權所指的人首先不是經濟人，經濟人以逐利為目的，如果人人都是經濟人，人權則會缺乏保障；其次不是道德人，人權無關道德之有無與高低；再次不是政治人，儘管人權具有政治性，但把人權作為政治鬥爭的工具必然會限制人權。
3 習慣權利說是以英國《大憲章》為代表的經驗主義的人權推定說，即「習慣權利→法定權利」的人權推定。自然權利說是由法國《人權宣言》所發揚的先驗主義的人權推定說，即「自然權利→法定權利」的人權推定，是關於人權來源的經典學說。法定人權論和功利人權論認為，正式或非正式的法律規章制度產生人權，自由、平等地追求人的幸福和福利是最大的價值與善。人性來源學說認為，人性包括自然屬性和社會屬性，自然屬性是人權產生的內因和根據，社會屬性是人權產生的外因和條件。道德權利說認為人權屬於道德體系，要靠道德原理來維繫，其正當性來源於人的道德心。
4 林喆：《何謂人權？》，《學習時報》2004 年 3 月 1 日，第 T00 版。

範圍遠比法律權利或基本權利廣泛。隨著經濟社會的縱深發展，人權的維度和種類會不斷增多，內涵和外延也會不斷延伸。

物權的提出是社會文明的新起點。物權是對物的支配，其表面上體現為人對物的支配，實際上是人與人的關係的反映。其一，就本質而言，物權雖然是權利人直接支配「特定的物」的權利，但本質上不是人對物的關係，而是人與人之間的法律關係。其二，物權是權利人對「特定的物」所享有的財產權利，其在性質上雖然是一種財產權，但只是財產權中的對物權，區別於其中的對人權即債權。其三，物權主要是一種對有體物的支配權，即物權人可以完全依靠自己的意思，而不需要他人的介入或輔助就可實現自己的權利。對物權的承認，歸根到底是承認個體創造的價值及個體自治的權利。因此，物權是與物相關的人權，是一種特殊、基本的人權。對物權的承認保護，意味著人們開始以「人」為新起點，構建社會文明的新坐標。

數據並不同於過往民法中的物，對比物之支配的排他性，數據之支配在客觀上不具有排他性，這是由數據的非物質化形態決定的，這一特點與智力成果極度相似。但數據既不是物（動產和不動產），也非智力成果或權利。數據是一種不同於具有物質形態之「物」的客體，對數據的支配具有非排他、非損耗的特點。[1]數據所承載的財產權的具體權利之歸屬和支配不同於有形物的占有與支配模式，適用於有形物的物權制度無法被沿用在數據上。可以認為，數權不屬於任何一種傳統的權利，雖然其有部分特點與其他的權利相似，但不應通過擴張物權法或知識產權法來吸收，而應當延續一貫以來的立法習慣對其進行特別立法（表 2-3）。

---

1 李愛君：《數據權利屬性與法律特徵》，《東方法學》2018 年第 3 期，第 72 頁。

表 2-3 人權、物權與數權的區分

項目	人權	物權	數權
主體	個人、集體	特定的人	特定權利人，包含數據所指向的特定對象以及該數據的收集、存儲、傳輸、處理者（包含自然人、法人、非法人組織等）。
客體	包括對物、行為、精神產品、信息等享有的權利。	為人所支配的特定物；法律規定的權利。	有一定規律或價值的數據集合；法律可規定例外。
內容	人身人格權；政治權利與自由；經濟、社會和文化權利；弱勢群體和特殊群體權利；國際集體（或群體）權利等。	所有權；他物權（用益物權和擔保物權）。	所有權；用益數權；公益數權；共享權。

資料來源：大數據戰略重點實驗室：《數權法 1.0：數權的理論基礎》，社會科學文獻出版社 2018 年版。

二 私權、公權與主權

（一）私權利

權利概念來源於西方，但「直至中世紀結束前夕，任何古代或中世紀的語言裡都不曾有過可以準確地譯成我們所謂『權利』的詞句」[1]。「在中世紀，神學家托馬斯・阿奎那首次解析性地把『jus』理解為正當要求，並從

---

1 轉引自〔英〕A.J.M.米爾恩：《人的權利與人的多樣性——人權哲學》，夏勇、張志銘譯，中國大百科全書出版社 1995 年版，第 5 頁。

自然法理念的角度把人的某些正當要求稱為『天然權利』。」[1]「中世紀末期，資本主義商品經濟的發展使各種利益獨立化、個量化，權利觀念逐漸成為普遍的社會意識。於是『jus』作為『權利』明確地區別於『jus』作為『正當』和『jus』作為『法律』。」[2]漢字「權利」作為術語使用，始於日本。日語的「權利」一語，是從拉丁語「jus」、法語「droit」、德語「recht」和英語「right」繼受而來，起初譯為「權理」，後來譯為「權利」。[3]但是，「問一位法學家『什麼是權利』就像問一位邏輯學家一個眾所周知的問題『什麼是真理』同樣使他感到為難」[4]。雖然康德的為難顯得誇張了些，卻可以說明，權利的本質確實是眾說紛紜而又各有千秋的，以致於美國的范伯格主張把權利當作「簡單的、不可定義的、不可分析的原始概念」[5]。

目前，學術界關於權利本質有不同學說。其中，具有代表性也更能接近權利本質的學說有國外學者主張的資格說、自由說、意志說、利益說、法力說和選擇說，以及國內學者所持的可能說和財產說。然而，由於歷史語境和各自立場不同乃至截然對立，迄今為止，關於權利本質的學說尚未形成統一的範式。權利具有歷史性、主體限定性、正當性、物質性、互惠性和法定性等屬性。權利在現實生活中體現或設定為法律上的權利，意味著法律體系對於權利具有相當的重要性。從法律體系的角度而言，權利可以劃分為根本法權利、公法權利、私法權利、社會法權利和混合法權利。但無論是何種權

1　張文顯：《法理學（第四版）》，高等教育出版社、北京大學出版社 2011 年版，第 89 頁。
2　張文顯：《二十世紀西方法哲學思潮研究》，法律出版社 2006 年版，第 413 頁。
3　段凡：《權力與權利：共置和構建》，人民出版社 2016 年版，第 15 頁。
4　〔德〕康德：《法的形而上學原理——權利的科學》，沈叔平譯，商務印書館 1991 年版，第 39 頁。
5　〔美〕J.范伯格：《自由、權利與社會正義》，王守昌等譯，貴州人民出版社 1998 年版，第 91 頁。

利，權利都是以體現和維護個人[1]利益為主，是個人的權利。[2]這種「個人」在根本上是私人性質的，也就是說，權利的本質是私權利，簡稱「私權」。

古羅馬後期的法學家把私權利定義為法人、非法人組織和自然人所享有的涉及個人利益的權利。[3]在我國，對於私權利尚無統一的定義，不同學者從不同的角度對其有著不同的理解和闡釋。有人認為私權利是指以滿足個人需要為目的的個人權利，而有人則認為私權利是私法上的權利，是作為市民社會的私法術語使用的概念。私權利是由私法所確認，與法人、非法人組織和自然人切身相關，為實現個人目的而存在的權利。私權利的主體包括公民、法人及其他社會組織，甚至國家在不以公權力名義行使職權、履行職責時，也成為私權利的主體。私權利比較複雜，有些私權利沒有或暫時沒有上升為法定權利，完全屬於一種個人行為或個人自由，而有些私權利則受到憲法或其他法律確認而成為法定權利。這就使私權利分為兩大類：非法定私權和法定私權。作為法定形式的私權利，是私權利的主幹部分和重要內容，並且受到憲法和法律的明確保護[4]，禁止任何人以任何形式予以破壞。

（二）公權力

「權力」問題一直困擾著古今中外的哲學家和社會學家們，他們從來就沒有停止過對這個問題的思考。關於權力的概念，不同的學者有著不同的認識和理解，正如美國著名社會學家丹尼斯・朗所說：「權力本質上是一個有

---

1 這裡的個人，是法律上擬制的個人，也就是法律上的「人」，其包括自然人、法人和其他非法人組織。
2 段凡：《權力與權利：共置和構建》，人民出版社 2016 年版，第 28 頁。
3 陳秀平、陳繼雄：《法治視角下公權力與私權利的平衡》，《求索》2013 年第 10 期，第191 頁。
4 蔣廣寧：《法治國家中的公權力和私權利》，《知識經濟》2010 年第 24 期，第 20 頁。

爭議的概念……持不同價值觀、不同信仰的人們肯定對它的性質和定義意見不一致。」[1]英國哲學家羅伯特·羅素是最早對權力下明確定義的，他認為權力是某些人對他人產生預期或預見效果的一種能力。德國社會學家馬克斯·韋伯在《經濟與社會》中將權力定義為「一個人或一些人在社會行為中，甚至不顧參與該行為的其他人的反抗而實現自己意志的能力」。美國學者克特·W·巴克把權力看作是一種「在個人或集團的雙方或各方之間發生利益衝突或價值衝突的形勢下執行強制性的控制」[2]。諸如此類的定義不可勝數，這些定義儘管有各自的道理，然而都無法完全概括權力尤其是國家權力的屬性和特徵。[3]

權力的本質是公權力。「權力與公權力這兩個概念在很多情況下存在混用的情形，因為權力本身就具有公共性。」[4]「從一般意義上看，一切權力都屬於公權力。」[5]一方面，從權力主體來說，權力的行使者必須是公共機關或準公共機關（社會組織）。另一方面，考慮到行使權力的目的，權力的直接作用內容是法律所維護的公共利益。因此，權力更準確地說是公權力。所謂公權力，是指社會共同體（國家、社會團體等）管理公共事務和維護國家與社會公共利益以及調整各方主體利益分配所擁有的權力。「它以公共利益為目的，以合法的強制力為手段。公權力是一個社會正常運轉的必要條

1 〔美〕丹尼斯·朗：《權力論》，陸震綸、鄭明哲譯，中國社會科學出版社 2001 年版，第 2 頁。
2 〔美〕克特·W·巴克：《社會心理學》，南開大學社會學系譯，南開大學出版社 1984 年版，第 420 頁。
3 郭道暉：《權力的特性及其要義》，《山東科技大學學報（社會科學版）》2006 年第 2 期，第 66 頁。
4 潘愛國：《論公權力的邊界》，《金陵法律評論》2011 年第 1 期，第 46 頁。
5 劉曉純、吳穹：《公權力的異化及其控制》，《改革與開放》2012 年第 10 期，第 23 頁。

件，是建立、維護公共秩序，保障社會穩定的基礎。」[1]公權力包括國家權力和社會權力，一般可以具體分解為立法權、司法權、行政權和監督權等。

「公權力作為社會生活秩序的權杖，歷來被視為社會生活的主導者。」[2]特別是在東方社會，由於長期受「社會本位」觀念的影響，公權力一直被理解為是第一性的、對民眾具有支配性和決定作用的力量。一般認為，公權力產生的根據是民眾對權力的賦予以及民眾對權力行使的認可。「國家權力無不是以民眾的權利讓渡與公眾認可作為前提的。」[3]「在終極意義上，權利是權力的基礎。」[4]盧梭在《社會契約論》中也指出，國家權力是每個公民讓渡自己一部分的私人權利而產生的。也正是從這個意義上而言，「私權利是公權力的本源，公權力是私權利的附屬」[5]。失去了私權利，公權力也就沒有了存在和發展的必要。但與此同時，公權力與私權利是一對矛盾體，既相互統一又相互對立，既相依共生又此消彼長，兩者相互作用，構成了社會各種利益團體之間的相互聯繫。

（三）主權觀

早在古希臘和古羅馬時期，柏拉圖等先哲們就意識到了主權的存在，並對主權的內涵進行了相關研究。儘管他們並未明確提出主權這一重要政治概念，但圍繞著國家的產生、功能和政體的類型及國家治理的研究，本質上已經和我們今天所認知的主權研究十分相似，並為啟蒙時期主權概念的明確提

---

1 蔣廣寧：《法治國家中的公權力和私權利》，《知識經濟》2010 年第 24 期，第 20 頁。
2 竇炎國：《公共權力與公民權利》，《毛澤東鄧小平理論研究》2006 年第 5 期，第 20 頁。
3 卓澤淵：《法治國家論》，中國方正出版社 2001 年版，第 62 頁。
4 卓澤淵：《法治國家論》，中國方正出版社 2001 年版，第 69 頁。
5 謝桃：《公權力與私權利的博弈》，《知識經濟》2011 年第 21 期，第 27 頁。

出奠定了基礎。[1]古希臘哲學家亞里士多德被認為是最早闡釋主權思想的先哲，他在《政治學》中雖未明確使用主權概念，但已經涉及主權的兩大屬性，即對外獨立權和對內最高權。現代意義上的主權概念起源於近代歐洲，是十五、十六世紀歐洲經濟和文化發展的產物。法國啟蒙思想家博丹在《論共和國六書》中首次明確地把主權表述為：「主權是一個國家進行指揮的絕對的和永久的權力」，是「對公民和臣民不受任何法律限制的最高權力」。他認為，主權是一個國家不可分割的、統一的、永久的、凌駕於法律之上的權力，是一種絕對的權力、永恆的權力。

自博丹之後，著名的荷蘭國際法學家、近代國際法學奠基者格勞修斯在部分接受博丹思想的基礎上對主權內容做了進一步完善，揭示出了主權的兩重性，即對內最高和對外獨立的權力。後來，經過霍布斯、洛克、盧梭、黑格爾和奧斯丁等近代政治學家的論證與發展，主權理論的內容越來越豐富。然而，主權理論是一個歷史範疇，在不同的時期有著不同的內涵。儘管許多思想家提出了其各自的主權理論，並就主權的基本思想達成了一定的共識，但是對主權的定義卻一直未能形成定論。《奧本海國際法》將主權定義為最高權威，「含有全面獨立的意思，無論是在國土以內還是國土以外都是獨立的」[2]。我國國際法學界對主權的定義一般採用周鯁生先生的觀點：「主權是國家所具有的獨立自主地處理其對內和對外事務的最高權力。主權具有兩個基本屬性，在國內是最高的，對國外是獨立的。」[3]

---

1 〔古希臘〕柏拉圖：《理想國》，郭斌、張竹明譯，商務印書館 1986 年版，第 145-176 頁；〔古希臘〕亞里士多德：《政治學》，吳壽彭譯，商務印書館 1965 年版，第 132-145 頁；〔古羅馬〕西塞羅：《國家篇法律篇》，沈叔平、蘇力譯，商務印書館 1999 年版，第 11-23 頁。
2 〔英〕詹寧斯、〔英〕瓦茨修訂：《奧本海國際法（第一卷第一分冊）》，王鐵崖等譯，中國大百科全書出版社 1995 年版，第 92 頁。
3 周鯁生：《國際法（上冊）》，武漢大學出版社 2009 年版，第 64 頁。

主權既可以作為國家的權利，體現為國家在國際社會的獨立權，也可以作為國家的權力，體現為國家管理國內事務的最高權。一方面，主權作為國家權利並不必然意味著某種實際能力、權力的掌握、擁有或要求他方為一定行為的正當性主張。同時，由於受到各種主觀或客觀因素的影響和制約，其所蘊含的行為自由在國家之間明顯存在實際差異，而且這種自由的範圍和程度處於不斷的變化發展之中，尤其是隨著國際法規範和國際法治秩序的發展，主權所蘊含的自由日益受到規範與約束。[4]因此，在現代國際社會裡，主權作為國家權利的穩定明確和根本的內涵是獨立自主與地位平等。另一方面，主權作為國家權力，遵循著權力演化發展的基本規律。它是「通過人民轉讓自己的一部分權利所共同建構起來的」，「具有來源的公共性和行使的代表性（間接性）」[5]，是一個國家公權力的集合。進入大數據時代，主權表現出明顯的合作性和讓渡性。

三　共享權：數權的本質

共享是對數據的有效使用，是數據所有權的最終體現。數權不同於物權，不再表現為一種占有權，而是一種不具有排他性的共享權，往往表現為「一數多權」。數權一旦從自然權利上升為一種公共和公意，就必然超越其本身的形態，而讓渡為一種社會權利。共享權是數權的本質，其實現方式是公益數權與用益數權，數據所有權和使用權的分離因此成為可能。共享權的提出，將成為一種超越物權法的具有數字文明標誌意義的新的法理規則。可以預見的是，基於共享，人類文明必將走向更高階段，進入一個由共享權建構的秩序之中。

4　趙洲：《主權責任論》，法律出版社 2010 年版，第 8 頁。
5　陳志英：《主權的現代性反思與公共性回歸》，《現代法學》2007 年第 5 期，第 27 頁。

（一）共享權與占有權

共享和占有是數權與物權的本質區別。物權包括占有權、使用權、收益權和處分權。占有權就是對所有物事實上的控制權，事實上的控制（占有權）是所有權的基本。沒有占有權，其他三項權能的行使都會受到影響，只有真正擁有占有權，使用權、收益權和處分權才能更好地行使。人類社會出現的私有制和個人所有制都是以占有為最終目的。但隨著共享經濟的興起，人們意識到占有權並不重要，重要的是其他人能否使用它。共享的本質就是將使用權和收益權進行分享，從而獲得相應的利益。[1]使用權的讓渡使閒置資源得以充分利用，但其前提是擁有占有權的權利主體具有讓渡使用權的意願，其本質還是對「占有權」的擁有。因為物權的本質是占有，其根源在於物的排他性，它決定了物不能同時具有多個權利主體，占有成為掌握物權的唯一途徑。

在物權的讓渡過程中，占有權的存在讓其權利主體的利益不會受到損害，權利主體仍舊對該物享有控制權。與物權不同，由於數據可以被無限複製，且成本極低，不產生損耗，數據可以同時擁有多個權利主體。在這樣的情況下，對數據是否擁有占有權並不影響人們對數據的控制和使用。在不具備占有權的時候，人們一樣可以行使數據的使用權、收益權和處分權。一旦數據的使用權被讓渡，獲取數據的一方就完整地擁有數據本身，數據就會脫離初始權利人的控制，此時對數據享有占有權就失去了意義。數據要產生價值或實現價值最大化，就必須將數據共享給他人使用，這必然與占有權產生衝突。因此，強調數權的共享權與強調物權的占有權同樣重要，這是「數盡其用」發展的必然結果。此外，數據的真正價值在於低成本的無限複製，這

---

1 何哲：《網絡文明時代的人類社會形態與秩序構建》，《南京社會科學》2017 年第 4 期，第 72 頁。

是數字文明得以發展的根本，決定了共享成為大數據時代的本質需求，以及共享權成為數權的本質權利。脫離了這一根本，將物權的占有權強行套用在數權之上，將會極大地束縛數據的應用和發展，違背甚至破壞數權對數據進行保護與發展的本意。[1]

（二）從「一物一權」到「一數多權」

「一物一權」是物權支配性的本質表徵。物的形態隨著科技的進步逐漸豐富，伴隨物權類型的不斷增加，所有權的權能分離日趨複雜，人類對物的利用形式也在不斷發生變化。「一物一權」在現實中受到了「一物多權」「多物一權」的衝擊。人類對物的利用程度和形式不斷變化，「一物多權」「多物一權」在審判實踐中也取得了法律上的一些間接默認與模糊許可，這突破了「一物一權」的原有之義。與「一物一權」的主張不同，數據的無形屬性和可複製性使得數據可以存在多種利益形態。共享權的創設使數據可以存在多個主體，各主體之間並非是對一個數權進行共享，而是各自擁有獨立而又完整的數權，形成了一種「不求所有，但求所用」的共享格局。

數據具有可複製性、非消耗性和特殊公共性等特點，可以存在「一數多權」。這決定了賦予任何主體對數據的絕對支配權，都會背離共享的發展理念。隨著時代的發展、科技的進步，當物的成本下降甚至接近零成本時，對物的占有將變得不再必要。對於富足而零邊際成本的數據資源來說更是如此，倡導「一數多權」的共享則成為一種必然的趨勢。從長遠看，稀缺的資源也會變得富足，傳統意義上的資源稀缺問題將被共享解決。「當我們從技

1　大數據戰略重點實驗室：《數權法 1.0：數權的理論基礎》，社會科學文獻出版社 2018 年版，第 159 頁。

術的視角來看待問題時，真正短缺的資源是很少的，真正的問題主要是如何利用資源。」[1]

（三）共享權的內涵

共享權為數字文明時代提供一種公益和私利相平衡的數權觀，有助於激發民眾參與數字文明建設的創造力。共享權的核心是數據利益的平衡，無論是數據的公共利益大於其私人利益，還是數據的私人利益大於其公共利益，都違背了自由平等的基本精神。因此，數據利益分配的不平衡將會從根本上打擊人們創造數據財富的積極性和主動性。創設共享權的意義在於，它對傳統的「重私利、輕公益」的權利觀和數據觀進行了修正，倡導了一種公益與私利相平衡的數權觀。共享權是數據利用的前提，這既是建設數字文明的根本要求，也是構建社會新秩序的本質要義。[2]

共享權是數字文明基本制度的重要組成部分，它將利他主義作為根本依據。從公平的視角看，數據公益和私利分配是數字文明的核心問題。首先，共享權必須保證數據公益和私利分配的平衡，體現其公平性，如此才能理順數據主體公益與私利之間的關係。其次，數據的公益和私利分配是絕對的、客觀的、普遍的，任何人都不能憑主觀意志隨意約定，任何對數據的公益和私利分配進行的主觀的、相對的、過度的詮釋，都有悖於其公平性。因此，共享權對數字文明新秩序的構建具有非常重要的現實意義。[3]

---

1 〔美〕彼得・戴曼迪斯、〔美〕史蒂芬・科特勒：《富足：改變人類未來的 4 大力量》，賈擁民譯，浙江人民出版社 2014 年版，第 8 頁。
2 龍榮遠、楊官華：《數權、數權制度與數權法研究》，《科技與法律》2018 年第 5 期，第 26 頁。
3 大數據戰略重點實驗室：《數權法 1.0：數權的理論基礎》，社會科學文獻出版社 2018 年版，第 225 頁。

共享權有助於協調不同數據主體之間的矛盾衝突，為化解數據利益矛盾提供了價值依據。共享權堅持數據公益和私利的平衡，為數字文明制度體系的構建提供了價值導向基礎，讓公平成為數字文明基本制度的首要價值。根據數據公益和私利平衡分配的原則，可建立化解數據主體之間矛盾衝突的法律規範，健全數據主體之間的數據利益協調機制，暢通數據主體表達自身數據利益訴求的渠道，化解由數據利益衝突引發的各類社會危機，使數據主體能夠「各盡所能，各得其所」。同時，共享權有助於化解數據壟斷帶來的資源分配不均、機會不等、社會不公等矛盾，解決社會公平正義的問題，實現數據資源的最優化配置與零邊際成本，增長數據財富，促進數字文明時代經濟社會的協調發展。

第二節
數據主權與數字人權

數據主權是數權的制高點。近年來，數據主權成為越來越重要和緊迫的議題，成為國家、企業和個人關注的中心。數據主權的核心是歸屬認定，從數據的歸屬上劃分，數據主權可以分為個人數據主權、企業數據主權和國家數據主權。實踐中，數據主權與數字人權的關係問題成為大數據時代數據主權領域中爭論激烈的一個重大的理論和現實問題，同時數據主權成為利益重疊交錯的領域，存在數據權屬不清晰、數據流通和利用混亂、個人信息洩露等諸多挑戰。在此背景下，區塊鏈為數據主權保護提供了一個可行的技術解決方案，其與生俱來的去中心化、防竄改、可追溯、高可靠性等特點，有效解決了數據主權界定和數據主權歸屬的問題，從而打破了數據主權的壟斷，以其最大化的功能價值造福全人類。

一　主權與人權的分歧

主權與人權關係問題不僅關涉理論上相關難題的解決，在實踐層面上也依賴於一定程度的共識的達成。在主權與人權觀念形成的早期，它們之間就已經存在張力。隨著人類社會的不斷發展，兩者間的張力開始擴散，並造成主權與人權更進一步的對立和衝突。但是，基於人類對有尊嚴生活的追求，主權與人權間的張力需要消解，對立需要統一。因此，無論在理論上還是在實踐中，主權與人權最終都應走向契合之路。

（一）主權與人權間的張力與衝突

主權與人權的關係問題是現代國際關係和國際政治領域普遍關注的焦點問題，也是冷戰結束以來國際人權領域中爭論激烈的一個重大問題。「兩者的關係問題不僅關係到我們每個活在地球上的單元人的權益，而且還涉及國內政治、國際問題等多層的利益分配點。」[1]就目前的國際政治格局而言，主權與人權的關係呈現出縱橫交錯的「集叢」狀態，既有國內主權和國內人權的衝突，又存在國際人權與對外主權的矛盾。以美國為首的西方發達國家打著「人權高於主權」的幌子，或對外大肆推銷其價值觀念，或無端指責某些發展中國家侵犯人權，並以此為由對這些國家展開人權外交或進行人道主義干預。與此同時，許多發展中國家也紛紛表示願意通過對話來消除與西方國家在人權問題上的分歧。這樣，在長期的發展中，就形成了兩種針鋒相對的觀點：「人權高於主權」論與「主權高於人權」論。之所以會產生上述分歧，是因為主權與人權之間本身就存在著張力，包括內在張力和外在張力。

就內在張力而言，首先，從主權與人權享有的主體來看，主權往往是由

1　曾歡：《試論人權與國家主權的辯證統一關係》，《法制與社會》2015 年第 5 期，第 130 頁。

代表國家行事的統治集團所享有，而人權的享有者在絕大多數情況下是占社會大多數的普通民眾，包括各種弱勢群體。由於統治集團有其自身的思維方式、價值定位、運作邏輯和利益取向，其態度往往並不同於普通民眾。由此，兩者間便總是因主體地位的不同而存在緊張關係。其次，從主權與人權內容的角度看，主權既包含權利又包含權力，而人權從內容上看則僅包含權利。正是主權與人權具有上述不同的內容，決定了主權與人權的價值取向是有所不同的。由於其價值取向的不同，在控制與反控制之間必然存在內在的張力。

就外在張力來說，從國內層面來看，政府是否允許公民有反抗權或者不服從權以及進而對公民反抗權或者不服從權的態度是主權與人權張力的主要表現。在二十世紀六十年代美國出現的反越戰運動中，公民反抗權與維護法律秩序之間的兩難選擇得到充分的體現。從國際層面來看，發展中國家和發達國家在對待主權與人權性質、優先性等方面所體現出來的天差地別是主權與人權外在張力的具體體現。在涉及主權與人權的性質和內容方面，西方發達國家認為人權的哲學基礎是「天賦人權」。與之不同，在許多發展中國家的政治理念中，基本的人權與自由往往被視為是國家賦予人民的，而且國家也從法律上決定了人民享有自由和權利的程度。在涉及主權與人權的優先性問題上，西方國家按照其「主權在民」思想和人權哲學基礎勢必主張「人權高於主權」，而發展中國家則站在歷史和現實的維度上，堅持「主權高於人權」。

（二）主權與人權的溝通與契合

主權與人權之間既然存在著內在和外在的巨大張力，那就只有通過尋求兩者間的溝通，化解其中的張力，才能保證主權與人權持續有效和諧發展。而主權與人權的和諧並存不僅是人類所嚮往和不懈追求的理想目標，亦是制

度建構與完善的重要標竿。欲實現主權與人權的和諧並存，應當探尋兩者間的共同哲學基礎。而全面地認識和理解主權與人權的哲學基礎，需要從不同的維度進行考察，這些不同的維度包括不同國家的文化狀況、歷史發展和經濟社會發展水平等。通過廣泛而全面的考察，可以發現，「人本主義」是主權與人權得以並存的哲學基礎。從這一哲學理念出發，我們很容易就可以看到，無論是主權還是人權都是為人的自由、幸福和利益服務的，它們本身都並非目的。此外，相對於人類的終極目標即人的自由、幸福和利益，主權與人權不僅是平位的，而且在本原上還是同質的。

雖然主權與人權之間有著「人本主義」的共同哲學基礎，也存在著同質性觀點，但由於現實利益考量和歷史認識差異，主權與人權間自始至終都存在著張力，這需要主權與人權的代表者在平等基礎上進行商談和溝通。德國著名哲學家、社會學家哈貝馬斯的交往行為理論為化解兩者間的張力提供了一種更加現實的可行路徑。在主權林立的國際社會中，倘若沒有一套普遍適合的主權與人權規範可以遵循，那麼主權壁壘和人權工具就不可避免。哈貝馬斯認為，「這種困境的一條出路是對策略性互動的規範性調節，對此行動者們自己要達成理解」[1]。對每個成員都具有約束力的規範不能通過單一主體而形成，唯有在充分考慮並協調各相關主體利益的前提下，通過理性審察與公共辯論，達成主體間的共識，才能形成具有普遍約束力的規範。主權與人權間張力的消解，普遍依賴主權與人權規範的形成，需要保證「每個人都有平等機會行使對具有可批判性和有效性主張表示態度的交往自由」[2]。

在主權與人權的實踐中，特別是在國際實踐中逐步形成的主權與人權間

---

1 〔德〕哈貝馬斯：《在事實與規範之間：關於法律和民主法治國的商談理論》，童世駿譯，生活・讀書・新知三聯書店 2003 年版，第 32 頁。
2 〔德〕哈貝馬斯：《在事實與規範之間：關於法律和民主法治國的商談理論》，童世駿譯，生活・讀書・新知三聯書店 2003 年版，第 155 頁。

的外在張力，也需要採取在相互尊重和相互平等的前提下，通過主體間商談和溝通來達成理性共識的方式予以弱化與消釋，即以主權合作代替主權壁壘，以人權對話代替人權對抗。[1]一方面，發達國家要充分尊重和考慮廣大發展中國家的嚴重關切，停止將人權作為推行強權政治和霸權主義的工具的做法；另一方面，發展中國家在保證國家主權獨立、領土完整、民族尊嚴不受侵犯和政治權力堅實穩固，以及提防發達國家利益不斷「擴張」的同時，也要完善能夠實現國家長治久安和經濟社會持續健康發展的政治法律制度保障，促進人權事業的發展。主權與人權的關係是相互促進、相互依賴與對立統一的動態平衡關係，兩者的優先性要根據世界各國的不同情況，綜合考慮國家的政治利益、經濟與社會發展水平、民族與文化傳統等多種因素進行權衡，以確定一個較為良好的平衡點。

三　第四代人權

　　根據學術界通常的說法，全球範圍內的人權形態迄今為止已經實現了三次歷史性飛躍，先後出現過三代人權（第一代人權、第二代人權和第三代人權），目前正在迎來第四代人權，即以「數字人權」為引領的新一代人權。數字人權與前三代人權之間不是覆蓋性關係，更不是否定性關係，它們之間是遞進拓展性關係、轉型升級性關係，四代人權共同構成新時代的人權體系（表 2-4）。

1　陶林：《人權與主權之間的張力與契合》，《哲學研究》2013 年第 5 期，第 105 頁。

表 2-4　四代人權比較

項目	第一代人權	第二代人權	第三代人權	第四代人權（數字人權）
誕生背景	誕生於一七八九年的法國大革命時期，其誕生的背後是反封建、反專制的資產階級革命。	誕生於二十世紀初俄國十月革命之後，其誕生的背後是反對資本剝削、消滅貧富分化的社會主義革命。	誕生於二十世紀五六十年代殖民地和被壓迫人民的解放運動時期，其誕生的背後是爭取國家獨立、民族解放和政治民主的民族革命。	伴隨以數字科技為代表的第四次科技革命和經濟社會的急遽變革而生，其誕生的背後是一場信息革命。
人權主張	主張生命權、人身自由權、信仰自由、宗教自由、言論和出版自由、集會結社自由、遷徙與居住自由、不受任意羈押和通信不受干擾的權利以及選舉權等政治上的權利，尤其強調財產權不得侵犯。	主張勞動權、生存權，除保留第一代人權的內容外，還進一步提出工作權、休息權、醫療健康權、受教育權、維持適度生活水平權、勞動者團結權等。	主張和平權、發展權、環境權、民族自決權、人類共同遺產權等。	主張數據信息自主權、數據信息知情權、數據信息表達權、數據信息公平利用權、數據信息隱私權、數據信息財產權等。
核心要旨	在於從法律形式上維護個人自由，反對政府以政治權力不當干涉個人的自由與權利，要求國家負擔消極不作為的義務。	在於要求國家提供基本的社會與經濟條件以促進個人自由的實現，強調國家對人權的實現負有積極作為的義務。	在於其連帶性，可稱之為「連帶權」或「連屬權」，帶有集體性質，著力於爭取國家和民族的自決與發展。	旨在消除算法歧視、數據鴻溝、社會監控、算法霸權等人權威脅，提升數字時代的人的自主性，強化對「數字人類」的人權保護。

資料來源：王廣輝：《人權法學》，清華大學出版社 2015 年版；齊延平：《人權觀念的演進》，山東大學出版社 2015 年版；馬長山：《智慧社會背景下的「第四代人權」及其保障》，《中國法學》2019 年第 5 期。

（一）第一代人權

第一代人權形成於一七八九年的法國大革命時期，由於它的主要內容是自由，根本目的是個人自主，思想基礎是古典自由主義，所以又被人們習慣性地稱為「自由權利」[1]。第一代人權的人權觀念傾向於自由放任的經濟與社會學說，其兼容個人主義的自由主義哲學，是英國、美國和法國對於人權歷史與發展革命主張的繼承。[2]就思想流派而言，第一代人權觀主要包括目的人權觀[3]、天賦人權觀[4]、意志人權觀[5]、自然人權觀[6]、宗教人權觀[7]和功利人權觀[8]等。從社會基礎看，第一代人權的形成是多種因素共同作用的結果，它是在同專制國家的抗衡過程中產生的人權理論，目的是保障個人的自

---

1 王廣輝：《人權法學》，清華大學出版社 2015 年版，第 121 頁。
2 王廣輝：《人權法學》，清華大學出版社 2015 年版，第 123 頁。
3 目的人權觀認為人本身就是目的，所有人有權利，其代表人物是康德以及新康德主義學派的部分人權論者。
4 天賦人權觀是自古代以來東西方社會許多思想家主張的一種具有持續影響的人權理論，在美國《獨立宣言》和法國《人權宣言》等文獻中得到了確認。
5 意志人權觀也稱人權的內在驅動說，它主張人有內在價值，即人格的尊嚴來自人的自由意志和理性，其代表人物有黑格爾、費希特等。
6 自然人權觀也稱自然權利說、人權本能說，該理論認為人權是人的自然權利，是人在自然狀態下就因人的本能而具有的不言自明的權利，主要代表人物有亞里士多德、西塞羅等。
7 宗教人權觀是從羅馬時代以來基督教、天主教和其他各大宗教的人權論發展而來，持宗教人權觀者基本上認為人作為神之子而有權利，奧勒留、拉辛格是宗教人權觀的主要代表。
8 功利人權觀也稱人權的利益驅動論，認為人因有利益從而產生權利，人權是在利益驅動下產生的，該學說在功利主義理論創始人邊沁的學說中得到了系統闡述。但功利人權觀受到意志人權觀者的反對，黑格爾就不贊成從人的利益需要角度認識權利的性質。

由和權利，反對國家借政治權力問題進行的不當干涉，要求國家承擔消極不作為的義務，因而被稱為「消極人權」。換句話說，人權的確立僅僅是為了支撐社會的基本運轉，而其方法則是通過肯定個人權利來制約政府權力運作的程序與範圍。國家的主要任務是創造自由競爭的寬鬆環境、維護社會治安秩序，而不能過多地干預社會生產和經濟生活。美國著名思想家托馬斯·潘恩認為：「管得最少的政府就是管得最好的政府。政府本身不擁有權利，只負責義務。」第一代人權的人權主張包括生命權、人身自由權、信仰自由、宗教自由、言論和出版自由、集會結社自由等，以及通信不受干擾、不受任意和非法的逮捕與羈押的權利，特別強調財產權神聖不可侵犯。[1]第一代人權的重點在於從法律形式上維護個人自由，體現了十七、十八世紀盛行的個人自由主義思想，這為政治權利及公民權利的產生建立了良好的基礎。[2]然而，隨著歷史的飛躍和時代的變遷，尤其是個人與社會各個領域受到的資本主義的強烈影響，人民對政府的期盼和政府的職能都有了巨大的轉變，從而使得近現代人權的概念又增添了新的內涵與意義。[3]

（二）第二代人權

第二代人權產生於俄國十月革命[4]後，第二代人權被人們習慣性地稱為「社會權利」。所謂社會權利，即通過國家對整個經濟社會的積極介入來保障所有人的社會或經濟生活的權利。[5]作為第二代人權的社會權肇始於社會

---

1 王廣輝：《人權法學》，清華大學出版社 2015 年版，第 123 頁。
2 齊延平：《人權觀念的演進》，山東大學出版社 2015 年版，第 64 頁。
3 王廣輝：《人權法學》，清華大學出版社 2015 年版，第 123 頁。
4 俄國十月革命是俄國工人階級在布爾什維克黨領導下聯合貧農所完成的偉大的社會主義革命。十月革命的勝利開創了人類歷史的新紀元，為世界各國無產階級革命、殖民地和半殖民地的民族解放運動開闢了勝利的道路。
5 許崇德：《憲法》，中國人民大學出版社 2009 年版，第 196 頁。

主義對資本主義的針砭修正。第一代人權經歷一百多年的發展，到了十九世紀下半葉，尤其是在十九世紀末與二十世紀初，資本主義挾著工業革命的力量席捲全球，改變了整個人類的文明及生活方式。隨著資本主義的高度發達和壟斷企業的不斷發展，失業、貧困、通貨膨脹和糧食危機等資本主義的弊病給社會投下了巨大的陰影，作為資本主義社會的法律支柱並構築起自由人權基礎的財產權和契約自由，壓倒性地有利於有產者，而完全不利於無產者。[1]這樣，一切自由與權利就很有可能變成望梅止渴般的存在，而沒有任何實際意義。但失業和貧困並不是個人懶惰所致，而是資本主義社會經濟構造帶來的必然結果。失業和貧困的問題，應該由社會甚至是國家來解決。[2]於是，一股改革資本主義弊病，並改造當前不公不義社會的社會主義思潮應運而生。該思潮的權利主張，便是要求國家保障和改善勞動者的生活，干預資本家的剝削，以確保勞動者公平參與價值的生產和分配。[3]第二代人權的重點是要求國家提供基本的社會與經濟條件以促進個人自由的實現，強調國家對人權的實現負有積極作為的義務，被稱為「積極人權」[4]。第二代人權是以人的生存權和勞動權等社會人權為核心的理論主張，其特徵是由追求個人的權利轉向要求集體的和階級的權利，內容上則更側重於經濟、社會和文化權利，除保留第一代人權的內容外，還進一步提出工作權、休息權、醫療健康權、受教育權、維持適度生活水平權和勞動者團結權等。[5]

---

1 王廣輝：《人權法學》，清華大學出版社 2015 年版，第 124 頁。
2 〔日〕大須賀明：《生存權論》，林浩譯，法律出版社 2001 年版，第 12-13 頁。
3 王廣輝：《人權法學》，清華大學出版社 2015 年版，第 124 頁。
4 齊延平：《人權觀念的演進》，山東大學出版社 2015 年版，第 64 頁。
5 王廣輝：《人權法學》，清華大學出版社 2015 年版，第 124 頁。

（三）第三代人權

第三代人權誕生於二十世紀五、六十年代殖民地和被壓迫人民的解放運動時期，第三代人權被習慣性地稱為「社會連帶權利」，它著力於爭取國家和民族的自決與發展，反映了第二次世界大戰後第三世界國家重新分配全球資源的要求和面對危及人類生存重大問題時的選擇。[1]第三代人權探討關涉人類生存條件的集體「連帶關係權利」，其主要內容包括和平權、發展權、環境權、民族自決權和人類共同遺產權等。鑒於這些權利的實現只能依靠所有參與者（包括個人、國家、公共機構和私營機構、國際社會等）共同努力，所以又被視為「集體人權」[2]。第三代人權在主體範圍方面與前兩代人權之間存在巨大差別。如果說前兩代人權是基於一個國家內部個人與國家、群體與國家之間關係而產生的權利要求，那麼第三代人權在權利指向上發生了變化，權利不再是個人向國家提出的要求，而是一個民族對另一個民族，一個國家對另一個國家，甚至是一個國家對其他所有國家或國際社會提出的要求。[3]第三代人權的要旨在於其連帶性，可稱之為「連帶權」或「連屬權」，其帶有集體性質，超越了之前形成的「個人的人權」的概念，作為集體乃至社會正義而被認知。第三代人權觀主要包括人權絕對觀[4]、人權相對

1　齊延平：《人權觀念的演進》，山東大學出版社 2015 年版，第 64 頁。
2　王廣輝：《比較憲法學》，武漢大學出版社 2010 年版，第 89 頁。
3　王廣輝：《人權法學》，清華大學出版社 2015 年版，第 131 頁。
4　人權絕對觀主張人權是天賦的、自然的、不可讓渡的、無條件的和不變的權利，代表人物有布賴克、道格拉斯、麥克勒瓊、羅斯托、布萊克等。

觀[1]、儒家人權觀[2]、自由主義人權觀[3]、集體主義人權觀[4]、亞洲價值人權觀[5]和批判性多文化人權觀[6]等。此外，第三代人權也特別強調不同的傳統文化中人權的內涵可能有所差異，比如說二十世紀 80 年代李光耀、馬哈蒂爾等人主張的「亞洲價值人權觀」即非西方人權的觀點。第三代人權同時強調在不同的社會經濟條件下，人權概念的重點亦不同，第三世界國家普遍認為發展乃是各種人權的基礎，沒有發展就沒有人權可言。雖然在理論層面，第三世界國家並不否認公民政治權利與經濟社會權利的同等重要性，但在實踐層面上，受到資源有限、醫療落後、教育不普及與過往受到殖民剝削的現實因素限制，這些國家只能將人民的經濟社會權利優先於公民政治權利，否則對於無法維持基本生存條件的人民來說，再完備的公民政治權利都將是多餘的。[7]

1　人權相對觀主張人權是社會的、道德的、可以讓渡的、有條件的和可變的權利，其代表人物有布蘭代斯、杜威、胡克、博登海默、施瓦茨等。
2　儒家人權觀是在傳統儒家哲學和道德觀的基礎上建立的人權理論，代表人物有成中英、杜剛建等。
3　自由主義人權觀立足於個人權利，其代表人物有羅爾斯、德沃金、諾西克等。
4　集體主義人權觀與自由主義人權觀相反，它關注人權的集體性，認為人權的集體性比個人性重要，其代表人物有麥克英泰爾、沃爾什、艾特希奧尼、賽爾尼克、格蘭頓、拜雷等。
5　亞洲價值人權觀強調亞洲傳統文化的人權價值對於人權發展的意義，它是在反思西方文化在人權領域的話語權壟斷現象並試圖從亞洲傳統文化中尋找解釋的基礎上形成的。其代表人物有新加坡的李光耀，馬來西亞的馬哈蒂爾，韓國的崔鐘庫，日本的孝忠延夫、安田信之、鈴木敬夫等。
6　批判性多文化人權觀是在二十世紀七十年代出現的「多文化主義」概念的基礎上形成的，注重在人權研究中的文化資源利用、人權的價值前提、人權的實體性基礎和程序性基礎等問題，其代表人物有蘇皮歐、哈貝馬斯、大沼保昭、市原靖久等。
7　王廣輝：《人權法學》，清華大學出版社 2015 年版，第 131 頁。

（四）數字人權

伴隨著以數字科技為代表的第四次科技革命和經濟社會的急遽變革，人權形態正在經歷著深刻的數字化重塑，從而打破了既有的「三代」人權發展格局，由此便產生了第四代人權——數字人權。數字人權「以雙重空間的生產生活關係為社會基礎，以人的數字信息面向和相關權益為表達形式，以智慧社會中人的全面發展為核心訴求」[1]，旨在消除算法歧視、社會監控、數據鴻溝和算法霸權等人權威脅，提高數字時代的人的自主性，深化對「數字人類」的人權保護。數字人權的內涵非常豐富，「既包括『通過數字科技實現人權』『數字生活或數字空間中的人權』，也包括『數字科技的人權標準』『數字人權的法理依據』等」[2]。

數字人權起始於信息革命，其在內涵邏輯上發生了根本轉向。從第一代人權到第三代人權，每一代人權產生的背後都是一場革命。第一代人權產生的背後是反封建、反專制的資產階級革命，第二代人權產生的背後是反對資本剝削、消滅貧富分化的社會主義革命，第三代人權產生的背後是爭取國家獨立、民族解放和政治民主的民族革命。而今的數字人權產生的背後是一場信息革命，其給人類帶來的同樣是一次思想解放與制度革新，不過信息革命是以技術革命的方式，而不是通過武裝鬥爭的形式來顛覆傳統工商業時代的生產生活關係。在內涵邏輯上，數字人權與前三代人權發展的內涵邏輯不同。前三代人權不管是在經濟保障還是生存發展和政治參與方面，基本都有兩個共同特性：一是根據人的生物屬性來表達訴求，二是在物理空間的邏輯框架內展開。但數字人權的變革訴求和客觀發展既不是對傳統工商業時代的

1　馬長山：《智慧社會背景下的「第四代人權」及其保障》，《中國法學》2019 年第 5 期，第 16 頁。
2　張文顯：《新時代的人權法理》，《人權》2019 年第 3 期，第 22 頁。

人權的拓展，也不是要求權利數量與種類的增長，而是數字時代人權的根本性轉向。

數字人權實現了人權的品質升級。人權是作為人依其本性所應該享有的權利，且任何人都理當受到符合人權的對待，這既是人權的道義性與普適性的關鍵所在，也是人權的核心價值。而所有階段的人權的發展和變革，都會產生對既有人權核心價值的升級與超越。第二代人權就超越了第一代人權，走向了更具實質意義的社會、文化、經濟權利觀，第三代人權又超越了第二代人權，走向了關注生存和發展的集體權利觀，現在的「數字人權」也同樣如此。[1]與傳統人權相比，數字人權並非是對傳統人權的擴展，而是智慧社會與信息革命帶來的人權品質升級。它面對的是一個既孕育機遇又充滿挑戰的技術革命，需要對「數字化、網絡化和智能化」發展的負面風險進行有效的抑制，極大地將其進步成果轉化成人的自由發展能力，突破人自身的生物界限及上帝給人類規定的物理時空，從而更接近人的價值與尊嚴。

三　區塊鏈重塑數據主權

數據主權包括個人數據主權、企業數據主權和國家數據主權。實踐中，數據主權存在界定不清晰、歸屬不明確等諸多挑戰。在此背景下，區塊鏈技術為數據主權保護提供了一個可行的技術解決方案，憑藉與生俱來的去中心化、防竄改、可追溯、高可靠性等特點，有望解決數據主權問題。

（一）重新認識數據主權

數據已成為國家基礎性戰略資源，任何主體對數據的非法干預都可能構

1　馬長山：《智慧社會背景下的「第四代人權」及其保障》，《中國法學》2019 年第 5 期，第 18 頁。

成對一國核心利益的侵害。基於個人隱私、產業發展、國家安全及政府執法的需要，數據主權應運而生。[1]數據主權「涉及數據的生成、收集、存儲、分析、應用等各環節，直接反映了數據在信息經濟中的價值」[2]。目前，理論界對於數據主權的概念尚未達成共識，但總體上對數據主權可以有廣義和狹義兩種理解。根據美國塔夫茨大學教授喬爾·荃齊曼的觀點，廣義的數據主權包括國家數據主權和個人數據主權，狹義的數據主權則僅指國家數據主權。出於研究需要以及對數據與個人、企業和國家關係重要意義的理解，我們採用廣義的數據主權概念，並從數據的歸屬上將數據主權重新劃分為：個人數據主權、企業數據主權和國家數據主權。

個人數據主權。個人數據主權又稱個人數據權，它是指數據主體依法對其個人數據所享有的支配與控制，並排除他人侵害的權利。[3]個人數據主權不僅包括個人隱私數據不被他人侵犯的權利，還包括個人財產權和人格權不受侵犯以及個人自由意志不受束縛的權利。依據個人數據的法律界定及其權利客體的特殊性，與知識產權和一般物權相比，個人數據權具有普遍性、分離性、無形性、雙重性和可擴展性的特徵。個人數據主權是大數據時代背景下產生的一項獨立新型的權利，它在客體、內容和形式方式等方面不同於傳統的人格權、財產權與隱私權，發揮著不可替代的作用。[4]從權利內容上來看，個人數據主權大體上包括數據更正權、數據刪除權、數據封存權、數據

---

1 何波：《數據主權法律實踐與對策建議研究》，《信息安全與通信保密》2017 年第 5 期，第 7 頁。
2 馮偉、梅越：《大數據時代，數據主權主沉浮》，《信息安全與通信保密》2015 年第 6 期，第 49 頁。
3 齊愛民：《個人資料保護法原理及跨國流通法律問題研究》，武漢大學出版社 2004 年版，第 110 頁；劉品新：《網絡法》，中國人民大學出版社 2009 年版，第 93 頁。
4 齊愛民：《個人資料保護法原理及跨國流通法律問題研究》，武漢大學出版社 2004 年版，第 109 頁。

知情權、數據保密權和數據報酬請求權。[1]

企業數據主權。企業數據是企業實際控制和使用的且能夠以符號或代碼形式表現出來的數據，它既包括反映企業基本狀況的財務數據、運營數據以及人力資源數據，也包括企業合法收集和利用的用戶數據。[2]各界對企業數據及其相關權益保護的呼聲越來越強烈，企業數據主權的概念隨之被提出。企業數據主權亦稱為企業數據權，它是指企業對其所有經營管理過程中產生的各種有價值數據資源的占有、使用、解釋、自我管理、自我保護，並且不受任何組織、單位和個人侵犯的權利。從法律屬性上看，企業數據主權既不是物權，也不單純只是一種知識產權或財產性權利，它是由不同權益集合而成的權利束。目前，國內對於企業數據主權的主張主要有兩類：「一類是主張企業對其收集的用戶數據廣泛地享有權利；另一類是對企業持有的數據做分類，然後主張企業對部分類型的數據享有權利。」[3]

國家數據主權。隨著新一代信息技術的快速發展和廣泛應用，數據空間成為人類生存的第五空間，跨境數據流動與存儲逐漸日常化和便捷化，對國家數據安全形成嚴峻的威脅，並逐漸被納入國家的核心權力之中。國家數據主權是指一國獨立自主占有、處理和管理本國數據並排除他國和其他組織干預的國家最高權力，它是「各國在大數據時代維護國家主權和獨立、反對數據壟斷和霸權主義的必然要求」[4]。國家數據主權具有時代性、相對性、合

---

1 王秀秀：《個人數據權：社會利益視域下的法律保護模式》，華東政法大學博士學位論文，2016 年，第 61 頁。

2 石丹：《企業數據財產權利的法律保護與制度構建》，《電子知識產權》2019 年第 6 期，第 60 頁。

3 徐偉：《企業數據獲取「三重授權原則」反思及類型化構建》，《交大法學》2019 年第 4 期，第 35 頁。

4 趙剛、王帥、王碰：《面向數據主權的大數據治理技術方案探究》，《網絡空間安全》2017 年第 2 期，第 37 頁。

作性和平等性等屬性，其內容主要包括數據管轄權、數據獨立權、數據自衛權、數據平等權。作為國家主權在大數據時代的產物，國家數據主權基於數據空間的存在而出現，它是國家主權在數據空間的體現和自然延伸。在邊界模糊的數據空間，國家數據主權的主張不僅是對大國濫用權力的有效限制，也是國際安全利益的重要體現，更是和平共處觀念的反映。

（二）區塊鏈下的主權問題

　　區塊鏈的誕生標誌著人類社會從信息互聯網時代進入價值互聯網時代，區塊鏈在帶來信用創造和價值流通的高效體制的同時，也將主權問題提升到重要位置。當前，區塊鏈下的主權問題不僅成為個人、企業和國家三者間開展競爭的新領域，而且已經孕育了全球經濟增長與社會發展的新瓶頸和新風險。區塊鏈下的主權問題主要是指在大數據時代，數據生成、傳輸、存儲、分析、處理和應用等環節涉及諸多不同主體，從而導致的數據主權界定與歸屬問題。例如，社交網站上的數據主權涉及多方利益主體，包括用戶群體、互聯網通信服務提供商、互聯網接入服務提供商、數據中心服務商和社交網站服務商等，而根據我國有關法律法規，國家可能擁有限制這些數據出境的權力。那麼，這些數據的使用權及所有權到底是歸個人還是企業抑或是國家，各方的界限究竟應如何確定？

　　清晰的數據權屬是解決上述問題的基礎，通過數據確權，可以釐清數據全生命週期參與主體之間的權利義務關係和責任邊界，使數據收集、存儲、傳輸、使用、公開和交易等各類行為可被預期，數據產業可持續發展將得到有力保障。「數據確權一般是確定數據的權利人，即誰擁有對數據的所有權、占有權、使用權、收益權，以及對個人隱私權的保護責任等」[1]，其主

1　王海龍、田有亮、尹鑫：《基於區塊鏈的大數據確權方案》，《計算機科學》2018 年第 2

要是為了均衡數據各方的利益，使各方利益訴求得到保護，從而使數據得到最廣泛應用，並被挖掘出最大的價值。從數據確權的目標出發，目前數據確權主要是為了解決數據的權利主體、權利屬性和權利內容三方面的問題。具體而言，包括誰應該享有數據上附著的利益、給予數據何種權利保護和數據主體享有哪些具體的權能。

數據確權已成為保護個人隱私、促進產業發展和保障國家安全的關鍵。然而，目前數據確權問題看似簡單卻特別複雜。一方面，數據的來源具有廣泛性，無論是個人、企業還是國家，對數據權屬的認識與關注重點都有著顯著的不同；另一方面，數據分析能力、數據技術水平和數據控制能力等因素都對數據確權有一定的影響。[1]從這個角度看，實現對數據主權的清晰界定需要釐清三個層次的邊界，即「國家數據的公開邊界、企業數據的商業應用邊界和個人數據的隱私保護邊界」[2]。

（三）區塊鏈下的數據主權

大數據時代，以互聯網為基礎的信息網絡雖然便利了數據的共享，但是卻不能實現數據確權。與此同時，傳統的數據確權手段採用提交權屬證明和專家評審的模式，缺乏技術可信度，且存在潛在的竄改等不可控因素。為解決這些問題，迫切需要操作性強的數據確權方案。對此，人們基於區塊鏈技術提出了一種新的數據確權方案。作為近年來快速發展的新興信息技術，區塊鏈在不完全可信的環境中，實現了一種不需要信任的分布式帳本，這種分布式帳本與生俱來的可追溯、高可靠性、不可竄改、透明可信和去中心化等

期，第 16 頁。

1　姜疆：《數據的權屬結構與確權》，《新經濟導刊》2018 年第 7 期，第 40 頁。

2　付偉、于長鉞：《數據權屬國內外研究述評與發展動態分析》，《現代情報》2017 年第 7 期，第 163 頁。

特點，使得區塊鏈在數據確權方面具有得天獨厚的優勢，從而有效解決了「數據確權」問題：一是通過「礦工」為數據打上「時間戳」，使前後傳播的數據產生異質性；二是通過「智能合約」實現數據在不同主體間傳播時的產權流動；三是通過「分布式帳本」，即多方主體互相監督和互相制約的機制，保證這個過程的實現。

區塊鏈技術作為比特幣的底層技術而誕生，實際上是一套數據系統，具有非常高的安全性，其對數據的記錄是通過加密算法和鏈式數據結構來實現的。某個區塊數據如果遭到攻擊而被竄改，將不可能獲取到同竄改前一樣的哈希值，且能夠被其他網絡節點快速識別，從而確保了數據的完整性、防竄改性和唯一性。與傳統中心化的數據存儲方式相比，區塊鏈技術採用新型的數據存儲模式，維護了數據主體的數據主權。首先，區塊鏈技術改變了「當前互聯網中數據對象命名、索引與路由模式，去中心化的數字對象管理和路由使得數據與應用解耦，從而支撐高效可信數據共享，釋放深度融合應用發展空間」[1]。其次，區塊鏈技術將互聯網「以計算存儲為輔、以網絡通信為中心」的通信和計算模式，變為以基於私有數據中心的通信為輔、以計算存儲為中心的模式，賦予了數據主體對數據的控制權，真正實現了「我的數據我做主」[2]。

區塊鏈是伴隨信息社會產生的一種新型生產關係，其生來就是要解決多個數據主體間合作記帳的問題，這也是區塊鏈的核心價值所在。區塊鏈不僅能做到「我的數據我做主」，而且還能做到「我們的歷史我們共同見證」。一方面，區塊鏈具有不可竄改的特點，這使得數據難以被私自竄改，從而能

---

1 徐曉蘭：《區塊鏈技術與發展研究》，《電子技術與軟件工程》2019 年第 16 期，第 2 頁。
2 尹浩、李岩：《大力推動區塊鏈發展，維護互聯網數據主權》，中國電子學會，2019 年，http://www.btb8.com/blockchain/1906/55993.html。

在很多的參與者中實現互信；另一方面，區塊鏈疊加密碼學技術能夠增強對用戶數據隱私的保護，實現博弈多方之間的協作，達到共贏。在區塊鏈上，一個數據主體要能夠看到另一個數據主體的數據，必須要經過後者的授權，所以區塊鏈幫助我們保護了數據主權。數據主體無論多小，都能夠為自己的數據做主，維護自己的數據尊嚴。同時，作為一種建立在分布式帳本技術之上的記帳技術，區塊鏈可以讓許多人共同記帳，從而做到「我們的歷史我們共同見證」。

第三節
數據主權博弈

數據主權已成為各方博弈的焦點，各國之間爭奪數據主導權的競爭不斷加劇。在實踐中，數據主權的絕對獨立性導致了多重管轄權衝突現象和國家安全困境，數據主權的博弈對抗最終導致國際社會在數據空間的無秩序狀態。在此背景下，欲破解無秩序困境，各國應回歸到主權的合作參與性上，讓渡和共享部分數據主權，並通過保障數據安全和加強數據治理來維護數據主權，促使其良性發展，以保證人類的持久和平、普遍安全和共同發展。

一 數據主權的對抗

數據的跨境流動與存儲已突破了傳統主權絕對獨立性理論，一個獨立主權國家既不可能完全自主地對本國數據行使占有權和管轄權，也不可能完全排除外來干涉。如果一國以數據主權獨立性為由，對數據及相關技術實施絕對的單邊控制，將會引發數據主權的自發博弈對抗，並最終導致國際社會在數據空間出現無秩序狀態。由此可見，過度強調數據主權的獨立性是引發國家間數據主權對抗的主要因素。目前，基於數據主權獨立性，數據主權的自

發博弈主要源於對數據的多重管轄衝突以及國家數據安全困境。

數據多重管轄權的衝突。大數據時代對國際法提出了多重挑戰，其中影響最為長久、最為深刻的是根據占有、儲存或傳輸地的不同，數據將受多個不同國家法律所管轄。同時，出於降低成本和滿足客戶需要的考慮，數據服務提供商經常將其提供的服務部分外包，因此，同一條數據極有可能受到不同國家的多重管轄，尤其是目前各國尚未對數據主權的管轄範圍進行界定，國家都是以完全理性的方式在國際社會中行使權利。在沒有形成國際統一制度或協調機制之前，為保證國家的絕對安全和實施監控，各國均對所有能夠監管的數據主張數據主權，而這也必然導致對部分域外數據進行監控，進而引發多重管轄的情形。另外，鑑於數據在國家間自由流動，數據及其相關各主體存在管轄權重疊的現象也在所難免。倘若各國都主張對本國有利的數據主權，不做出一點犧牲或者是讓步的話，那麼必然會引發國家間數據主權的衝突與對抗。

國家數據安全的困境。首先，與發達國家相比，無論是發展中國家還是最不發達國家，其對數據的控制能力均明顯不足。儘管擁有獨立的數據主權，但是由於數據技術水平有限，廣大發展中國家與最不發達國家無法有效維護本國的數據安全和國家利益。其次，數據技術革命不僅使某些發達國家利用其技術優勢濫用數據主權，還威脅到其他國家的數據安全。以美國為例，該國不僅通過《愛國者法案》等實現對與本國相關的域外數據的控制權，而且還通過國家安全部門的專門項目收集並分析完全受他國管轄的數據。「棱鏡門」事件是美國安全部門竊取他國數據信息的強有力證據。二〇一三年斯諾登向媒體爆料，美國政府通過棱鏡項目直接從微軟、谷歌、雅虎等九家公司的服務器收集信息，竊取了包括蘋果手機在內的所有主流智能手機的用戶數據，內容覆蓋電子郵件、通信信息、網絡搜索等。同時，美國利用間諜軟件和加密技術進行監控的事件也屢屢見報。類似事件頻繁地曝光，

反映出作為網絡大國的美國對其他國家數據安全所造成的嚴重威脅。此外，數據主權的自發博弈也使得國家的數據安全難以得到有效的保障。一方面，數據的跨境流動與存儲極大地削弱了國家對數據及其相關設備的有效管轄能力，形成了嚴重安全漏洞。另一方面，發達國家憑藉其先進的技術優勢，可藉助某種隱蔽的方式對其他國家的數據進行收集與監測，侵犯他國的數據主權。因此，強調數據主權的獨立性將形成國家間對抗的狀態，導致某些發達國家在數據空間中肆意地實施單邊主義。[1]

數據主權的自發博弈。數據主權的獨立性與數據多重管轄衝突和國家數據安全困境之間存在著緊密的關聯性，形成數據主權的自發博弈的對抗狀態。首先，強調數據主權的絕對獨立性將產生數據多重管轄權衝突。數據流動至少涉及數據生產者、接收者和使用者，數據的傳輸地、運輸地及目的地，數據基礎設施的所在地，數據服務提供商的國籍及經營所在地等。由於數據的不可分割性及完整性，無論哪個方面的跨境數據行為都會導致國家管轄權的重疊，並產生數據主權的衝突。同時，在數據多重管轄權的情形下，將會出現服務提供商挑選法律的現象，會導致網絡服務商通過數據轉移逃避有關數據保護的國內規制，進而影響到一國的數據安全。其次，基於數據安全考量，一國將以數據主權獨立性為由，對數據及其相關技術採取絕對的單邊控制，特別是對數據中心的選址施加法律限制，要求其建立在國家劃定的安全控制範圍之內。這實際上禁止了潛在的國外數據服務商向客戶提供既有服務，使大數據有了邊界，進而也摧毀了數據科技賴以發展的基礎即成本優勢。最後，以美國為首的網絡大國以行使數據主權為由，通過侵犯他國數據主權，獲得敏感數據。例如，美國壟斷著世界互聯網根服務器資源，同時還

---

1 孫南翔、張曉君：《論數據主權——基於虛擬空間博弈與合作的考察》，《太平洋學報》2015 年第 2 期，第 67 頁。

擁有大量世界最具影響力的通信服務商與網絡運營商。因此，其往往能夠方便地竊取他國的隱秘數據，威脅全球數據安全。

在數據技術迅猛發展和應用普及的背景下，不同的國家從不同的角度對數據的管轄權進行了不同的界定，尤其是基於數據主權的獨立性，各國都持續不斷地對域外數據主張管轄權。與此同時，大數據時代極大削弱了一國對本國相關數據的控制力，在數據主權對抗的情形下，廣大發展中國家與最不發達國家將不能夠確保本國的數據安全，不藉助國際協調機制將不能夠有效行使數據主權。而發達國家卻可以憑藉先進技術有效行使數據主權，甚至危害他國數據主權安全。由此看來，數據主權的絕對獨立性導致了數據多重管轄衝突現象與國家數據安全困境，自發博弈對抗最終導致國際社會在數據空間的無秩序狀態。因此，改變當前數據空間的無秩序狀態，應探究基於數據主權的讓渡合作，建立起相應的國際協調組織或機制。

二 數據主權的讓渡與共享

在主權理論誕生的早期，大多數人認為主權具有絕對性、永久性、不可分割性和不可讓渡性，這種觀點主要存在於十八世紀之前，代表性的人物和觀點主要有：第一，博丹提出的近代國家主權學說。博丹認為，主權是作為一種脫離社會並凌駕於社會之上的統治力量而出現的，是不可分割和讓渡的永久權力，政府可以更換，而主權永遠存在。第二，霍布斯倡導的君主主權論。霍布斯認為，主權應當是絕對的、無限的，而且也是不可分割和不能讓渡的。他指出，所謂「主權可以分割的說法，直接地違反了國家的本質。分割國家權利就是使國家解體，因為被分割的主權會互相摧毀」[1]。第三，洛克的議會主權學說。洛克認為，立法權是社會中的最高權力，立法機關不能

---

1 〔英〕霍布斯：《利維坦》，黎思復、黎延弼譯，商務印書館 1986 年版，第 254 頁。

讓渡立法權，當共同體把立法權交給立法機關時，這種最高權力便是神聖不可變更的。第四，盧梭的人民主權學說。盧梭認為，主權的實質是全體人民的共同意志（公意）。主權不可分割，不可讓渡，它是一個整體，任何分割都將使公意變成個別人的意志，從而使主權不復存在。[1]由以上學者對主權的理解可知，在傳統主權觀念看來，主權具有某種神聖色彩，即主權必須是不可分割和不可讓渡的。

隨著數據全球化時代的到來，主權理論面臨新的挑戰，傳統的主權理論強調絕對性、不可分割性和不可讓渡性，已經不能適應時代發展的要求。正如美國學者貝特蘭・巴蒂在《全球化與開放社會》中所指出的：「全球化毀滅主權國家，連通世界版圖，濫用自己建立的政治共同體，挑戰社會契約，過早地提出了無用的國家保障⋯⋯從此，主權再也不像過去一樣是無可爭辯的基本價值。」固守國家主權的絕對性、不可分割性和不可讓渡性已與時不符。在新的時代背景下，各國的行為愈來愈多地受到其他行為體的制約和限制，面對受制後的主權現實，主權可以讓渡的新思潮開始出現。一般認為，主權讓渡是指在全球化發展背景下，基於主權的身分主權和權能主權的劃分，主權國家為了最大化國家利益及促進國家間關係良性互動和國際合作，以主權原則為基礎自願地將國家的部分主權權能轉讓給他國或國際組織等行使，並保留隨時收回所讓渡部分主權權能的一種主權行使方式。

「主權讓渡是全球化與國家主權碰撞的產物，有其合理性和必然性，因此大多數人對主權讓渡是持肯定態度的」[2]，但主權讓渡這一概念自產生以來一直處於爭議之中，爭議的直接原因是學者們用國家主權的不同要素來代

1　〔法〕盧梭：《社會契約論》，何兆武譯，商務印書館 2003 年版，第 35-36 頁。
2　楊斐：《試析國家主權讓渡概念的界定》，《國際關係學院學報》2009 年第 2 期，第 13 頁。

指國家主權，而其根源是國家主權具有多要素內涵。國家主權含有主權身分、主權權威、主權權力、主權意志和主權利益等不同的要素，這些要素在是否可以讓渡的問題上，其答案是不一樣的，主權權力和主權利益等要素可以讓渡，而主權身分、主權權威和主權意志等要素是不可以轉讓的。就目前來說，對「主權讓渡」一詞尚未形成共識，學者們對「主權讓渡」概念的應用比較混亂，如「主權轉移」「主權轉讓」等。我國學者多從發展中國家的立場出發，在論證全球化過程中主權國家之間的關係時，認為讓渡是一種主動、積極、自主、自願的行為，是一種法律行為和現實狀態，表示所有權的讓出、轉移。它不意味著讓予第三方行使後自身完全喪失所讓渡的權力，而是一種積極主動的行為。[1]

　　大數據時代下的主權讓渡理論被越來越多的人接受，並不斷地被賦予新的內涵，其不僅僅是國家主權讓渡，而且是包括個人主權、企業主權等在內的深層次讓渡。作為主權在大數據時代的延伸和拓展，與國家主權一樣，數據主權在不危及國家安全、不損害企業和個人合法利益的前提下，可以由某一個數據主體轉讓到另一個數據主體。換言之，數據主權具有可分割性、可讓渡性，不過這種可讓渡性並不是完全的而是部分的，不是永久的而是暫時的，可以由數據主體在獨立自主決定後全部收回。數據主權讓渡是數據主體行使數據主權的結果，其集中體現了數據主權在面對挑戰時所做出的必要回應。數據主權讓渡具有共享性、自主性和自由性等特徵。共享性即成果共享，在某個特定的範圍內不允許任何一個數據主體擁有特權；自主性、自由性則是指各數據主體在加入或退出的時候是出於自願的，不受任何強制和制約。數據主權讓渡不是放棄數據主權，而是共享數據主權，以實現共同體和

1　易善武：《主權讓渡新論》，《重慶交通大學學報（社會科學版）》2006 年第 3 期，第 24-25 頁。

個體的利益最大化。[1]在數據主權讓渡過程中，「企業層面和個人的數據主權必須無條件地服從於國家的數據主權的需要，國家數據主權是第一位的」[2]。

個人利益、企業利益和國家利益的契合給數據主權讓渡提供了空間，它是數據主權讓渡的一個必要條件。然而，無論是從理論層面還是從實踐層面來講，個人利益、企業利益和國家利益之間又必然存在著矛盾。在此情況下，數據主權讓渡不可避免地會受到諸多因素的影響甚至阻礙。當然，個人利益、企業利益和國家利益的矛盾對於數據主權讓渡的影響與阻礙是相對的，否則，大數據時代的數據主權讓渡現象就不會這樣普遍。究其原因，這其中最大的奧妙就在於數據主權讓渡為個人、企業和國家的和諧發展提供了一個較好的選擇與路徑，其過程既是協調各主體進行收益公平分配和利益實現博弈多贏的過程，也是參與各方進行數據主權合作，「對合作的預期收益反覆博弈，經過各方利益碰撞震盪，最後回歸利益平衡的結果」[3]。

在國際社會中，數據主權讓渡主要體現為國家層面的數據主權讓渡，其必須堅持國家利益原則。美國著名學者漢斯·摩根索在《政治學的困境》中指出：「只要世界在政治上還是由國家構成，那麼國際政治中實際上最後的語言就只能是國家利益。」這就說明國家利益設定了一國對外政策的基本目標，決定了一國國際行為的行為規律。在大數據時代，國家是否在數據空間讓渡數據主權和怎樣讓渡數據主權，從根本上說取決於國家利益。唯有在堅

---

1 伍貽康、張海冰：《論主權的讓渡——對「論主權的『不可分割性』」一文的論辯》，《歐洲研究》2003 年第 6 期，第 71 頁。

2 王琳、朱克西：《數據主權立法研究》，《雲南農業大學學報（社會科學）》2016 年第 6 期，第 63 頁。

3 劉凱：《試析全球化時代制約國家主權讓渡的困難和問題》，《理論與現代化》2007 年第 3 期，第 92 頁。

持國家利益原則的基礎上，國家才能夠部分讓渡數據主權。數據主權讓渡「在某種程度上是犧牲暫時的和局部的利益，以換取長遠利益和整體利益」。此外，一國讓渡數據主權並不是無限制、無原則的，也不是懾於強權而被動進行的。對數據主權的讓渡和自主限制還有一個「度」的問題，即在國家數據主權讓渡的過程中，必須要保證國家的獨立自主以及國家間的權利對等和地位平等。

三 數據主權、數據安全與數據治理

數據主權的維護對國家安全與發展有重要意義，但在實踐中，數據主權面臨著數據安全、數據霸權主義、數據保護主義、數據資本主義和數據恐怖主義等諸多新型威脅與挑戰。因此，亟須在數據主權原則的基礎上，構建適應和滿足當前態勢發展需求的數據主權法律制度，加快數據安全立法，完善數據治理體系，以此減少數據主權被濫用的風險，促其良性發展。

（一）數據主權面臨的挑戰與應對

伴隨著數據全球化的進程，數據主權面臨著嚴峻挑戰。一方面，由於各國對數據管理和保護所採取的立法模式與策略不同，加上數據的跨境流動、數據處理本身的特徵、國家間的數據主權博弈等因素，各國有效行使數據主權的能力十分有限，其存儲和管控數據的能力相應弱化；另一方面，由於國際社會對數據主權還未進行清晰的界定，數據主權在國際法制定方面尚處空白，各國在主張數據主權的過程中存在大量問題。與此同時，數據主權作為一項新的國家權利，目前也面臨著包括數據安全、數據霸權主義、數據保護主義、數據資本主義和數據恐怖主義在內的諸多新挑戰與新威脅。因此，儘快確立數據主權基本原則，緊跟國際立法趨勢，構建適應和滿足當前態勢發展需求的數據主權制度，將更有利於積極維護各國的主權與穩定。

數據主權的制度構建。現階段，數據主權的相關法律政策主要是圍繞數據的管理與控制而展開，而各國在數據主權方面的主張和實踐集中表現在跨境數據流動的管理訴求上。從國際上看，越來越多的國家圍繞數據管理，從法律上開始構建其數據主權相關制度，並呈現出三種發展趨勢：一是為維護本國數據安全，對重要數據的跨境出口施加限制；二是為強化對數據的控制，對個人數據本地化存儲進行立法調整；三是延伸對數據的域外管轄權。[1]數據主權的法律制度構建不僅要關注核心數據的安全與保護，而且要重視大數據資源的挖掘和利用，更要小心應對數據霸權造成的經濟損失及技術風險，故而需從三個層面進行相關規制與制度的構建，即數據資源的本地化存儲、命運共同體維度上的霸權消解和數據分類基礎上的跨境流動。[2]

　　數據主權的立法方向。「在數據主權立法時要從綜合觀的多維角度出發，要從多方面去考量分析，國家數據主權安全是一個多元化、多邊的、民主的綜合體系。」[3]從國內法層面，應積極完善數據主權相關法律法規，加快從法律上確立數據主權地位，努力規劃出數據主權規制體系的具體框架，在法律框架下行使數據主權，保護數據安全和國家利益。與此同時，應充分利用與其他國家在各領域合作中的經驗和方法，借鑑歐美國家的先進數據保護經驗，在數據主權立法尚未完善的情況下，結合實際國情建立系統的數權法律框架，完善數據審查機制，提高數據領域立法的技術水平。從國際法層面，各國要本著「求同存異」的原則，積極參與數據安全國際規則的制定，

1　何波：《數據主權法律實踐與對策建議研究》，《信息安全與通信保密》2017 年第 5 期，
　　第 8 頁。
2　張建文、賈章范：《法經濟學視角下數據主權的解釋邏輯與制度構建》，《重慶郵電大學
　　學報（社會科學版）》2018 年第 6 期，第 27 頁。
3　齊愛民、祝高峰：《論國家數據主權制度的確立與完善》，《蘇州大學學報（哲學社會科
　　學版）》2016 年第 1 期，第 84 頁。

締結相關的數據安全條約。條約的用意主要是指導國際社會實現數據安全，引導各國加強國際合作，打擊濫用數據、侵犯和損害他國數據主權的行為，掃除威脅他國政治、經濟和社會數據安全等方面的非安全隱患，保證公平、公正分配數據資源，維護數據安全、穩定、自由運行。[1]

（二）數據安全的實質：國家的數據主權問題

在數據成為國家基礎戰略資源和社會基礎生產要素的今天，最大的安全問題就是數據安全，以及建立在數據安全前提下的軍事安全、政治安全、經濟安全、文化安全、科技安全和社會安全等。誰掌握了數據安全，誰就占領了大數據時代的制高點，誰就擁有了「制數據權」。數據安全成為大數據時代國家安全的重中之重，與其他安全要素之間的關係愈發緊密，已上升到直接影響國家政治穩定、社會安定、經濟有序發展的全局性戰略地位，是國家總體安全的基石。

數據安全問題從本質上來說是一國的數據主權問題，從某種意義上說，沒有數據安全就會喪失數據主權。數據安全涉及軍事、政治、經濟和文化等各個領域，由於大數據的發展在地域分布上極不平衡、不充分，數據強國與數據弱國之間在戰略層面上已經產生了「數據位勢差」，居於數據低位勢的國家無論是在政治、經濟領域還是軍事、文化領域，其安全都將面臨史無前例的嚴重威脅和嚴峻挑戰，大數據成為數據強國謀求未來戰略優勢的新工具。「數據疆域」既不是根據主權國家的領海、領土和領空來劃分，也不是按照地緣特徵來劃分，而是通過數據輻射空間來劃分，該空間具有某種政治影響力。數據邊界的安全、數據主權的掌握和「數據疆域」的大小，是國家

---

1 齊愛民、祝高峰：《論國家數據主權制度的確立與完善》，《蘇州大學學報（哲學社會科學版）》2016 年第 1 期，第 85 頁。

和民族在大數據時代興衰存亡的關鍵。[1]捍衛數據主權，保障數據安全，成了當今大數據時代各國政府面臨的重大挑戰。因此，數據主權和數據安全是一對不可分割的概念，它們之間有著千絲萬縷的互動和辯證關係。

數據安全立法是維護數據主權的盾牌，解決數據安全問題，立法是根本。只有在法治的軌道上才能實現數據自由流通與數據跨境管控之間的合理平衡，才能在數據流動和使用的同時，保證國家、公共利益和個人的安全。然而，目前中國尚無全國統一的數據安全專項立法，相關規定散見於各類法律法規中，無法在推動數據共享開放並防止數據濫用和侵權上提供有效的法律支持，因此，亟須採取有針對性的法律手段，構建數據安全法律法規體系。由大數據戰略重點實驗室主任連玉明教授牽頭起草的全國首部數據安全領域的地方立法——《貴陽市大數據安全管理條例》，為國家層面的數據安全立法提供了寶貴的可借鑑、可複製的經驗。如今，隨著國家推進數據安全專項立法工作的條件日漸成熟，社會各界對數據安全立法的呼聲亦越來越高。近幾年，全國兩會期間，有多位人大代表、政協委員強烈呼籲進行國家層面的數據安全立法。其中，連玉明委員於二〇一八年三月針對數據安全立法提交了《關於加快數據安全立法的提案》，並於二〇一九年三月提交了《關於加快〈數據安全法〉立法進程的提案》。二〇一八年九月，《數據安全法》被正式列入十三屆全國人大常委會立法規劃，數據安全立法從地方立法上升為國家立法。

---

1 倪健民：《信息化發展與我國信息安全》，《清華大學學報（哲學社會科學版）》2020 年第 4 期，第 57 頁。

（三）數據治理上升為國家戰略

數據治理最初形成於企業範圍的規程。[1]科恩將數據治理界定為「由公司管理數據的數量、一致性、可用性、安全性和可控性」，或是策略、過程、標準、決策和決策權的集合。數據沒有意志和自我意圖，其被人們塑造成為工具化的一種手段，並且被告知應該去哪裡，所以數據需要受到控制。「同時，治理本身就是一個技術項目。」[2]可以說，在早期的研究中，數據治理就是人與技術之間的治理。[3]隨著研究的推進，數據治理的內涵也不斷豐富，並開始著重強調識別擁有數據權威的角色或組織，數據治理越來越被應用於國家，越來越多的國家開始將數據治理上升到戰略層面。所謂數據治理，是指國家通過法律法規和政策引導，對違規個人、企業適用相關法律法規，達到數據生產流程和使用過程的無害化、規範化與合法化，從整體上實現國家角度的數據可控、可用，有效避免數據產生、流轉和使用，特別是數據開發給執政安全、意識形態安全和數據主權安全造成損害。

從互聯網實現人與人的連接，到物聯網、工業互聯網等促進物與物的連接，再到以 5G 技術為代表的新型信息技術推動萬物互聯，數據量的爆炸式增長為科技創新提供了重要依託。然而，數據治理在數據安全需求與自由焦慮、數據監管的擴張趨向與能力匱乏、個人數據保護的過度與不足以及主權國家競爭等方面，依然面臨問題和挑戰。例如，不同國家對公民隱私權利的保護與國家數據安全的保護存在理解上的差異，決定了各國難以在全球範圍

1　Begg C, Caira T.「Exploring the SME quandary: Data governance in practise in the small to medium -sized enterprise sector」. *The Electronic Journal Information Systems Evaluation*, 2012, 15（1）: 3-13.

2　徐雅倩、王剛：《數據治理研究：進程與爭鳴》，《電子政務》2018 年第 8 期，第 38 頁。

3　ColemanS.「Foundation sof digital government」//Chen H. *Digital Government*. Boston, MA: Springer, 2008，pp.3-19.

內實現兩者的統一。又如，在單邊主義抬頭的背景下，關於數據治理出現越來越多的國際爭端，數據本地化、數據審查等趨勢將加劇數據治理的碎片化。此外，數據主權的維護是數據治理面臨的另一挑戰。數據主權受制於數據技術本身的屬性和特點，有別於司法主權、外交主權與領土主權，其特徵、邊界、內涵以及應對，都是數據治理難點中的難點。[1]

在數據主權博弈背景下，關起門來搞數據治理是不切實際的，必須考慮遊戲規則的外溢效應與外部性。因此，數據治理的法治化問題，需要推動國內法治和國際法治的互動，建立既維護國家利益又能進行對話、競爭和合作的全球數據治理體系，以提升中國在全球數據治理體系中的話語權和治理能力。[2]目前，美歐已經藉助 CLOUD 法案[3]、GDPR 等法律規則構建了較為完整的數據治理體系，包含個人隱私保護、數據主權和跨境數據流動等方面。「相比之下，我國個人信息保護程度還比較低，存在因個人信息洩露而危害國家安全的風險，數據治理體系尚不夠完善。」[4]二〇一七年十二月八日，習近平總書記在主持中共中央政治局就實施國家大數據戰略進行第二次集體學習時強調，「要加強國際數據治理政策儲備和治理規則研究，提出中國方案」。作為全球第一數據大國，我們應充分利用數據規模、場景應用等獨特優勢，從制度、法律、規則角度採取反制措施，加快構建國家數據治理規則

---

1 邱銳：《「數據之治」推進「中國之治」》，《學習時報》2019 年 12 月 27 日，第 7 版。
2 王錫鋅：《數據治理立法不能忽視法治原則》，《經濟參考報》2019 年 7 月 24 日，第 8 版。
3 CLOUD 法案，即二〇一八年三月美國國會通過的《澄清域外合法使用數據法案》。該法案採用所謂的「數據控制者標準」，明確美國執法機構從網絡運營商調取數據的權力具有域外效力，並附於相應的國際禮讓原則，同時設置外國政府從美國調取數據的機制。
4 李瀟、高曉雨：《關注國際數據治理博弈動向維護我國數據主權》，《保密科學技術》2019 年第 3 期，第 36 頁。

體系，「有效應對外國政府對我國數據的肆意調取」[1]，為網絡強國、數字中國、隨智慧社會插上發展羽翼。

---

1 魏書音：《CLOUD 法案隱含美國數據霸權圖謀》，《中國信息安全》2018 年第 4 期，第 49 頁。

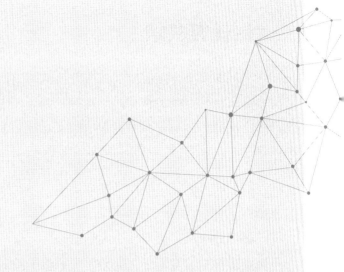

3

社會信任論

如果沒有信任，就不可能有貿易，而要相信陌生人又是件很困難的
事。

——以色列歷史學家　尤瓦爾・赫拉利

在「失控」的世界裡，區塊鏈是信任的機器。

——《連線》創始主編　凱文・凱利

整個人類的歷史是分久必合、合久必分，區塊鏈技術使得互聯網時代
也到了一個新的分久必合、合久必分的時代。我們正是面臨著區塊鏈
和去中心化技術給這個時代帶來的一場新的革命。

——著名華裔物理學家　張首晟

信任與共識

信任與共識是區塊鏈的關概念。信任作為社會資本的主要元素之一，既是單個主體的意識行為，也是社會共識係的重要形式，更是經濟運行與社會穩定的前提條件和基礎。共識是民眾共享的一套常規和習俗，兼具目標維度和制度維度的共識是與實現具體的政策聯繫在一起的。而起初作為社會運作概念的共識，如今已成為計算機科學的重要組成部分。互聯網的最大問題是無法解決信任問題，區塊鏈則給我們帶來一個完全超出傳統思維的解決方案。區塊鏈在缺少可信任中央節點的情況下，圍繞達成共識和建立互信打造一個共識機制，實現了在無須信任單個節點的情況下構建一個去中心化的可信任系統，這標誌著中心化的國家信用向去中心化的算法信用的根本性變革。

一 信任與社會秩序

信任是社會系統的潤滑劑。信任作為一種社會結構和文化規範現象，是靠著超越可以得到的信息，概括出的一種行為期待，也是用來降低社會交往複雜性的「簡化機制」。人類社會的特殊性在於信任貫穿於所有的人際互動，既包含了崇高的抱負，也隱藏了深切的恐懼。人與人之間基於理性認知和一定價值原則的相互信任，是保障社會秩序的條件。

（一）熟人社會的信任依賴

人類在歷史上的大部分時間裡都以親緣為紐帶構成社會，不同的社會組織帶來不同的信任形式。熟人社會中的人格信任是一種維持社會秩序最基本的信任類型，通過在集體維護的意識形態上實現信息共享的功能，從而維護

社會秩序，規範社會行為。這種人格信任滿足了邊界清晰的熟人社會中的交往需求[1]，是一種典型的「親而信」[2]。在中國，特有的傳統繼承、親屬制度、儒家長幼尊卑有序的倫理道德及農耕文化的聚居特點為熟人社會提供了意識形態框架，信任遂與差序格局[3]緊密地聯繫在一起。在這種「生於斯、長於斯」的社會中，信任受文化因素的影響，侷限於宗族或血緣共同體，並以此為始綱漸次展開，綱舉目張。根據福山的研究，所有深受儒家文化影響的社會，如韓國以及南歐和拉美等許多地區也都倡導所謂的「家庭主義」，講究儀式，注重參與，強調親屬紐帶。[4]這樣一個由近及遠、由親及疏、由熟悉到陌生的格局廣泛存在於人類社會當中。

熟人社會信任的基本格局以熟人社區為基本單位，以「互惠」的人情機製為紐帶，遵循「內外有別」的交往原則並逐漸向外推展。首先，「熟人」是熟人社會信任的前提條件。熟人之間的「熟悉」形成了相對較為對稱的信息掌握格局，因陌生導致的信息不對稱帶來的不確定性可以得到天然的規避。這種「可靠」的交往不僅可以保持時空的連續，彼此間的信任還以情感與道德作為擔保，既有利於強化成員之間的信任行為，也對失信行為進行一定的制約。[5]其次，維繫熟人社會人與人之間信任的是人情，而維持熟人社

---

1 郝國強：《從人格信任到算法信任：區塊鏈技術與社會信用體系建設研究》，《南寧師範大學學報（哲學社會科學版）》2020 年第 1 期，第 11 頁。

2 朱虹：《「親而信」到「利相關」：人際信任的轉向——一項關於人際信任狀況的實證研究》，《學海》2011 年第 4 期，第 115 頁。

3 「差序格局」由中國社會學家費孝通提出，是用以描述中國傳統人際關係的概念。費孝通認為中國傳統關係格局「不是一捆捆紮得清清楚楚的柴，而是好像一塊石頭丟在水面上所產生的一圈圈推出去的波紋……以己為中心，一圈圈推出去，愈推愈遠，也愈推愈薄」（費孝通：《鄉土中國》，人民出版社 2008 年版，第 28-30 頁）。

4 〔美〕弗朗西斯·福山：《大斷裂：人類本性與社會秩序的重建》，唐磊譯，廣西師範大學出版社 2015 年版，第 41 頁。

5 韓波：《熟人社會：大數據背景下網絡誠信構建的一種可能進路》，《新疆社會科學》2019 年第 1 期，第 132 頁。

會人情關係的則是一套「互惠」的人情機制。「互惠」價值下的人情機制重情感而輕功利，維繫了熟人社會的生產秩序，個人既是人情機制規訓的對象，也是享有權利的主體和人情關係運作的監督者，使得熟人社會成為一張微觀權利關係網，人們被整合進利益和責任的連帶機制之中，組合成對內紛爭較少、對外團結一致的親密社群。[1]最後，「內外有別」是熟人社會信任適用的基本原則。在熟人社會疊加自給自足的小農經濟的背景下，每個家庭以自己為中心，由內及外延伸，人們按照情感關係的遠近發展出不同程度的倫理規範和道德要求。對與自己親密的人、熟悉的人講誠信，而對陌生人則無誠信和信任可言。

隨著社會結構的變遷和經濟體制的轉型，依靠文化習俗、道德標準及人情機制維繫的「熟人」關係在一定程度上出現了失範狀態。一方面，在熟人網絡展開的社會經濟活動常常以「殺熟」告終。市場經濟的萌生，促使經濟成就成為價值評估和社會分層的標準，利益理性隨時會逸出人情法則的倫理制度，關係資本的負功能以及在現代社會中的限度和風險日益顯現。另一方面，社會頻繁流動促使新的「獲致性」熟人關係不斷生成。這種因利益關係而聯結的熟人網絡在一開始時情感基礎就比較薄弱，熟人關係在交往中的風險也大大增加。[2]除此之外，「只有在人類個體能實現大規模群處並有效展開合作後，人類才開始變成文明物種，知識和技術也才能不斷被傳遞、更新與擴展」[3]。家族本位的傳統文化雖然在家庭內部有很高的信任度和依賴性，

---

1 陳柏峰：《熟人社會——村莊秩序機制的理想型探究》，《社會》2011 年第 1 期，第 231 頁。
2 楊光飛：《「殺熟」：轉型期中國人際關係嬗變的一個面相》，《學術交流》2004 年第 5 期，第 115 頁。
3 吳冠軍：《信任的「狡計」——信任缺失時代重思信任》，《探索與爭鳴》2019 年第 12 期，第 67 頁。

但信任的倫理半徑卻很小，最多擴展到成為「朋友」的所謂「熟人」。將信任侷限於家庭中不僅會堵塞社會信任的倫理通道，還將阻礙繁榮的持續造就。

（二）生人社會的信任制度

隨著現代社會中分工的細化、快速交通的發展以及職業代際的變遷，由生產和交換而結成的生人關係逐漸取代依靠血緣地緣的熟人關係，並成為社會關係的基本內容。英國社會學家安東尼・吉登斯通過「脫域化」這個概念準確地描述了熟人社會向生人社會轉變的特徵。他認為，「脫域機制使社會行動得以從地域化情境中『提取出來』，並跨越廣闊的時間—空間距離去重新組織社會關係」[1]，且所有的脫域機制都依賴於信任。隨著社會開放程度的提升，人們之間的交往愈是頻繁，陌生感也愈強。生人與熟人的區別已不再取決於交往頻率和次數，而是由社會整體的開放程度決定。事實上，工業化的生產關係強烈衝擊著熟人關係，有著熟人關係的人們由於聯繫和共同行動機會的減少而疏遠，熟人關係在社會交往中的地位越來越被排擠到邊緣地帶。「全球化使在場和缺場糾纏在一起，讓遠距離的社會事件和社會關係與地方性場景交織在一起」[2]，社會結構和社會框架上的異質性特點決定了社會秩序、社會規範和共同價值觀的逐漸分化與多元，這對生人之間信任關係的發生和建立提出了新的挑戰。

「在理性化的市場經濟中，雖然禮俗與關係仍在約束著人們的思想和行為，但在更廣泛的社會範圍內，還需要更多的制度發揮作用。」[3]制度信任

1　〔英〕安東尼・吉登斯：《現代性的後果》，田禾譯，譯林出版社 2011 年版，第 18 頁。
2　〔英〕安東尼・吉登斯：《現代性與自我認同》，趙旭東、方文譯，生活・讀書・新知三聯書店 1998 年版，第 23 頁。
3　王建民：《轉型時期中國社會的關係維持——從「熟人信任」到「制度信任」》，《甘肅

是對社會領域內公認有效的制度的信任，它藉助信任制度（包括規章、制度、法規、條例等）來達到對經濟系統的信任、對知識專家系統的信任和對合法政治權力的信任，因而更具普遍性，超越個人、群體的範圍，具有廣泛的約束效力。[1]首先，制度信任適應了市場經濟發展的客觀要求。市場經濟是法治經濟和道德經濟的結合，制度信任可以彌補倫理道德在約束人際關係上的不足，提高市場經濟活動的穩定性及有效性。其次，制度信任擴大了社會信任的範圍，打破血緣、地緣、業緣的限制，使任何個人、組織、國家之間建立信任成為可能，具有廣闊的施展空間和廣泛的適應領域。最後，制度信任便於維護社會交往雙方或多方利益，減少為信任付出的代價。制度本身所具有的強制性、約束性和權威性等使得制度能有效減少個體對未來行為的預測，同時減少因信任風險受到的不利損失。[2]

　　契約信任是制度信任的核心，是生人社會的保障機制，也是構建社會秩序的手段。安定有序、關係融洽是古今中外人們孜孜以求的社會理想，社會秩序為人的生產和生活提供具有確定性的環境。自人類開啟文明時代以來，秩序的實現就離不開信任的作用。正如齊奧爾格・齊美爾所言：「沒有信任，無從構建社會，甚至無從構建最基本的人際關係。」熟人之間的信任有自然基礎，他們基於道德和情感生發直接信任關係。但在陌生人間則缺乏這些自然基礎，相互之間要達至信任，需要架起一座橋梁，依賴一種中介，形成間接信任關係，這種中介就是契約。契約信任認事不認人，按規章制度辦事，排斥人情糾葛和人情壟斷，摒棄「拉關係」「走後門」等煩瑣環節。當事人在理性計算的基礎上，達成一種契約，使交易雙方的利益最大化，彼此

　社會科學》2005 年第 6 期，第 167 頁。

1　陳欣：《社會困境中的合作：信任的力量》，科學出版社 2019 年版，第 151 頁。

2　王建民：《轉型時期中國社會的關係維持——從「熟人信任」到「制度信任」》，《甘肅社會科學》2005 年第 6 期，第 167 頁。

建立一種權利義務關係，並基於契約對對方產生期待，相信對方在未來的行動中能夠按照合約規定履行義務。這種簡化的信任建立的過程，使社會信任關係的締結為可能，有利於人們形成信任的心理，產生信任行為，以應對現代生活之需，從而有效維護現代社會秩序。

（三）網絡社會的信任危機

近年來，互聯網的快速普及極大地改變了人們的信息獲取方式和社會交往態度，也對社會公眾的公共意識和社會信任產生了重要影響。現代社會、產業組織和企業形態已經越來越明顯地呈現出虛擬網絡空間與現實物理世界平行存在的態勢。網民在網絡交互中的認知與行為特點無法擺脫其在現實世界中由價值取向、性格特點、文化背景等諸多因素帶來的烙印。建立在技術中介基礎上的網絡交往，其本質仍然是現實世界中的個體依託互聯網技術進行的「事實上的交往」[1]。網絡社會依靠功能強大的科學技術，使交往方式朝向多元化、活力感及普遍性發展。網絡時代信息一體化促進了不同意識形態的進一步融合，是「和而不同」的現代化群體意識的新形體現。人類面對的是計算機和媒體的快捷及時，接受的是全方位的文化傳遞，拋開了舊俗中冗餘繁雜的觀念束縛，對外來事物的包容度逐漸提升，認同感逐漸增強。越來越多的人逐漸超越民族和國家的範疇，從全球合作發展的角度去看待和思考問題，「網緣」成為繼血緣、地緣、業緣之後的又一社會關係新名詞。

美國法社會學家勞倫斯‧M.弗里德曼在《美國法簡史》中提到，「在當代世界，我們的健康、生活以及財富受到從未而且也永遠不會謀面的人的支配」。首先，網絡社會符合典型「陌生人社會」的特徵。「陌生人的信任」更多依賴於個人的判斷、能力、知識水平和道德標尺。建立在假定基礎上、

---

1 張華：《數字化生存共同體與道德超越》，《道德與文明》2008 年第 6 期，第 68 頁。

只能自我確定的單向誠信無疑要承受巨大風險。其次，網絡社會中道德約束力的逐漸弱化是引發信任危機最主要的內在因素。網絡社會中的交往主體脫離了日常生活中的信任倫理情境，道德權威的缺失使身處其中的成員的道德標準和道德責任模糊、散漫、隨意，整個社會的精神狀態與道德生活瀰漫著濃厚的道德相對主義氣息。最後，網絡社會的信任危機還與網絡信息的可靠程度息息相關。網絡信任反映的是數字化環境下人與人、人與系統（技術平臺）在互動過程中，面對諸多不確定性所生發的傾向性信念或行為選擇，即一種「有信心的期待」。[1]人們對網絡信息的可靠性和網絡活動的安全性的總體感受，以及對網上特定系統是否遵守法律和倫理道德的擔憂都會給網絡帶來潛在的、不可預估的影響及不確定性。

在風險社會因素的影響下，「為應對不確定的和不能控制的未來，信任變成了至關重要的策略」[2]。儘管信任危機對社會發展和個體造成了巨大的破壞力，但它一方面反映了傳統信任模式對現代文明發展的不適應性，另一方面也暴露出當前社會本身存在的弊端，從而促使我們重新思考人的存在和社會發展問題。網絡作為信息傳播的主要媒介，其輿論導向作用日益突出。網絡約束機制的不健全、道德讓位於利益等種種因素，致使一系列失範行為或事件頻頻發生。制度信任危機、專家系統信任危機、媒體信任危機等不同程度地出現在整個社會的各個方面，網絡社會的信任危機日益嚴重。例如，隨著全面建設小康社會的縱深推進，我國公益慈善事業發展迅速，但同時也面臨諸多問題和挑戰。公益慈善機構經常被推到輿論的風口浪尖，給社會公益組織品牌形象和社會公信力帶來極大影響，侵蝕了公眾對社會組織的信任

---

1 金兼斌：《網絡時代的社會信任建構：一個分析框架》，《理論月刊》2010 年第 6 期，第 7 頁。

2 〔波〕彼得・什托姆普卡：《信任：一種社會學理論》，程勝利譯，中華書局 2005 年版，第 32 頁。

基礎。消除信任危機，在現實生活和網絡中重建信任，進而構建信任社會，是人類歷史發展的要求，也是延續和推動人類社會繼續發展的動力。

二　區塊鏈共識機制

一直以來，共識對任何時代、任何地域的制度來說都具有重要的維繫社會、團結社會、統一社會的作用。區塊鏈作為一種建立在所有參與者對每一次交易的共同認可、共同見證基礎上的共識機制，涉及三類不同語境下的共識概念——機器共識、市場共識與治理共識。這三者共同決定了區塊鏈的安全性、可擴展性和去中心化等重要特性[1]，並起到了社會整合[2]與穩定市場的作用。

機器共識。區塊鏈技術的關鍵是共識機制的設計，目的在於解決區塊鏈的安全性、擴張性、性能效率和能耗代價等問題，促使陌生人在數字世界不再需要中間方而是通過一定的合約機制達成信用共識。共識機制是分布式系統的核心，「良好的共識機制有助於提高區塊鏈系統的性能效率，提供強有力的安全性保障，支持功能複雜的應用場景，促進區塊鏈技術的拓展與延伸」[3]。在 P2P 網絡（點對點網絡）中，互相不信任的節點通過遵循預設機制最終達到數據的一致性，這被稱為機器共識。機器共識允許關聯機器連接起來進行工作，並在某些成員失效的情況下，仍能正常運行。區塊鏈採用不同的機器共識，在滿足一致性和有效性的同時會對系統整體性能產生不同影

1　劉懿中等：《區塊鏈共識機制研究綜述》，《密碼學報》2019 年第 4 期，第 395 頁。
2　社會整合是指社會通過各種方式或媒介將社會系統中的各種要素、各個部分和各個環節結合成為一個相互協調、有機配合的統一整體，增強社會凝聚力和社會整合力的一個過程。
3　韓璇、袁勇、王飛躍：《區塊鏈安全問題：研究現狀與展望》，《自動化學報》2019 年第 1 期，第 215 頁。

響，可以從四個維度評價機器共識的技術水平。第一，安全性，即是否可以避免二次支付、私自挖礦等的攻擊，是否有良好的容錯能力。以金融交易為驅動的區塊鏈系統在實現一致性的過程中，最主要的安全問題就是如何檢測和防止二次支付行為。第二，擴展性，即是否支持網絡節點擴展。擴展性是區塊鏈設計要考慮的關鍵因素之一。根據對象不同，擴展性又分為系統成員數量的增加和待確認交易數量的增加兩部分。第三，性能效率，即從交易達成共識並被記錄在區塊鏈中至被最終確認的時間，也可以理解為系統每秒可確認的交易數量。第四，資源消耗，即在達成共識的過程中，系統所要耗費的計算資源，包括 CPU（中央處理器）、內存等。區塊鏈上的共識機制藉助計算資源或者網絡通信資源達成共識。[1]

市場共識。以商品交換為基礎的市場社會是一種異質性社會，它肯定獨立的個人對特殊利益的追求，同時要求以多元利益和多元價值並存為前提的社會和諧。要保證價值共識在現代社會中實現，就必須在交往中通過建立具有共同規範的協議達到理解，進而達成認可和共識。一個沒有共識的社會是無法存在的。從最基本的層面上說，共識是一種保證群體不發生衝突並推動其共同做出決策的基礎。在大數據時代，堅持一個安全標準、一把度量尺子，公平公正地對待網絡空間各利益相關者以及平衡各參與主體的利益，已經成為一種共識。首先，市場共識體現在市場交易形成的均衡價格中。以比特幣為例，它被越來越多的人接受，根本原因在於區塊鏈技術為人們提供了一個被廣為認同與接受的共識機制，使其在特定市場環境下具有法定貨幣的職能和功用，「比特幣是否可以作為貨幣使用，是基於當事人之間是否存在貨幣認同。這決定著區塊鏈是否能夠得到超出比特幣的更大範圍應用，發揮

1　韓璇、劉亞敏：《區塊鏈技術中的共識機制研究》，《信息網絡安全》2017 年第 9 期，第 149 頁。

更大的技術優勢和制度價值」**1**。其次，區塊鏈不僅是多方參與的「共識系統」，也是一種良性的博弈機制。伴隨著技術的不斷進步，共識機制已經逐漸從一個抽象概念發展成分布式帳本技術的重要支撐，強調網絡中全部或大部分成員就某個交易信息或某條數據達成一致的意見。參與者之間的共識是區塊鏈的核心，在沒有中心機構的情況下，參與者必須就規則和應用方法達成一致，並同意運用這些規則進行交易，遵守規則的將會獲得利益，破壞規則的將被驅逐出局。最後，要實現一個具有安全性、可靠性、不可竄改性的去中心化系統，需要在儘可能短的時間內保證分布式數據存儲記錄的安全性和不可逆性。在一個互不信任的市場中，各節點達成一致的充分必要條件是每個節點出於對自身利益最大化的考慮，都會自發、誠實地遵守協議中預先設定的規則，判斷每一條記錄的真實性，最終將判斷為真的記錄記入區塊鏈之中。可以說，市場機制這個基礎協議通過價格和競爭激發了每個節點創造財富的能動性，並使互不信任的節點進行大規模協作成為可能，激發共享經濟和協同治理的巨大潛能。

治理共識。對於一個未實現真正法治的社會來說，共識性的思想運動是促進社會改革的一大動力。簡單地說，為了讓社會正常運作，我們需要「就事實達成共識」。治理共識作為區塊鏈共識體系中的三大要素之一，指在群體治理中，群體成員發展並同意某一個對群體最有利的決策。治理共識有四個關鍵要素：第一，不同的利益群體；第二，一定的治理結構和議事規則；第三，相互衝突的利益或意見之間的調和折中；第四，對成員有普遍約束的群體決策。治理共識涉及人的主觀價值判斷，處理的是主觀的多值共識，治理共識的參與者通過群體間協調和協作過程收斂到唯一意見，而此過程如果

---

1 趙磊：《信任、共識與去中心化——區塊鏈的運行機制及監管邏輯》，《銀行家》2018 年第 5 期，第 135 頁。

不收斂，就意味著治理共識的失敗。[1]在發達國家，已經有負責建立這些基本事實的機構，但這些機構正廣受抨擊。全球區塊鏈商業理事會主席托米卡·蒂勒曼曾指出，區塊鏈有潛力抵擋侵蝕，創造一種新的景象，讓人們可以就核心事實達成共識，同時確保與隱私相關的事實不會洩露出去。區塊鏈可以讓一群人在不依賴於中心化實體仲裁的情況下，也能就各種事實達成共識。人類文明的歷史並非來自所謂的絕對事實，而是來自一個更為強大的事實概念——共識。這是一個社會範圍內的協議，讓我們可以越過疑心，建造信心，協作互動。「在國家治理和社會治理領域，技術與法律具有相互替代性，如果在某一社會場景中技術解決方案的成本低於法律解決方案，技術工具便可能取代法律形式成為秩序生成的主要手段。」[2]區塊鏈作為具有普適性的底層技術框架和共識機制，或將為金融、經濟、科技甚至政治等各領域的治理模式帶來深刻變革。

三 信任即去信任

在新一輪科技革命和產業革命浪潮下，區塊鏈作為關鍵技術風口之一正在全球範圍內興起。去中心化作為區塊鏈系統的根本特徵，使節點之間的交換遵循固定的算法而不需要信任。建立不依賴第三方信任、不可操縱的去中心化的交易機制，成為區塊鏈在價值互聯體系裡的一大特點。

（一）中心化與去中心化

人們對互聯網最初的期望是烏托邦式的，希望它帶來一個公平的環境。

---

1 徐忠、鄒傳偉：《區塊鏈能做什麼，不能做什麼？》，《金融研究》2018 年第 11 期，第 9 頁。
2 鄭戈：《區塊鏈與未來法治》，《東方法學》2018 年第 3 期，第 73 頁。

《紐約時報》專欄作家弗里德曼也曾主張：世界是扁平的。[1]從 PC（個人電腦）時代到移動時代，企業和政府管理從金字塔形的組織結構過渡到扁平化的組織結構，無不體現出一種去中心化的思想。在區塊鏈發明之前，互聯網就已帶領我們走上去中心化的路徑。類似於 BitTorient（BT 下載）的去中心化網絡早在二〇〇〇年時便已存在，密碼學家、數學家及軟件工程師也已經努力了近三十年，致力於不斷提升協議的先進性，從而實現從電子現金到投票再到文件傳輸存儲等各類系統更強的隱私性、可信度保障。然而，互聯網始終無法解決其承載信息的所屬權問題，區塊鏈的創新正是那一片原本缺失的線索，它將去中心化與密碼學這兩股研究力量擰在了一起，然後「抽一鞭子」，讓整個行業向前躍進了一大步。

區塊鏈不僅僅是一個用於存儲過程、結果的去中心化的帳本，還是一個經過過程重構的多用途去中心化平臺。它的過程重構將實現「交易費」的大大削減，而這「交易費」指的是為了明晰法律合同的細節、確保對手方的可信、記錄各種結果所進行的官僚化的管理互動而產生的經濟開支。也因此，比起與聚集化、中心化的大公司互動，人們更願意選擇一個去中心化的互動模式。我們或許能夠看到二十一世紀的經濟形態更像十八世紀的組織形態：以相互擔保取代單一公司出售保險產品，以點對點交易形式取代第三方中心化清算金融交易和支付，甚至於以一種更為去中心化的方式來評價信任度和名譽、完成質量控制、實現產權跟蹤。而同時，二十一世紀信息技術的極度高效也意味著我們能夠以很低的成本來實現這樣的社會形態。[2]

區塊鏈的探索道路並不是簡單的去中心化，而可能是多中心或弱中心

1　〔美〕托馬斯・弗里德曼：《世界是平的：21 世紀簡史》，何帆、肖瑩瑩、郝正非譯，湖南科學技術出版社 2008 年版，第 9 頁。
2　高航、俞學勱、王毛路：《區塊鏈與新經濟：數字貨幣 2.0 時代》，電子工業出版社 2016 年版，第 23 頁。

的，其最終結果更可能是多中心的，從而減少少數中心話語權過強所導致的規則失控。[1]「去中心化」蘊蓄一種「分布式」的含義，區塊鏈為解決分布式系統的一致性問題帶來新的技術思想，為實現全球互信、互認、互通提供了可能。「論天下大勢，分久必合，合久必分」是歷史的規律，世界發展中需避免「過猶不及」（圖 3-1）。中心化缺乏一定透明度，數據可信度不高，而去中心化則需要以耗能和成本為代價。在區塊鏈應用中，理應根據不同程度的去中心化需求，選擇不同類型的鏈、不同的共識機制以及其他的技術方案，在一定程度上避免對去中心化的過度追求（表 3-1）。在這樣的背景下，全球秩序將變得和諧與穩定。

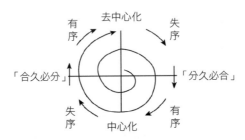

圖 3-1｜世界體系的分合

註：世界體系也是「分久必合，合久必分」，從一個中心走到另一中心，再走向去中心化，或者多中心化。

資料來源：Linstone H, Mitroff I. *The Challenge of the 21st Century*. New York：New York State University Press, 1994.

1　長鋏等：《區塊鏈：從數字貨幣到信用社會》，中信出版社 2016 年版，第 195 頁。

表 3-1　區塊鏈的分類

項目	公共鏈	聯盟鏈	私有鏈
參與者	所有人	聯盟成員（如公共安全相關部門）	個體或組織內部（如公安機關涉密組）
訪問權限	可匿名	需註冊許可	需註冊許可
中心化程度	去中心化	多中心化	部分中心／弱中心
共識機制	POW（工作量證明）、POS（權益證明）、DPOS（委託權益證明）	PBFT（實用拜占庭容錯算法）、RAFT（分布式環繞下的一致性算法）	PBFT（實用拜占庭容錯算法）、RAFT（分布式環繞下的一致性算法）
激勵機制	需要	可調整	不需要
應用	比特幣、以太坊	R3 銀行同業聯盟	方舟私有鏈
特點	公開、透明	高效	安全、可溯源

資料來源：曾子明、萬品玉：《基於主權區塊鏈網絡的公共安全大數據資源管理體系研究》，《情報理論與實踐》2019 年第 8 期。

（二）區塊鏈的「去信任」

用技術取代中介機構作為「信任機器」是人類社會的一種持久追求，區塊鏈的出現給這種追求提供了新的發展平臺。人類正在從持續千百年的物理實體社會跨入由虛擬數字構造的新興社會。[1]傳統社會中，信任問題主要通過第三方信用服務機構提供信用背書予以解決，但這種私密的、中心化的技術架構無法從根本上解決數字時代線上線下互認互信和價值轉移的問題。區塊鏈利用去中心化的數據庫架構完成數據交互信任背書，使其任意節點之間的信任依賴於網絡中所有參與節點對於共識的認同，構建算法信任。正如

1　〔美〕吳霽虹：《眾創時代：互聯網＋、物聯網時代企業創新完整解決方案》，中信出版社 2015 年版，第 1 頁。

《經濟學人》二〇一五年封面文章「The trust machine」所述，區塊鏈是一個製造信任的機器。在任何需要信任的領域，區塊鏈都有用武之地。

區塊鏈是在現有技術邊界條件下對生產關係的改進。根據歷史經驗來看，信任系統中往往最不可信任的就是人，或者由人組成的機構或組織。歷史最終常常被證明，那些違反規則的人就是規則制定者。著名科幻小說《三體》中有一個沙盤推演[1]：「猜疑鏈」[2]一旦啟動，將無可避免地走向「死神永生」。「猜疑鏈」實際上就是互相不信任，更確切地說，無法建立原初信任的邏輯結果——每個個體（國家或文明）在自身之所知信息與理性證據之外，不願意進一步做出「透支」。進入「猜疑鏈」中的邏輯個體只能始終處於霍布斯所說的前政治的「自然狀態」，人與人不得不像狼與狼般互撕。今天，線下從家庭到法院，線上從微博到推特，人物從小老百姓到名人明星乃至大國總統，「撕」已然成為覆蓋全民、滲透各個角落的當代景象。[3]而從工業革命到互聯網革命，技術發展的潮流也是通過取代人這個最不靠譜的、最脆弱且效率最低的環節來實現生產力大發展的。基於代碼和通證，區塊鏈價值生態創造了充分的信息可信度和便捷的利益流通機制。生態中的成員可以更好地交換和協作，同時利益是即時反饋的，可以最大化地刺激生態參與

---

1 沙盤推演：A 和 B 都想進入和平共處的共同體狀態，但即便 A 認為 B 是善意的，這並不能讓 A 安心，因為善意者並不能預先把別人也想成善意者。換言之，A 並不知道 B 是怎麼想他的，不知道 B 是否認為自己是善意的。進一步，即使 A 知道 B 把 A 也想像成善意的，B 也知道 A 把 B 想像成善意的，但是 B 不知道 A 是怎麼想 B 怎麼想 A 怎麼想 B 的。「挺繞的是不是？這才是第三層，這個邏輯可以一直向前延伸，沒完沒了。」這就意味著，只要對他人存有猜疑，那猜疑鏈就會啟動，並且永遠無從關閉。

2 猜疑鏈最重要的特性與文明本身的社會形態和道德取向沒有關係，把每個文明看成鏈條兩端的點即可，不管文明在其內部是善意的還是惡意的，在進入猜疑鏈構成的網絡中後都會變成同一種東西。

3 吳冠軍：《信任的「狡計」——信任缺失時代重思信任》，《探索與爭鳴》2019 年第 12 期，第 66-67 頁。

者，也讓更多的人快速進入協作狀態。

「去信任」不是不需要信任，而是信任不再需要由傳統中心式的第三方權威機構提供。區塊鏈實現的是一種信任的轉移，使人們在合作過程中的信任對象由人和機構轉移到區塊鏈這個共識機器上。基於此，可以得出一個結論，區塊鏈的去信任機制的本質不是「去信任」，而是再造信任。區塊鏈去信任機制的核心是以共識機制實現所有操作共識、共認、共管。共識機制的基礎以密碼學、代碼作為封裝，再通過互聯網和參與者的共同偏好將傳播的成本盡量降至最低。思考區塊鏈技術的最佳方法並非將其視為取代信任的工具，而是將其視為社會用以構建更大規模的信任、創立社會資本、帶來一個更美好的世界所需的共同故事的工具。

（三）基於區塊鏈的信用社會

以區塊鏈為基礎，人們正在互聯網上建立起一整套信用互聯網治理機制。區塊鏈技術徹底解決了信息不對稱問題，顛覆了傳統意義上的信任與信用，構建基於對技術信任的交易規則及低成本的信用機制。全球信用市場所急需的去中心化的信用資源並沒有在大數據互聯網公司中產生，數據還是中心化的。利用區塊鏈開源、透明的特性，參與者能夠驗證帳本歷史的真實性，這可以協助規避當前 P2P 借貸平臺的跑路、欺詐等事件。而且，區塊鏈交易被確認的過程就是清算、交收和審計的過程，可以提升效率。區塊鏈最大的魅力不在於其改變世界運作規則的能量，而在於其延展個體自由的潛力，即個體不僅可以保留欺詐的動機，甚至可以真的採取欺詐行為，然而最後一道防火牆——區塊鏈機制可以消除節點的欺詐和違約對他人造成傷害的可能性。

區塊鏈很有希望解決目前公信力稀缺的社會痛點，在全球市場匯通、知識產權保護、財產微公證、物聯網金融、社會公益行業等諸多領域有廣泛和

深入的應用場景。區塊鏈上存儲的數據，高度可靠且不可竄改，天然適合用在社會公益場景。一是公益流程中的相關信息，如捐贈項目、募集明細、資金流向、受助人反饋等，均可以存放於區塊鏈上，在滿足項目參與者隱私保護需求及其他相關法律法規要求的前提下，有條件地進行公開公示，方便公眾和社會監督，助力社會公益的健康發展。[1]二是區塊鏈的去中心化特性可以減少接受善款過程中產生的費用、時間等成本，能夠極大地提高捐贈的效率。捐贈人可以通過購買區塊鏈平臺發行的加密貨幣，向平臺上的慈善機構進行點對點捐贈，既方便安全，又可擴大捐贈渠道和增加捐獻數量。三是區塊鏈技術保持各個區塊數據一致的共識機制和開放的特性，帶有信息即時共享功能，可減少信息共享負擔，降低信息系統運營成本，同時明確鏈上成員各自權限，避免冗餘信息，可徹底解決信息重複報送等問題。[2]

「區塊鏈是人類信用進化史上繼血親信用、貴金屬信用、央行紙幣信用之後的第四個里程碑。」[3]區塊鏈即將帶給人類的改變，最可能的就是帶來一個全新的信用社會。區塊鏈技術是一種「信用技術」，是數字世界和虛擬社會中的信用基礎設施。區塊鏈去中心、透明、開放的機制，通過全網記帳、P2P 協同建立「信用」，其核心不是「數字貨幣」，而是在不確定環境下建立「信用」的生態體系，在一定程度上體現出互聯網思維和「人人社會」的理念。[4]相比於僅僅寄希望於與我們互動的對手行為良好，區塊鏈技

1　王毛路、陸靜怡：《區塊鏈技術及其在政府治理中的應用》，《電子政務》2018 年第 2 期，第 10 頁。

2　王涵：《基於區塊鏈的社會公益行業的發展趨勢研究》，《科技經濟導刊》2018 年第 36 期，第 160 頁。

3　劉若飛：《我國區塊鏈市場發展及區域布局》，《中國工業評論》2016 年第 12 期，第 52 頁。

4　熊健坤：《區塊鏈技術的興起與治理新革命》，《哈爾濱工業大學學報（社會科學版）》2018 年第 5 期，第 17 頁。

術系統將信任屬性先天性地嵌入系統當中，即便系統中的許多參與方是行為不良的，系統也仍然能夠正常運轉。區塊鏈為我們啟動了信用機器，讓政府、公司及其他機構與個體作為平等的節點呈現在分布式網絡上，各自管理自己的身分與信用，共享一部不可修改的交易總帳，並在治理過程中起到重塑機制、改造流程、增強信任、提高效率等作用。

數字信任模型

　　美國科學社會學家伯納德·巴伯曾指出：「雖然信任只是社會控制的一個工具，但它是一切社會系統中無所不在和重要的一種。」究其原因，信任是聯結公民個體與共同體的橋梁。歷史經驗告訴我們，僅僅靠夢想和制度設計，是難以解決人群之間的信任問題的，信任的建立需要有可靠的信任保障技術作為基礎。區塊鏈技術恰恰在這一點上解決了人類社會的信任機制問題。數字信任是一種契合數字化時代需求的去信任圖景，是人格信任與制度信任發展的一種高級形態，是價值傳遞和互信問題的解決方案，三種信任模式之間是一種並存狀態，而非替代關係。但是，僅僅通過描述還不足以釐清數字信任的本質，對數字信任的認識也容易陷入單一性、概念化的侷限。因此，從整體結構、內在機理和運行流程等方面構建一個數字信任模型，科學系統地認識數字信任顯得非常必要。

一　模型理論與信任模型

　　模型和建模：模型理論的兩個核心概念。模型最主要的特點是對客觀事物、客觀規律的抽象，最後回歸於實際應用之中。馬格努斯·赫斯特尼斯在

其模型理論中指出，模型是對真實事物的概念表徵，是對象的替代物。[1]以色列學者斯勒及美國學者斯米特強調：「模型不是對系統的真實描寫，而是為了解釋客觀實在的某些方面而做出的一套假設；模型只是對客觀實在進行形象化及做出解釋的臨時性變通工具。」[2]中國學者姜旭平、姚愛群認為，模型是對於某個實際問題或客觀事物、規律進行抽象後的一種形式化表達方式。模型種類繁多，常見類別包括數學模型、概念模型、結構模型、系統模型、程序模型、管理模型、分析模型、方法模型、邏輯模型、數據模型等。根據建模目標、變量和關係，我們可以選擇相應的模型。在諸多模型種類中，數學模型通常是一組反映客觀事物運行規律和變化發展趨勢的數學表達式；概念模型的表徵形式有表達概念的示意圖等；結構模型主要反映系統的結構特點和因果關係，其中圖模型是研究各種系統特別是複雜系統的有效方法，常用於描述自然界與人類社會中事物之間的關係。建模的意義在於描述複雜系統、闡述事物間的聯繫及增進人們對事物規律的認識：有利於從細節上解析和描述複雜系統，增強人們對相關細節的把控；有利於透過現象探究本質，系統地認識和理解客觀事物之間存在的聯繫及其產生的影響。關於建模，相較於哈倫在《真實世界的圖解建模、圖解概念：牛頓力學的概念》一書中推崇的模型選擇、建構、證實、分析和拓展等五個步驟，如今，模型構建通常遵循模型的準備、假設、構成、求解、分析、檢驗和應用等七個步驟。

　　傳統信任模型：基於人格信任、制度信任的信任模型。梅耶、戴維斯和斯古曼基於一系列影響信任產生的因素，將信任產生的原因歸納為信任者的內在傾向性，以及被信任者為人所感知的能力、善意和正直等值得信任的因

1　Hestenes D.「Modeling games in the newtonian world」. *Am.J.Phys*, 1992,（8）:732-748.
2　王文清：《科學教育中的建模理論》，《科技信息》2011 年第 3 期，第 551 頁。

素，並在此基礎上構建了一個精要簡潔的人際信任模型。他們認為，信任是一種人際心理互動，只有從信任關係的雙方來考慮問題，才可能對人際信任產生進行有效的闡釋，才可以彌補以往信任研究的不足。羅佩爾和赫爾姆斯引入動機歸因[1]的概念，構建了信任成分論模型[2]，探討了在親密關係的建立過程中信任與動機歸因的變化方式。他們認為可預測性、可靠性以及信念這三種成分並不完全是互斥的，在親密關係的各個階段所存在的信任類型中，這三種成分都有所表現。只是在每一階段的關係中，每種成分的比例各不相同，必然有一種成分處於絕對的領導位置。這種成分之間的不同關係也影響了參與者的不同動機歸因，並最終使得親密關係的穩定性和情感聯繫呈現出不同的特徵。什托姆普卡在分析信任理由的時候認為，信任文化是一種獨立的、給定的和解釋的變量。他以規範的一致性、社會秩序的穩定性、社會組織的透明度、社會環境的熟悉性、人和機構的責任性等五種宏觀社會環境，以及歷史維度及行動者個人貢獻的方向上的兩組——因素社會情緒和集體資

---

1 歸因理論：在日常的社會交往中，人們為了有效地控制和適應環境，往往對發生於周圍環境中的各種社會行為有意識或無意識地做出一定的解釋，即認知主體在認知過程中，根據他人某種特定的人格特徵或某種行為特點推論出其他未知的特點，以尋求各種特點之間的因果關係。

2 一般而言，信任產生的基礎是過去的交往經驗，隨著關係的密切而逐漸成熟。在親密關係中，隨著信任程度的上升，個體會對另一方產生一些特定的動機歸因，並且開始願意承擔這種歸因失敗的風險。在這層意義上，信任更經常地被定義為一種對親密關係所產生的安全感和信心。根據這些特點，羅佩爾和赫爾姆斯兩位學者在綜合學界對於信任的各種研究之後，提出信任由可預測性、可靠性、信念三種成分組成。可預測性產生的基礎主要在於關係雙方過去的社會交往經驗，在於個體行為的前後一致性、持續性以及穩定性。可靠性即個體不再執著於他人的特定行為，而是轉向對他人的動機和人格特質做一個整體的判斷。這種判斷具體體現在個體開始思考關係的另一方是否具有可信任性，是否值得信任，是否能使個體產生安全感等。信念是最高程度信任的集中體現，主要表現在個體對他人所持有的情感上的確信與安心。個體在沒有具體行動證據支持的情況下，在充滿風險的未來社會中，依然對他人充滿信心，確信關係的另一方會滿足自己的需要，會以自己的福利和更好的發展作為其行動的依據。

本——為基本要素，建構了信任文化的社會生成理論[1]模型。魯耀斌、周濤等學者在網絡信任相關研究成果的基礎上，提出根據研究內容的不同，網絡信任模型可分為初始信任模型、基於制度信任模型、虛擬社區信任模型、B2B（企業對企業）網站信任模型、網上商店信任模型等。網絡信任在社會科學和自然科學領域都受到了廣泛的關注，不同學科領域的學者從各自的學科視角對其進行了理論性和經驗性探討，並得出了不同的甚至是相互矛盾的結論，有關網絡信任的根本性問題就如離線信任一樣仍然是一個開放的問題。齊奧爾格·齊美爾曾指出，「離開了人們之間的一般性信任，社會自身將變成一盤散沙，因為幾乎很少有什麼關係不是建立在對他人確定的認知上」。協作與信任亦是如此。協作是決策的結果，具有直觀性；而信任是伴隨著決策過程的一種態度，具有內忍性。應該說，根據各協作方之間表現出的協作行為可以推測出他們之間可能存在信任，但這不等同於他們之間一定有信任存在。進入數字化時代，在越來越多的高複雜性任務需要依靠分散、獨立、不同背景的參與方和網絡服務平臺協作完成時，傳統的信任模型已不能完全滿足時代發展的需求。

數字信任模型：基於區塊鏈的去中心化信任模型。「區塊鏈是一種新型的去中心化協議，鏈上數據不可隨意更改或偽造，因而其提供了不需要信任積累的信用建立範式。區塊鏈可理解為一個帳本，人們只需加入一個公開透明的數據庫，通過點對點記帳、數據傳輸、認證或智能合約來達成信用共

---

1 社會生成理論是指，以前的事件的痕跡積澱在制度、規則、符號、信念和社會行動者的心靈之中，共同的經驗產生了共同的結構、文化和心理模式，而其又會反過來為未來的行動提供條件。該理論認為，人的行動是社會過程的驅動力，行動者的行動既受到社會結構的約束，同時又再生產出新的結構性條件，被再生產出來的結構又將成為未來實踐的初始條件。這一過程無限循環，並向所有可能開放。

識，而不再藉助任何中間方。」[1]超級帳本、跨鏈傳遞和智能合約是數字信任形成的三個重要環節（圖 3-2）。超級帳本創造了充分的數據可信度，是數字信任形成的基礎環節，對數據進入跨鏈傳遞和智能合約環節發揮著重要作用。跨鏈傳遞是數字信任形成的關鍵環節，完成了對傳統互聯網的升級，實現了從信息傳遞向價值傳遞的轉變。智能合約是數字信任形成的核心環節，擺脫了第三方信任背書，實現了去中心化的信任。我們把數字信任的具體實現過程稱為數字信任模型，用公式表示為：

$$T=H（L, C）。$$

其中，T 代表數字信任模型（digital trust model），H 代表超級帳本（hyper leger），L 代表跨鏈傳遞（cross link transmission），C 代表智能合約（smart contract）。

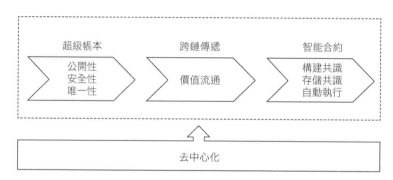

圖 3-2 ｜ 數字信任解決價值傳遞與互信問題流程

■ 超級帳本：從傳統記帳到人人記帳

人類社會所有的互動都是基於某種程度的信任，而信任的建立十分緩慢，信任的維繫異常困難，信任的破壞相當容易。超級帳本旨在建立一個跨

1　長鋏等：《區塊鏈：從數字貨幣到信用社會》，中信出版社 2016 年版，第Ⅶ頁。

行業的開放式標準以及開源代碼開發庫，允許企業創建自定義的分布式帳本解決方案，以促進區塊鏈技術在各行各業的應用。它的去中心化、數據不可竄改、永久可追溯等特性，使其可以通過全網的分布式記帳、自由公證，形成一個可信的數字生態，為打造數字信任奠定堅實的基礎。

分布式存儲，未來已來。區塊鏈技術不是一種單一的技術，而是密碼學、數學、經濟學、網絡科學等多個領域的技術以特定方式整合的結果。這種整合形成了一種新的去中心化數據記錄與存儲體系，並給存儲數據的區塊打上時間戳，使其形成一個連續的、前後關聯的可信數據記錄存儲結構，最終目的是建立一個高可信度的數據系統，可將其稱為能夠保證系統可信的分布式數據庫。在這個系統中，只有系統本身是值得信任的，所以數據記錄、存儲與更新規則是為建立人們對區塊鏈系統的信任而設計的。當前，以人工智能、區塊鏈為代表的數字技術不斷湧現，正快速向經濟社會各領域滲透，以數據為核心的數字化轉型不斷加速，行業新應用從數千、數萬躍升到百萬量級，數據呈現出海量、多元、實時、多雲等趨勢。數據存儲成為承載產業轉型的基礎平臺，分布式存儲成為趨勢，二〇二三年其占比將達到百分之四十。[1]這給人類社會各個領域帶來的巨大變革和深遠影響是不可估量的，有可能遠超史上任意一次技術革命，標誌著人類開始構建真正可以信任的互聯網，通過去中心化技術，在大數據的基礎上實現全球互信這個巨大進步，邁向數字化信任社會。

超級帳本具有公開性、安全性和唯一性。「公開性是指帳本中存儲的數據對所有參與者完全公開。這一特性是由區塊鏈的點對點網絡存儲方式決定的。在區塊鏈網絡中，每一個節點都可以存儲區塊鏈的副本，而帳本的唯一

---

1 浪潮、國際數據公司：《2019 年數據及存儲發展研究報告》，浪潮，2019 年，https://www.inspur.com/lcjtww/2315499/2315503/2315607/2482232/index.html。

性保證了這一副本在不同節點之間完全相同。安全性是指帳本上的數據是通過數字加密技術保存的，只有持有相應解密數據（私鑰）的成員才能對其進行解讀。其他成員雖然可以看到並驗證數據的完整性和唯一性，但無法獲得私鑰本身。全世界的礦機不間斷地進行哈希碰撞，哈希值越來越大，這就大大提升避免任何網絡攻擊的難度。唯一性是指帳本上存儲的數據不可更改。這既包括在空間上的唯一性，即所有節點都只有一個相同的數據，也包括在時間上的唯一性，即歷史數據不可更改。同時，唯一性還指區塊鏈在運行過程中保持唯一鏈條的特性。因為如果出現不同的鏈條，區塊鏈就形成了分叉，分叉的出現會使得區塊鏈在兩個不同的空間維度中出現副本，而這正是要通過共識的規則來避免的。」[1]在區塊鏈協議下，任何人都無法竄改其歷史數據，而歷史數據又公開分享在區塊鏈中，有數不能用、有數不好用、有數不會用、有數不善用等一系列數據治理難題將得到有效解決，說謊將變得無比困難，信任將變得更加堅固。

三　跨鏈傳遞：從信息傳遞到價值傳遞

人類正處於一場從物理世界向虛擬世界遷徙的歷史性運動中，人類的財富也將逐漸向互聯網轉移，這已經是一個既定的事實。網絡的本質在於互聯，數據的本質在於互通。跨鏈簡單來說，就是要解決不同鏈之間的連接問題，把價值從一個鏈轉移到另外一個鏈。與互聯網的信息流通不同，跨鏈不是簡單的信息傳遞，而是要實現價值的自由流通。

區塊鏈技術加速數據資產化。「經歷近半個世紀的信息化過程後，數據量呈爆炸式增長，數據處理能力快速增強，海量數據的積累與交換、分析與運用極大地促進生產效率提高，數據成為獨立的生產要素。同時，數據要素

1　井底望天等：《區塊鏈世界》，中信出版社 2016 年版，第 20-21 頁。

顯現出不同於資本、勞動力和技術等物質要素的經濟特徵：一是數據要素具有即時性，數據生成實時在線，處理速度快，與經濟發展同步；二是數據要素的出讓者並未因出讓數據而失去數據的使用價值，數據要素具有共享性特徵；三是數據具有邊際生產力遞增性，即數據在使用過程中非但沒有被消耗，還會產生新的數據。」[1]然而，一般可批量複製的數據是很難實現資產化的，而區塊鏈可以給數據加上特殊的身分戳，對數據進行屬性重鑄，在商業社會中充分挖掘數據價值，讓數據變得唯一，變成價值資產。區塊鏈通過數據的包容性跨越國家、政府、組織、公眾間的固有邊界，最大限度地為我們創造一個「共同的世界」，即一個我們無論如何都只能共同分享的世界。一旦數據資產化系統藉助區塊鏈技術得以實現，這一切將會變得觸手可及。

　　區塊鏈是實現價值傳遞的關鍵要素。如果說「拜占庭將軍問題」揭示了零散分布的個體節點之間信息傳達與協同的困難，那麼區塊鏈就是迄今為止消除這種困難最清晰、最有力、最具有現實性的一種方式。區塊鏈可以被視為一套技術體系，能夠構建一個更加可靠的互聯網系統，從根本上解決價值交換與轉移中存在的欺詐和尋租現象，實現價值的可信流通。「它提供了另一種點對點直接交互的可能，就像我們在原始社會中一樣，真誠地面對面交互，不需要任何中介，甚至不需要雙方的信任，只需要有限的了解，便可以來去匆匆，相忘於江湖，其中的交互留給底層。這使交易乃至於一切交互更方便、更有效率。從一個個點來看，這只是個體的事務，但從更高的維度看，它使大規模的、無中介的協同交互成為可能。不再需要強權、巨大中介的集中智能處理，而智能則隱於底層，隱於鏈條，隱於各處。它不是龐然大物似的存在，但又無處不在，這種智能終將重新塑造出我們商業、文化乃至

1　金永生：《把握「互聯網＋」的本質與增長模式》，《人民日報》2015 年 9 月 21 日，第 7 版。

整個社會的未來。」[1]

　　跨鏈技術擴展區塊鏈應用生態邊界。「區塊鏈技術帶來的影響是革命性的。從根本上說，區塊鏈技術的影響在於表明了這樣一個信號：重組虛擬世界與現實世界的關系。」[2]跨鏈技術對於改變區塊鏈的孤島現狀、實現不同鏈之間的價值流通有重要意義。在跨鏈技術的作用下，未來的區塊鏈能像今天的水、電、公路等一樣成為基礎設施，所有的價值都能在鏈上自由流通。與此同時，跨鏈技術所帶來的不僅僅是鏈之間的價值流通，更重要的是它釋放了不同鏈之間的價值潛力。通過跨鏈模塊，即可簡單高效地實現鏈與鏈之間的數據交換、價值增長、場景應用互通，最終實現價值生態體系的共建，形成價值增值體系。

四　智能合約：從選擇信任到機器信任

　　信任在社會整合與社會合作中起著獨特而積極的作用。從傳統交易合同到區塊鏈智能合約，社會信任現象充斥在現實世界和虛擬世界中，其目的都是在信息不對稱的情況下防範和化解風險、凝聚社會共識。通過區塊鏈智能合約技術，人們在社會系統中的信任對象將從人和機構轉移到區塊鏈這個共識機器上，文化、制度或第三方中介不再是人與人之間構建信任的必須。可以說，區塊鏈智能合約等新技術不僅豐富了社會共識理論，還將打造一個全新的社會合作體系，信任和社會合作在數字社會將被賦予新的內涵。

　　智能合約與傳統合約。智能合約與傳統合約有相似之處，如均需要明確合約參與者的權利、義務，違約方均會受到懲罰等。同時，也存在諸多較為

1　徐明星等：《區塊鏈：重塑經濟與世界》，中信出版社 2016 年版，第 28 頁。
2　呂乃基：《從由實而虛，到以虛馭實 —— 一個外行眼中的「區塊鏈」》，《科技中國》2017 年第 1 期，第 11 頁。

顯著的區別（表 3-2）。從自動化維度看，智能合約可以自動判斷觸發條件，從而選擇相應的下一步事務，而傳統合約需要人工判斷觸發條件，在條件判斷準確性、及時性等方面均不如智能合約。從主客觀維度看，智能合約適合客觀性請求的場景，傳統合約適合主觀性請求的場景。智能合約中的約定、抵押及懲罰需提前明確，而主觀性判斷指標很難納入合約自動機中進行判斷，也就很難指導合約事務的執行。從成本維度看，智能合約的執行成本低於傳統合約，其合約執行權利、義務條件被寫入計算機程序中自動執行，在狀態判斷、獎懲執行、資產處置等方面均具有低成本優勢。從執行時間維度看，智能合約屬於事前預定、預防執行模式，而傳統合約採用的是事後執行、根據狀態決定獎懲的模式。從違約懲罰維度看，智能合約依賴於抵押品、保證金、數字財產等具有數字化屬性的抵押資產，一旦違約，參與者的資產將遭受損失，而傳統合約的違約懲罰主要依賴於刑罰，一旦違約，可以採用法律手段維權。從適用範圍維度看，智能合約技術適用於全球範圍，而傳統合約受限於具體轄區，不同的法律、人文等因素均影響著傳統合約的執行過程。[1]

表 3-2　智能合約與傳統合約

比較維度	智能合約	傳統合約
自動化維度	自動判斷觸發條件	人工判斷觸發條件
主客觀維度	適合客觀性的請求	適合主觀性的請求
成本維度	低成本	高成本
執行時間維度	事前預定、預防執行模式	事後執行、根據狀態決定獎懲的模式

1　長鋏等：《區塊鏈：從數字貨幣到信用社會》，中信出版社 2016 年版，第 119-120 頁。

比較維度	智能合約	傳統合約
違約懲罰維度	依賴於抵押品、保證金、數字財產等具有數字化屬性的抵押資產	懲罰主要依賴於刑罰，一旦違約可採取法律手段維權
適用範圍維度	全球性	受限於具體轄區

區塊鏈智能合約：解決一致性問題的關鍵。「一致性問題在分布式系統領域中是指對於多個服務節點，給定一系列操作，在約定協議的保障下，使得它們就處理結果達成『某種程度』的協同。」[1]如果分布式系統能夠實現「一致」，對外就可以呈現出一個完美的、可擴展的「虛擬節點」，這也是分布式系統最想達到的目標。「智能合約是由事件驅動的、具有狀態的、獲得多方承認的、運行在區塊鏈之上的且能夠根據預設條件自動處理資產的程序，智能合約最大的優勢是利用程序算法替代人工判斷仲裁和執行合同（圖3-3）。從本質上講，智能合約是一段程序，且具有數據透明、不可竄改、永久運行等特性。」[2]多方用戶共同參與制定一份智能合約，以及合約通過 P2P網絡擴散並存入區塊鏈是構建區塊鏈智能合約的兩大步驟。合約的生成主要包含合約商議、規範制定、內容驗證、獲取代碼四個環節，參與的各方協商確定合約內容，明確權利義務，確定標準合約文本後，將文本內容程序化，經驗證後獲得標準代碼。其中涉及兩個重要環節，即合約規範和合約驗證，合約規範需要由具備相關領域專業知識的專家和合約方進行協商制定，合約驗證在基於系統抽象模型的虛擬機上進行，它是關乎合約執行過程安全性的重要環節，要確保商議的合約文本內容與合約代碼具有一致性。合約的發布即經簽名後的合約通過 P2P 的方式分發至每一個節點，每個節點將收到的

---

1 楊保華、陳昌：《區塊鏈：原理、設計與應用》，機械工業出版社 2017 年版，第 34 頁。
2 工業和信息化部信息中心：《2018 中國區塊鏈產業白皮書》，工業和信息化部，2018年，http://www.miit.gov.cn/n1146290/n1146402/n1146445/c6180238/content.html。

合約暫存在內存中並等待進行共識。[1]基於此，當觸發條件滿足時，合約條款將自動執行，不再依託任何第三方參與。

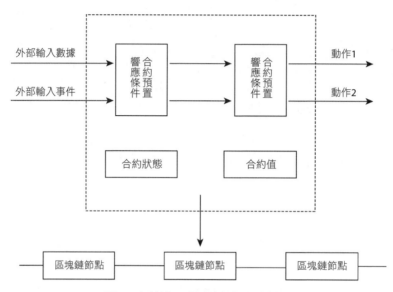

圖 3-3｜基於區塊鏈的智能合約模型

資料來源：中國平安：《區塊鏈產業全景圖》，金融界，2020 年，http://istock. jrj. com.cn/article,yanbao,30771116.html。

共識：構建機器信任的保證。信任是網絡空間中最重要的價值所在，而區塊鏈智能合約的最大價值在於共識。「社會理論家們認為，龐大而複雜的現代社會能在一定秩序範圍內實現有序運轉的根本保障，乃是現代社會發展出的複雜的社會整合機制。區塊鏈智能合約等數字技術的出現不僅對傳統社會信任思想進行革新，也在某種程度上為社會團結和整合帶來了新的可能性，即促進社會信任機制升級。人們在社會整合過程中或許不能完全認同他

---

1 賀海武、延安、陳澤華：《基於區塊鏈的智能合約技術與應用綜述》，《計算機研究與發展》2018 年第 11 期，第 2444-2445 頁。

人的視角、價值、看法，但是能在構建彼此的信任中尋找到同理心，社會也因此能夠形成最大公約數。」[1]區塊鏈智能合約運用數學和密碼學等相關技術創造社會信任，促進社會合作，其帶來的變革在傳播速度和規模方面都是前所未有的，對充分發揮數字技術的社會和經濟潛力、減少數字技術帶來的風險和防止意外後果都至關重要，對社會共識與社會整合實踐的深遠影響毋庸贅述。

數字貨幣與數字身分

「如果人類文明的進步是只飛船，那麼高科技則是其運載火箭的引擎，它由五級推動力組成——數字化、網絡化、微型化、仿真以及一個前所未有的強大力量。」[2]如今，變與不變並存仍然是世界形勢的主要形態。在百年未有之大變局中，究竟什麼在變，朝什麼方向變，會變成什麼樣，這些問題還具有諸多不確定性，甚至是不可預知性。但可以確定的是，數字身分與數字貨幣所蘊含的強大力量正在改變我們的生活，進而改變整個世界。數字貨幣將引發整個經濟領域的全面變革，數字身分將重塑社會階層化機制。

一　數字貨幣

貨幣是一個國家信用的物證，是一個國家綜合實力的呈現，對國家主權至關重要。法定數字貨幣必須由國家主權保障。「以比特幣為開端，數字貨

1　闕天舒、方彪：《智能時代區塊鏈技術重塑社會共識》，《中國社會科學報》2019 年 10 月 23 日，第 5 版。

2　〔英〕彼得 B.斯科特-摩根：《2040 大預言：高科技引擎與社會新秩序》，王非非譯，機械工業出版社 2017 年版，第 5 頁。

幣在二〇〇九年橫掃世界。如果把數字貨幣的發展進程看成一場遊戲，那麼，比特幣只不過是開啟遊戲的按鈕。」[1]二〇一九年，天秤幣（Libra）[2]的橫空出世讓我們再次看到顛覆世界貨幣金融體系的想像。然而，現有的數字貨幣無論是在技術層面，還是在法律和監管層面，都存在諸多挑戰和一系列亟待解決的問題。這些挑戰和問題恰好可以幫助我們思考與定義主權數字貨幣。

（一）數字貨幣的隱憂

貨幣是人類歷史上最偉大的發明之一。馬克思主義政治經濟學認為，貨幣是能固定充當一般等價物的商品。現代貨幣理論認為，貨幣是所有者與市場關於交換權的一種契約。隨著商品經濟發展的不斷進化，貨幣經歷了從實物貨幣、稱量貨幣到紙幣，再到電子貨幣、數字貨幣這五個階段。「數字貨幣的具體形態可以是一個來源於實體帳戶的數字，也可以是記於名下的一串由特定密碼學與共識算法驗證的數字。這些數字貨幣可以體現或攜帶於數字錢包中，而數字錢包又可以應用於移動終端、PC 終端或卡基上。如果只是普通數字配上數字錢包，還只是電子貨幣；如果是加密數字存儲於數字錢包並運行在特定數字貨幣網絡中，才是純數字貨幣。電子貨幣的優點是形式簡單，在現有支付體系下稍做變動即可實現應用；缺點是對帳戶體系依賴較大，防竄改能力較弱，了解客戶與反洗錢的成本較高。純數字貨幣的優點是

1　徐明星等：《區塊鏈：重塑世界經濟》，中信出版社 2016 年版，第 73 頁。
2　Facebook 的 Libra 是一種不追求對美元匯率穩定，而追求實際購買力相對穩定的加密數字貨幣，最初將由美元、英鎊、歐元和日元這四種法幣（可能還包括新加坡元）計價的一籃子低波動性資產作為抵押物。Libra 的使命是建立一套簡單的、無國界的貨幣和為數十億人服務的金融基礎設施。資產端的組合設計非常像國際貨幣基金組織的特別提款權（SDR），同時，與傳統的貨幣市場基金（MMF）非常類似。它是建立在區塊鏈網絡上的，但並不是完全去中心化的，是多個節點（以金融支付機構為主）的聯盟鏈。

可以借鑑吸收當今各種類數字貨幣的先進技術，以更難竄改、更易線上和線下操作、可視性更強、渠道更為廣泛的方式運行；缺點是需要構建一套全新生態系統，技術要求更高，體系運行維護難度較大。」[1]數字貨幣以其不同於以往貨幣的發行和運作方式，實現著傳統貨幣的全部或部分功能，並在某一領域將貨幣的功能發揮得更加靈活、智能。與紙幣相比，數字貨幣不僅能節省發行、流通的成本，還能提高交易或投資的效率，提升經濟交易活動的便利性和透明度。然而，「現有的數字貨幣儘管採用了嚴密的密碼學體系，51% 的攻擊威脅仍存在」[2]，「黑市」交易、網絡攻擊、帳號被盜等事件時有發生。安全問題成為數字貨幣發展過程中面臨的一大挑戰。

　　數字貨幣面臨的安全問題對各國乃至全球經濟社會發展影響重大，從各國政府對待 Libra 的態度可見一斑（表 3-3）。代表全球最大經濟體的七國集團[3]認為，Libra 對全球金融體系構成風險，在未充分消除其挑戰和風險之前，不得發行使用，並特別指出，即使 Libra 的支持者解決了問題，該項目也可能不會得到監管機構的批准。究其原因，Libra 作為升級版的數字貨幣，具有跨境支付、超主權貨幣、新金融生態的功能和潛質，將面臨技術創新、商業競爭、監管和政府（主權衝突）四個維度的約束和挑戰。具體來看，如果 Libra 能順利推出並發展，在短期內可能顛覆全球支付體系，在中期內可能顛覆全球貨幣體系和全球貨幣政策體系，在長期內最終可能顛覆與重塑全球金融市場生態和全球金融穩定體系。[4]面對 Libra 牽動的這場全球智

1　井底望天等：《區塊鏈世界》，中信出版社 2016 年版，第 315 頁。
2　錢曉萍：《對我國發行數字貨幣幾點問題的思考》，《商業經濟》2016 年第 3 期，第 23 頁。
3　七國集團是主要工業國家會晤和討論政策的論壇，成員國包括美國、英國、德國、法國、日本、意大利和加拿大。
4　朱民：《天秤幣 Libra 可能帶來的顛覆》，新浪網，2019 年，http：//finance.sina.com.cn/zl/ china/2019-09-23/zl-iicezueu7822307.shtml。

慧、技術、經濟、政治、權力的全方位博弈，部分國家已紛紛啟動自己的數字貨幣研究（表 3-4）。我國早已未雨綢繆，在數字貨幣領域深耕數年，並將推出自己的數字貨幣 DC/EP（Digital Currency/Electronic Payment，數字貨幣／電子支付）（表 3-5）。國際清算銀行二〇二〇年一月二十三日發布的央行數字貨幣調查報告表明，接受調查的六十六家中央銀行中約有百分之二十很可能在未來六年內發行數字貨幣，而去年同期這一比例僅為百分之十。再參照貨幣演變的歷史進程，當前的貨幣體系被取代是不可避免的，這只是時間問題。

表 3-3　各國政府對 Libra 的態度

國家	態度	具體表態
美國		美國不擔心 Libra 動搖其主權法幣地位，但一以貫之地強調洗錢風險——美國總統特朗普在推特上曾就 Libra 發表言論，他認為，比特幣和其他加密數字貨幣是「稀薄的空氣」，Libra 也沒有什麼地位或可靠性，美國只有一種貨幣，美元是世界上最強勢的貨幣，過去、現在和將來都是。美國財政部部長姆努欽此前透露，在批准 Libra 之前，美國將確保其設立了非常嚴格的條件，以免 Libra 被用於恐怖分子融資或洗錢。
澳大利亞	審慎	澳大利亞監管方目前不看好 Libra 的前景，認為其有很多監管問題要解決。澳大利亞儲備銀行行長表示，Facebook 推出的 Libra 將可能無法成為主流加密貨幣。他表示，Libra 存在著很多監管問題，澳大利亞監管層必須確保 Libra 足夠穩定才能考慮接受。
日本		日本央行行長表示 Libra 可能會對金融系統產生巨大影響，且需要全球協同合作對其進行監管，針對 Libra 的監管措施還應包括反洗錢政策。同時，Libra 作為由一籃子法定貨幣和政府證券支持的加密貨幣，將很難被監管，並將對現有的金融體系造成風險。對此，日本當局設立了一個由日本銀行、財政部和金融服務局組成的聯絡會議小組，負責調查 Libra 對貨幣政策和金融穩定的影響，解決 Libra 在監管、稅收、貨幣政策和支付結算方面的問題。

國家	態度	具體表態
中國	審慎	二〇一九年七月九日，中國人民銀行前行長、金融學會會長周小川在「中國外匯管理改革與發展」研討會上表示，Libra 企圖盯住一籃子貨幣的想法，代表了未來可能出現一種全球化貨幣的趨勢。針對這一未來趨勢，他指出，「未雨綢繆提前做政策研究很有必要。提前排查潛在風險，對我們大有益處」。
德國	反對	德國在 2019 年 6 月公佈的區塊鏈戰略草案中明確表態，不會容忍 Facebook 主導的 Libra 這樣的穩定幣對國家財政造成威脅。
法國		法國經濟和財政部部長勒梅爾表示，「我要確保 Facebook 的 Libra 不會成為可以與國家貨幣競爭的主權貨幣，因為我永遠不會接受公司成為私人王國」。
印度		印度政府一向排斥加密貨幣，Libra 若要在當地推行勢必會受到阻礙。印度經濟事務秘書表示：「Facebook 尚未充分解釋清楚 Libra 的設計。不過不管怎樣，它是一種私有加密貨幣，我們不會輕易接受它。」此外，最近印度政府還出臺了一項禁止加密貨幣的法案草案，這將對 Libra 在印度的發行造成很大阻礙。
新加坡	中立	新加坡金融管理局（MAS）稱沒有足夠的信息可以做出禁止 Facebook 旗下加密貨幣 Libra 的決定。
泰國		二〇一九年七月十九日，泰國銀行行長桑蒂普拉博布在曼谷金融科技博覽會上發表講話表示，「我們現在還不會急於做出關於 Libra 的決定。各種新的數字貨幣層出不窮，因此泰國銀行在監控所有的新資產，並沒有對任何特定金融服務有所偏袒。金融服務的安全性是銀行的首要任務，而這需要花時間」。
瑞士	積極	瑞士國際金融秘書處表示，Libra 將幫助瑞士在一個雄心勃勃的國際項目中發揮作用。
英國		英國央行行長卡尼表示，將對 Libra「報以開放的心態而非完全敞開大門」。

表 3-4　各國（地區）央行關於數字貨幣的研究

國家（地區）	發行央行數字貨幣 （CBDC）的態度	理由
澳大利亞	暫不考慮	未能看到數字貨幣相對於現有支付系統的好處。
新西蘭	暫不考慮	不清楚央行發行數字貨幣的確鑿好處。
加拿大	研究中	現金的競爭力在下降，其他支付途徑興起，良好的 CBDC 有助於在線支付供應商的競爭。
挪威	研究中	作為現金的補充，以「確保人們對貨幣和貨幣體系的信心」。
巴西	研究中	減少現金週期中的費用；提升支付系統和貨幣供給的效率與彈性；可追溯並產生數據；推動數字社會進程及金融普惠。
英國	研究中	必須跟上經濟變化的步伐。
以色列	研究中	提高國家支付系統效率；如果能承擔利息，也可以成為央行的貨幣工具；有助於打擊「影子經濟」。
丹麥	研究中	解決紙幣存在的問題。
荷屬庫拉索島和聖馬丁島	研究中	央行在兩個地區間分配資金的成本高而且具有挑戰性，數字貨幣能夠使得貨幣聯盟的支付系統更安全，降低反洗錢和實名認證成本。
新加坡	研究中	目前 MAS 的烏賓計劃內的數字貨幣可持續發展目標起到銀行間流轉的作用，尚未表明未來向公眾開放。
中國	計劃推出	降低紙幣發行和流通成本；提升交易的便利性和透明度；降低監管成本；提升央行對貨幣供給和流通的控制力。
瑞典	計劃推出	作為現金的補充，減少國民對私人支付系統的依賴，防止危機時期私人支付系統產生故障。
巴哈馬	計劃推出	提高各社區的運營效率，促進金融普惠，減少現金交易並降低服務成本。

國家（地區）	發行央行數字貨幣（CBDC）的態度	理由
東加勒比	計劃推出	將國內流通現金減少百分之五十；為金融部門帶來更多穩定性；促進 ECCU（歐中聯合商會）成員的發展。
立陶宛	計劃推出	旨在測試加密貨幣和分布式帳本技術。
泰國	計劃推出	中介過程更少，加速銀行間交易並降低其成本。
日本	計劃推出	讓日本在數字貨幣領域領先一步。
厄瓜多爾	已發行	去美元化（非官方説明）。
突尼斯	已發行	推動國內金融制度改革。
塞內加爾	已發行	金融普惠。
馬紹爾群島	已發行	取代美元的貨幣流通體系，實現國家經濟獨立
烏拉圭	已發行	鈔票的印刷、分銷、運輸和交易的不透明帶來了高昂費用。
委內瑞拉	已發行	國家陷入惡性通貨膨脹，原有的法定貨幣體系崩潰。

資料來源：清華大學金融科技研究院區塊鏈研究中心。

表 3-5　中國人民銀行推進數字貨幣的進程

時間	推進事件	事件描述
2014 年	發行主權數字貨幣的專門研究小組成立。	正式論證央行發行主權數字貨幣的可行性。
2015 年	數字貨幣系列研究報告形成，就發行主權數字貨幣原型方案完成兩輪修訂。	對數字貨幣發行和業務運行框架、數字貨幣的關鍵技術、數字貨幣發行流通環境、數字貨幣面臨的法律問題、數字貨幣對經濟金融體系的影響、主權數字貨幣與私人發行數字貨幣的關係、國際上數字貨幣的發行經驗等進行深入研究。

時間	推進事件	事件描述
2016 年 1 月	數字貨幣研討會召開	首次表示發行數字貨幣是央行的戰略目標。對區塊鏈等數字貨幣技術給予高度肯定，表明將會積極研究探索央行發行數字貨幣的可能性。
2016 年 7 月	由國家發改委參與的「數字貨幣及類貨幣數字資產運行監管」項目聯合課題組在北京啟動	表明將就建立主權數字貨幣相關的政府監管機制或公眾監管機制展開為期兩年的系統研究。
2017 年 1 月	數字貨幣研究所在深圳正式成立	為了在現實生活中能夠測試和實驗區塊鏈技術，研究區塊鏈和數字貨幣，從而確保區塊鏈技術的潛力能夠被最大限度地應用於中國金融行業。
2017 年 2 月	基於區塊鏈數字票據交易平臺測試成功	由央行發行的法定數字貨幣已在該平臺試運行。
2017 年 3 月	央行部署金融科技工作，構建以數字貨幣探索為龍頭的創新平臺	中國人民銀行科技工作會議強調構建以數字貨幣探索為龍頭的創新平臺。
2017 年 5 月	央行數字貨幣研究所正式掛牌	姚前擔任所長，研究方向包括數字貨幣、金融科技等。
2018 年 1 月	數字票據交易平臺實驗性生產系統成功上線運行	結合區塊鏈技術前沿和票據業務實際情況，對前期數字票據交易平臺原型系統進行了全方位的改造和完善，協助中國工商銀行、中國銀行、浦東發展銀行和杭州銀行順利完成基於區塊鏈技術的數字票據簽發、承兌、貼現和轉貼現業務。

時間	推進事件	事件描述
2018 年 8 月	南京金融科技研究創新中心揭牌成立	由南京市人民政府、南京大學、江蘇銀行、中國人民銀行南京分行和中國人民銀行數字貨幣研究所五方在南京大學共建,將緊密圍繞金融科技與金融服務創新,通過構建政、產、學、研、用的聯繫機制,為創新名城建設提供金融創新動力。
2018 年 9 月	央行數字貨幣研究所搭建了「灣區貿易金融區塊鏈平臺」(PBCTFP)	央行數字貨幣研究所與中國人民銀行深圳分行主導推動建立 PBCTFP,助力緩解我國小微企業融資難、融資貴問題,致力於打造立足於粵港澳大灣區、面向全國、輻射全球的開放金融貿易生態。
2019 年 5 月	央行數字貨幣研究所開發的 PBCTFP 亮相	PBCTFP 服務於粵港澳大灣區貿易金融,並且已經真真實實落地。
2019 年 7 月	央行將推動央行數字貨幣研發	央行研究局局長王信在數字金融開放研究計劃啟動儀式暨首屆學術研究會上表示未來將推動央行數字貨幣研發。
2019 年 8 月	中央支持深圳開展數字貨幣研究	《中共中央國務院關於支持深圳建設中國特色社會主義先行示範區的意見》明確提出,支持在深圳開展數字貨幣研究與移動支付等創新應用。
2019 年 9 月	央行的數字貨幣將替代部分現金	央行行長易綱在慶祝中華人民共和國成立七十週年活動新聞中心首場新聞發布會上表示,中國人民銀行把數字貨幣和電子支付工具結合起來,將推出一攬子計劃,目標是替代一部分現金。
	央行將推出數字貨幣	中國國際經濟交流中心副理事長黃奇帆在首屆外灘金融峰會上表示央行將推出數字貨幣。

註:以上為不完全統計。

各國對待數字貨幣的態度具有某種一致性，主要表現在兩個方面：一方面強調加強技術創新，另一方面強調加強法律監管。從數字貨幣的發展現狀來看，供給側、需求側、監管側仍然面臨諸多問題。一是供給側「黑市」。目前，最具代表性的數字貨幣當屬 Libra，但它屬於私人數字貨幣，沒有國家信用背書，還不能算是真正意義上的貨幣（表 3-6）。私人數字貨幣存在種類繁多、碎片化嚴重、市場接受度低、技術風險難以預測等問題，這些問題嚴重制約著數字貨幣的可持續發展。二是需求側「黑市」。數字貨幣由於其便捷性、隱蔽性等特徵，極易被不法分子用於欺詐、非法集資、洗錢等違法犯罪活動。如比特幣的價格缺乏監管，價值波動大，且容易被操控，直接導致投資者蒙受巨大經濟損失。三是監管側「黑市」。數字貨幣的無國界性、線上性以及缺乏可識別的「發行者」等特徵，給實施有效監管帶來了挑戰。一方面，「監管的實施會對支付系統供應商和中間商施加相應成本，這些成本最終可能由負有簽發義務的發行人或金融機構承擔。一些國家已經開始通過調整現有的監管法規或者制定新的法律制度，來化解執法部門的擔憂」[1]。另一方面，監管缺失成為公眾對數字貨幣保持信心的阻礙，許多參與者可能會因為法律的不確定性或者缺乏對用戶的相應保護，放棄使用數字貨幣或投資涉及數字貨幣的項目。從全球範圍看，由主權中央銀行發行的數字貨幣並不多，這主要是因為數字貨幣面臨的風險複雜，覆蓋面廣泛，如果沒有充分研究並採取相應防範措施，將對經濟社會的安全產生不利影響。

1　米曉文：《數字貨幣對中央銀行的影響與對策》，《南方金融》2016 年第 3 期，第 45 頁。

表 3-6　DC/EP 與 Libra 的比較

項目	中國人民銀行	FacebookLibra
數字貨幣	DC/EP	Libra
研究時間	2014 年	2018 年
發幣權	有	無
聚焦點	支付	支付
解決問題	現代貨幣困境	當前金融服務不足問題
區塊鏈類型	聯盟連	聯盟連
錨定物	人民幣或數字資產價值	美元或一籃子其他貨幣
匿名性	非匿名性可追溯	非匿名性
服務對象	中國境內用戶群體	Facebook 的 20 多億用戶

（二）數字貨幣與主權數字貨幣

主權數字貨幣是一種法定貨幣，在國家信用擔保的前提下，其本質與流通的紙幣相同，具有可流通、可存儲、可追蹤、不可抵賴、不可偽造、可控匿名、不可重複交易、可在線或離線處理等八個特性（圖 3-4），相對私人數字貨幣適用範圍更廣泛，可助力政府實施精準調控。可流通是指主權數字貨幣作為國家法定貨幣，以國家信用為背書，可作為流通和支付的手段在經濟活動中進行持續的價值運動。可存儲是指主權數字貨幣利用其數字化優勢，以數據的形式安全存儲在機構用戶的電子設備中，可供查詢、交易和管理。可追蹤是指主權數字貨幣交易信息由數據碼和標識碼兩部分組成。其中，數據碼指明傳送內容，標識碼指明數據包的來源及去處。不可抵賴是指主權數字貨幣利用數字時間戳等安全技術，可實現交易雙方在交易後不可否認交易行為及行為發生的各類要素。不可偽造是指主權數字貨幣在製造和發行過程中通過哈希算法等多種安全技術手段保障其不能被非法複製、偽造和

改造。可控匿名是指主權數字貨幣採用「前台自願，後台實名」的形式，除貨幣當局外，任何參與方不能知道擁有者或以往使用者的身分信息。不可重複交易是指主權數字貨幣實現其擁有者不可將主權數字貨幣先後或同時支付給一個以上的其他用戶或商戶，解決「雙花問題」。可在線或離線處理是指主權數字貨幣通過電子設備進行交易時可不與主機或係統直接聯繫，不通過有線或無線等通信方式與其他設備或係統交換信息。

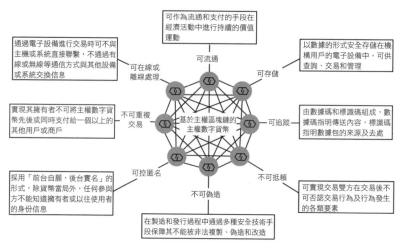

圖 3-4 ｜基於主權區塊鏈的主權數字貨幣

　　建立主權數字貨幣對於主權國家在全球經濟體系中的地位將產生重要影響，是主權國家在金融創新中確立主導權的重要方式。全球範圍內支付方式發生了巨大變化，數字貨幣的崛起給各國中央銀行的貨幣發行和貨幣政策帶來了新機遇、新挑戰。通過發行數字貨幣尋求支付系統的創新支持，占領區塊鏈技術發展先機，是目前全球國際金融中心鞏固其地位的重要措施。從目前數字貨幣的實際發展和使用情況看，以區塊鏈技術為基礎的數字貨幣只解決了信用問題，但如果沒有適應經濟需求的供給調節機制，就無法解決幣值波動問題，它可以成為金融產品、金融資產，但無法成為一種好的貨幣。主

權數字貨幣除了作為交易的媒介之外，還具有價值標準、價值儲藏、延期支付等功能，在購買力保值、推動信用經濟、支付匯款變革、股權清算結算、股權眾籌、票據業務、審計改革等方面發揮作用，這是各國積極探索主權數據貨幣的重要原因。同時，以區塊鏈技術為基礎的數字貨幣已經實現了交易過程可溯源，但能否成為貨幣取決於參與者的認可和幣值的穩定，關鍵是其支付、清算必須滿足監管要求。主權數字貨幣可以更好地實現與現有貨幣體系的融合，這將加速數字貨幣在全球範圍的發展。

與主權貨幣相比，主權數字貨幣更兼具技術創新與治理創新的優勢，將在信用機制、政策調控、金融創新等方面發揮重要作用。「貨幣理論認為，主權貨幣是國家發行的信用，以國家稅收為基礎，以法律為保障，以國民稅收來清償和保證。」[1]主權數字貨幣不僅具有主權貨幣的特徵，還具有明顯優勢。一是具有明顯的成本優勢，流通效率更高。主權數字貨幣的信任機制建立在非對稱密碼學基礎上，使用者在分散多中心結構下進行可信任的價值交換，價值交換的摩擦成本幾乎為零，其支付、清算由交易雙方直接完成，不需要第三方支付清算機構。特別是在當前經濟全球化背景下，全球貿易加速發展，交易規模和頻繁程度使得主權數字貨幣的應用具有較強的經濟價值。二是可有效解決貨幣超發問題，遏制惡性通貨膨脹。由於國家控制貨幣發行，出於減少財政赤字和推動經濟發展需要，紙幣超發不可避免，容易導致嚴重的通貨膨脹，損害和侵蝕社會財富，破壞經濟正常發展。主權數字貨幣的發行是基於確定的交易或各參與者認可的特定需要，是全社會商品物資服務價值的直接體現和交易映射，真實反映經濟發展狀況，理論上主權數字貨幣不會超發，不會導致通貨膨脹。[2]三是有效提高貨幣政策的精確性和有

1 韓毓海：《貨幣主權與國家之命運》，《綠葉》2010 年第 Z1 期，第 155 頁。
2 中國人民銀行宜賓市中心支行課題組：《數字貨幣發展應用及貨幣體系變革探討——基

效性。主權數字貨幣是記名貨幣，其不可竄改、無法偽造的時間戳可完整反映交易明細和交易雙方的信息，能如實記載每位參與者的交易信用，能在全系統範圍內形成統一帳本。國家監管機構通過對帳本信息和主權數字貨幣流通環節的追溯，能第一時間全面準確地掌握貨幣政策、信貸政策和國家產業政策執行情況，進而科學評估政策執行效應，根據形勢變化調整和優化相關政策。四是有助於構建穩健高效的新金融體系。在大數據時代，金融與大數據的融合不斷向縱深推進，金融體系的數字化革新此起彼伏。以比特幣、瑞波幣等為代表的私人數字貨幣的用戶和機構不斷擴大，給主權國家金融體系逐步滲透和分流帶來多方面衝擊。「央行數字貨幣採用新的支付體系和模式，支持『點對點』支付結算，貨幣交易中介環節減少，貨幣流通網絡將極大扁平化，金融資產的相互轉換速度加快，交易效率明顯提高。更值得一提的是，主權數字貨幣採用透明記帳和可控匿名交易，最終可以形成一個縝密而透明的大數據系統，主權中央銀行利用數據優勢對金融體系中的風險進行全面監測評估，最終構建穩健高效的新金融體系。」[1]

（三）主權區塊鏈下的主權數字貨幣

主權區塊鏈兼具技術與制度驅動特徵，為主權數字貨幣提供了可能。主權區塊鏈是在國家主權和國家法律與監管下，以規則與共識為核心的安全分布式帳本技術解決方案，不僅是一系列新技術的運用，更重要的是制度與規則層面的創新，具有可監管、可治理、可信任、可追溯等特點。主權數字貨幣是主權區塊鏈應用的重要場景。當前金融創新的基本方向是共享，需要更

於區塊鏈技術》，《西南金融》2016 年第 5 期，第 71 頁。

1　邱勛：《中國央行發行數字貨幣：路徑、問題及其應對策略》，《西南金融》2017 年第 3 期，第 16 頁。

多的過渡性改革，目的是解決現有經濟金融運行中存在的矛盾。主權區塊鏈基於區塊鏈、工作量證明和權益證明等，深入研究合適的技術和規則，更好地滿足數字貨幣體系的要求。其著眼於把技術變革最終落到制度變革上，從根本上改變傳統的組織形式、管理模式、信息傳遞與資源配置方式，逐步實現理想模型中主權貨幣體系「穩定有序、最優均衡」的狀態。基於主權區塊鏈構建和發行的主權數字貨幣將兼具「數字化」和「中心化」優勢。主權數字貨幣體系不大可能採用完全去中心化的加密數字貨幣模式，需要一種完全創新的混合技術架構給予支撐。利用主權區塊鏈技術，可對加密數字的傳送內容和流通路徑進行完整記錄與儲存，並通過建立分布式帳本實現共享，使得主權數字貨幣的流通路徑完全可循且不可竄改，具有可追溯性和不可抵賴性。與私人數字貨幣完全去中心化不同，主權數字貨幣採用分散多中心化網絡結構，具有國家信用支撐，由主權中央銀行擔保並簽名發行，具有中心化的獨特優勢，保證了其更穩定的定價，社會更願意持有並認可其公信力。

主權數字貨幣具有主權貨幣的本質特徵，可以搭建「一幣兩庫三中心」體系架構（圖 3-5）。「兩庫」就是遵循主權貨幣「中央銀行—商業銀行」的二元模式（圖 3-6），由主權中央銀行將主權數字貨幣發行至商業銀行業務庫，商業銀行受主權中央銀行委託向公眾提供主權數字貨幣存取等服務，並與主權中央銀行一起維護主權數字貨幣發行、流通體系的正常運行，只是在運送及保存方式上有所改變。在此基礎上，還將加入認證中心、登記中心、大數據分析中心這三個中心，形成了以「一幣兩庫三中心」為核心要素的體系架構。認證中心作為系統安全的基礎組件，可實現主權中央銀行對主權數字貨幣機構及用戶身分信息的集中管理，同時也是實現可控匿名設計的重要環節。登記中心記錄主權數字貨幣及對應的用戶身分信息，實現權屬登記，記錄流水，完成主權數字貨幣產生、流通、清點核對以及消亡全過程的登記。大數據分析中心是保障主權數字貨幣安全交易、防範主權數字貨幣非法

交易、提高貨幣政策有效性的監控模塊，根據業務需求，可實時分析各種交易行為，助力監管機構實現分析數據化和決策精準化。

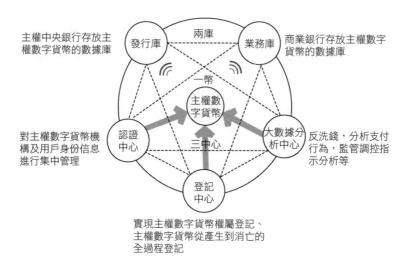

圖 3-5 ｜主權數字貨幣「一幣兩庫三中心」體系架構

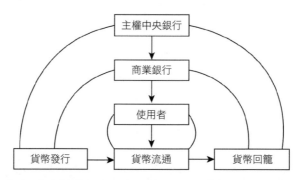

圖 3-6 ｜主權數字貨幣「中央銀行—商業銀行」二元模式

二　數字身分

身分是一種地位，一種共同體的所有成員都享有的地位，所有擁有這種地位的人，在這一地位所賦予的權利和義務上都是平等的。社會是一個不平

等的體系，並且社會階層和公民身分一樣，也可以建立在一套理想、信仰和價值之上。因此，有理由認為公民身分對社會階層的影響將會以兩種對立原則之間衝突的形式出現。[1]現有的身分系統阻礙了科技創新的步伐，制約了社會服務數字化、網絡化、智能化、多元化、協同化進程。數字身分的建立為彌合數字鴻溝，以及全民共享經濟發展的物質文明成果和精神文明成果創造了條件。

（一）從傳統身分到數字身分

「人，是社會性的動物，在人與人的交往中形成了特殊的概念 —— 身分。所謂身分就是人與人之間地位差別的象徵，在某種程度上也體現著人與人之間在行為能力上的差別。」[2]具體來看，「在社會層面，身分是指一個人在一定社會體系中的位置，或者說是在社會生活中與他人發生關係時的社會位置」[3]。在法律層面，身分是指法定範圍內個人能力的總和，也就是個人法定的權利和義務的能力總和。可以說，在「人法」中所提到的一切形式的「身分」都起源於古代屬於「家族」的權利和特權。「個人並不為其自己設定任何權利，也不為其自己設定任何義務。他所應遵守的規則，首先來自他所出生的場所，其次來自他作為其中成員的戶主所給他的強行命令。」[4]進一步說，權利、義務的分配決定於人們在家族等「特定團體」中具有的身分（貴族或平民、父或子、夫或妻等）。

---

1 郭忠華、劉訓練：《公民身分與社會階級》，江蘇人民出版社 2017 年版，第 23 頁。
2 劉如翔：《人、身分、契約：評董保華等著〈社會法原論〉》，蘇力主編：《法律書評》，法律出版社 2003 年版，第 79 頁。
3 陳國強：《簡明文化人類學詞典》，浙江人民出版社 1990 年版，第 260 頁。
4 〔英〕梅因：《古代法》，高敏、瞿慧虹譯，中國社會科學出版社 2009 年版，第 176 頁。

在「身分社會」，身分（出身）是人們獲取特權的主要途徑。「人的肉體能使人成為某種特定社會職能的承擔者。他的肉體成了他的社會權利。」[1]身分成為確定人們地位高低、權利和義務多少的根本標準。身分的本質就是講究差別、親疏、尊卑、貴賤，因而身分成了人與人之間的分水嶺、人與人之間一切差別的總根源。與此同時，身分還是配置權力的根本標準，權力來自身分，權力因身分不同而有別，沒有身分，就沒有權力。身分不同使權力更加不平等化、更加特權化，在一個「身分社會」，身分與權力、權威等同，促使人們崇拜權力，崇拜偶像，崇拜身分，唯上是尊，唯命是從，因此「身分社會」是一個人治社會。在這種社會裡，所有的人都按照出身、財產和職業分屬不同等級，每個階級都有自己的觀點、感情、權利、習慣和生活方式，他們之間沒有共同的思想和感情，以致於很難相信他們是同一國家的人。[2]

隨著數字技術的成熟和發展，數字身分應運而生，或將成為未來區塊鏈基礎設施中的重要一環。「數字身分是在現代計算機技術發展的背景下，以現代化的通信技術和網絡技術為依託而形成的一種新的身分類型。」[3]互聯網時代也好，未來的區塊鏈時代也罷，它們的特點之一都是「數字化」。而數字化活動的基礎，就是用戶的數字化身分。然而，「隨著互聯網的不斷發展和網站數量的與日俱增，中心化身分帶來了許多的混亂和限制。用戶各種各樣的數字身分隨機散落在互聯網上，用戶的身分及其相關數據不為用戶所

1　〔德〕馬克思、〔德〕恩格斯：《馬克思恩格斯全集（第 1 卷）》，中共中央馬克思恩格斯列寧斯大寧著作編譯局譯，人民出版社 2006 年版，第 377 頁。
2　〔法〕托克威爾：《論美國的民主（下卷）》，董果良譯，商務印書館 1990 年版，第 700-701 頁。
3　張婧羽、李志紅：《數字身分的異化問題探析》，《自然辯證法研究》2018 年第 9 期，第 46 頁。

控制，導致個人的隱私權根本無法得到有效的保障」[1]。通過區塊鏈技術構建的數字身分系統具有數據真實有效、數據安全及隱私得到有效保護等優勢，但是，要想保證數字身分的絕對安全，還需要多種數字技術優勢互補，共同作用，形成軟硬一體的完備解決方案。二〇一八年達沃斯世界經濟論壇提出，一個好的數字身分應該滿足五個要素：「第一，可靠性。好的數字身分應具備可靠性，可以建立對其所代表的人的信任，行使其權利和自由，以證明他們有資格獲得服務。第二，包容性。任何需要的人都可以建立和使用數字身分，不受基於身分相關數據的歧視風險影響，也不會面臨排除身分的身分驗證過程。第三，有用性。有用的數字身分易於建立和使用，並且可提供對多種服務和交互的訪問。第四，靈活性。個人用戶可以選擇如何使用他們的數據，共享哪些數據以進行哪些交易，與誰交易以及持續多久。第五，安全性。安全性包括保護個人、組織或各種設備免遭身分盜用及濫用，不會出現未經授權的數據共享和侵犯人權等行為。」[2]

（二）數字身分與去階層化

隨著數字化、網絡化、智能化的發展，數字技術已經成為一種新的變量，正在重塑社會階層化機制。在社會分層的研究中，存在著一種「現代—後現代」（modern — postmodern）的立維分析模式，簡言之是一種「階層化—去階層化」的分析模式。從階層化的視角來看，數字鴻溝可以被認為是信息時代的「馬太效應」：「數字鴻溝是一種『技術鴻溝』，即先進的成果不能

---

1 Token Gazer & HashKey：《去中心化身分（DID）研究報告》，Token Gazer，2019 年，https://tokengazer.com/#/reportDetail?id＝240。

2 劉千仞等：《基於區塊鏈的數字身分應用與研究》，《郵電設計技術》2019 年第 4 期，第 82 頁。

為人公正分享，於是造成『富者越富，窮者越窮』的情況。」[1]也就是說，通過數據資本與其他資本的有效轉化，社會階層之間的社會、經濟差距不斷擴大，最終強化了不同的階層地位。這是一種結構主義式的說明，認為社會階層結構是延續性的，數字技術是一種促進階層化的新變量。與之相反，後現代主義的視角則強調文化的重要性，個體的概念被突現出來，它強調一種行動者個體自身的建構，生活方式和消費實踐的多元化特徵將對固有階層結構產生巨大衝擊。由此可見，數字技術有助於個人擺脫固有的階層結構制約，實現對社會階層結構的「去階層化」。[2]

　　傳統的社會階層是根據經濟、政治、社會、文化、榮譽等單一維度或單純的多維整合來劃分的。在數字化條件下，社會階層的劃分依靠的是以信息通信技術為核心的數字化維度——數字化維度主要包括數字化意識，信息通信技術的接入和使用，信息內容的獲取、利用和創造，數字化信息素質，數字化凝聚力[3]。基於此，根據社會分層的理論與分析方法、社群主義理論以及數字不平等的表現維度，數字化時代的社群及其成員被劃分為五個層次：數字菁英群體、數字富裕群體、數字中產群體、數字貧困群體和數字赤貧群體（表 3-7）。數字菁英群體是五個階層中唯一具備數字化凝聚力的群體。數字富裕群體的特徵是能夠通過創作並上傳、公開數字化內容來實現數字富裕。數字中產群體的特點是擁有基本信息通信設備，而且擁有數字意識、數

1　邱仁宗等：《大數據技術的倫理問題》，《科學與社會》2014 年第 1 期，第 43 頁。

2　李升：〈「數字鴻溝」：當代社會階層分寫的新視角〉，《社會》2006 年第 6 期，第 82-83 頁。

3　數字化凝聚力是指社會群體成員利用信息通信技術和數字化信息內容在網絡空間中的團結程度，表現為網絡利益訴求能力、網絡輿論導向能力、影響實踐中各類決策的能力。可以用「團結」和「分裂」來描述凝聚力的兩種極端情況：「團結」代表具備數字化凝聚力，而「分裂」被定義為缺乏數字化凝聚力。據此，只有數字菁英群體是團結的，而其他四個階層均被認為是「分裂」的數字化階層。

字素養以及使用電腦和互聯網等設施的動機與欲望，並且通過利用信息通信技術，被動地獲取網絡信息內容，他們不一定利用這些網絡信息資源來解決實際問題。數字貧困群體是指在 ICT（信息通信技術）和信息內容方面屬於物質貧困、意識貧困、素養貧困中的一種或以上貧困類型的人群。數字赤貧則是三種數字貧困現象疊加之後的表現。[1]

表 3-7　數字化社會階層的定性描述

數字化階層	群體特徵
數字菁英群體	擁有動機和意願；獲取並且利用信息資源；擁有數字化素養；創造並上傳數字化內容；能夠接入並使用 ICT；擁有數字化凝聚力。
數字富裕群體	擁有動機和意願；獲取並且利用信息資源；擁有數字化素養；創造或上傳數字化內容；能夠接入並使用 ICT；缺乏數字化凝聚力。
數字中產群體	擁有動機和意願；獲取了信息資源；擁有數字化素養；沒有創造或上傳數字化內容；能夠接入並使用 ICT；缺乏數字化凝聚力。
數字貧困群體	物質貧困：擁有動機和意願；沒有獲取信息資源；擁有數字化素養；沒有創造或上傳數字化內容；不能接入 ICT；缺乏數字化凝聚力。
	意識貧困：缺乏動機和意願；沒有獲取信息資源；缺乏數字化素養；沒有創造或上傳數字化內容；能接入 ICT；缺乏數字化凝聚力。
	素養貧困：擁有動機和意願；沒有獲取信息資源；缺乏數字化素養；沒有創造或上傳數字化內容；能接入 ICT；缺乏數字化凝聚力。
數字赤貧群體	缺乏動機和意願；沒有獲取信息資源；缺乏數字化素養；沒有創造或上傳數字化內容；不能接入 ICT；缺乏數字化凝聚力。

資料來源：閆慧：《中國數字化社會階層研究》，國家圖書館出版社 2013 年版。

1　閆慧：《中國數字化社會階層研究》，國家圖書館出版社 2013 年版，第 10-80 頁。

數字身分為彌合數字鴻溝提供了可能性。諾貝爾經濟學獎獲得者阿瑪蒂亞・森曾指出：「在一個信息自由流通的國家中，是沒有真正的貧困的。信息的公開和流通及其全民享有，有利於經濟社會的均衡、健康發展。」結合數字鴻溝的成因、具體表現及倫理危機，在數字化時代應當弘揚共享精神、契約精神和人文精神。首先，在數字化時代，掌握了數據就意味著擁有資源優勢，在生產生活中占據絕對的主導地位。因此，要從根本上打破這種不公平的現象，就必須消除數據割據和數據孤島，這就要求充分發揮數字身分的可靠性、包容性、有用性、靈活性、安全性等特性，為保護數據隱私，推動數據的共享、開放和流通奠定堅實基礎。其次，實現數據共享的過程中勢必會出現大數據利益相關者之間的權利與義務、利益與責任等糾紛。如果這些糾紛沒有處理好，弘揚共享精神終將淪為口號。因此，需要從契約倫理視角明確大數據利益相關者之間的權利與義務、利益與責任等的界限。[1]最後，「大數據技術不是萬能的，不能解決一切問題，它只是決策的一種量化手段。正確認識事物的是非利害，遵循人文精神是更為重要的前提」[2]。數字技術在給我們帶來了巨大的經濟價值的同時，也帶來了人文價值。積極弘揚人文精神，挖掘人文價值，數字化時代才將有可能成為一個更加平等、和諧的時代，一個顛覆傳統生存方式的時代。

（三）基於區塊鏈的數字身分

當前，世界多極化、經濟全球化、社會信息化的浪潮日益擴大，全球經濟治理體系加速重構。在變局中，機遇與挑戰並存，提升科技創新能力、加速經濟結構和產業鏈調整十分關鍵。數字身分的出現，正深刻改變著經濟社

---

1 陳仕偉：〈大數據時代數字鴻溝的倫理治理〉，《創新》2018 年第 3 期，第 20-21 頁。
2 劉建明：〈「大數據」不是萬能的〉，《北京日報》2013 年 5 月 6 日，第 18 版。

會的發展動力和發展方式，與傳統身分系統相比，將大幅提高整體社會效率，最大化地釋放用戶價值，使政府、服務提供方、用戶等各方均從中獲益。[1]數字身分不僅重要，還很脆弱。在實際應用中，數字身分安全面臨較大威脅。從各國針對數字身分保護的現有規制措施來看，個人數據保護法規和隱私法規是現行數字身分保護的主要法律依據，數字身分還沒有像隱私權那樣受到普遍重視。[2]在紛紛加緊對個人數據管制的同時，數字身分領域存在的信息碎片化、數據有虛假、數據易洩露、用戶難自控等一系列痛點亟須有效解決。

區塊鏈憑藉其技術特徵，在一定程度上為數字身分的可信驗證、自主授權提供了相對可信的解決方案。較為典型的有基於區塊鏈技術的身分鏈管理系統和數字身分系統。「據 Research & Markets 預測，全球區塊鏈身分管理市場將從二〇一八年的 9040 萬美元增長到二〇二三年的 19.299 億美元。」[3]身分鏈利用區塊鏈技術的特點實現了「數據可信，人更誠信」。「身分鏈是基於區塊鏈技術實現網絡電子身分認證的唯一標識，它能保障身分信息不被洩露，利用區塊鏈技術的特點拓展網絡身分標識編碼的服務形式及範圍，進而提高網絡身分標識編碼的服務能力，為各類應用系統提供安全可靠、形式多樣的可信身分認證服務，同時保護用戶隱私。數字身分鏈通過賦予所有參與的主體數字身分，對線下實名身分與線上數字身分進行映射關聯和統一管理，讓數據變得陽光透明；用戶能夠通過權限設置控制自己的數據是否開放

---

1 張奕卉、魏凱：〈區塊鏈重塑數字身分哪些應用值得期待？〉，《人民郵電》2019 年 4 月 11 日，第 7 版。
2 謝剛等：〈大數據時代電子公共服務領域的個人數字身分及保護措施〉，《中國科技論壇》 2015 年第 10 期，第 36 頁。
3 中國信息通信研究院：〈區塊鏈白皮書（2019 年）〉，中國信息通信研究院官網，2019 年，http://www.caict.ac.cn/kxyj/qwfb/bps/201911/P020191108365460712077.pdf。

或者部分開放，並且還可以設置誰能夠訪問被開放的數據，從而使數據不會被別人操控，很好地保護了用戶的隱私。」[1]

基於區塊鏈技術的數字身分系統能確保數字身分及其關聯的一系列活動、交易等的數據是真實有效的。有研究表明，所有身分系統都有一些共同點——由用戶、身分提供者及依賴方等要素構成。[2]數字身分系統也不例外，它以尖端的身分甄別技術和安全協議確保身分記錄難以被損毀、竄改、盜竊或丟失，可分為內部身分管理、外部認證、集中身分、聯合認證、分布式身分五個基本類型（表 3-8）。而一個成功的自然身分網絡應該基於五大原則。第一，社會價值。身分系統能為所有用戶使用並實現利益相關方收益最大化。第二，隱私保護。用戶信息只在恰當的情況下向正確的實體提供。第三，以用戶為中心。用戶可控制自己的信息並決定誰有權持有和獲得這些信息。第四，可行且可持續。身分系統是一項可持續發展的業務且具有較強的抗政治波動能力。第五，開放靈活。身分系統依據開放的標準建立，以保障系統具有可拓展性和可開發性，系統標準和指導原則需對利益相關方保持透明。[3]

---

1 王俊生等：〈數字身分鏈系統的應用研究〉，《電力通信技術研究及應用》2019 年第 5 期，第 401 頁。
2 用戶是指在系統內擁有身分，從而可以進行交易的人士。身分提供者是指儲存用戶屬性、確保信息屬實和代用戶完成交易的人士。依賴方是指在身分提供者為用戶提供擔保後服務用戶的人士。
3 德勤、世界經濟論壇：〈完美構想：數字身分藍圖〉，德勤，2017 年，https://www2.deloitte.com/cn/zh/pages/financial-services/articles/disruptive-innovation-digital identity.html。

表 3-8　**數字身分系統概況**

類型	身分提供者與依賴方關係	特徵
內部身分管理	同一實體既是身分提供者也是依賴方	最適於在單一實體內依據內部信息管理用戶權限的情況，以確保正確的人有使用正確資源的權限。
外部認證	多名身分提供者為單一依賴方認證用戶	最適於簡化用戶使用單一實體所提供的一系列服務的情況，用戶使用不同服務時無須重複登錄。
集中身分	一名身分提供者服務多名依賴方	最適於需提供不同用戶完整、準確且標準化的非隱私數據的情況。
聯合認證	一組身分提供者為多名依賴方認證用戶	最適於在為多個實體提供用戶完整、準確且標準化數據的同時，用戶可享受多個實體提供的服務且無需重複登錄的情況。
分布式身分	多名身分提供者服務多名不同的依賴方	最適於為用戶提供在網絡環境下便捷、可控且隱私受到保護的服務。

資料來源：德勤、世界經濟論壇：《完美構想：數字身分藍圖》，德勤，2017 年，https://www2.deloitte.com/cn/zh/pages/financial-services/articles/disruptive-innov ation-digital-identity.html。

三　數字秩序

　　自然界和人類社會存在著各種結構，通過排列、組合形成了各種秩序，每種秩序都有其特定功能和作用，在推動人類社會形態演變的同時，也極大地影響了人類的生活方式。[1]戴維・溫伯格在《萬物皆無序：新數字秩序的革命》一書中將秩序分為三階：一階秩序即實體秩序，是指實體事物自身的存在結構。在這一序列中，事物受到自身的時空限制，按照某種排列邏輯在

---

[1] 文庭孝、劉璇：〈戴維・溫伯格的「新秩序理論」及對知識組織的啟示〉，《圖書館》2013 年第 3 期，第 6 頁。

固定的物理空間中實現「一物一位」。二階秩序即理性秩序，是一種人為的、虛擬的秩序。在這一序列中，事物與事物本身的信息分離卻又通過某種指向連接，這些信息成為一階秩序的對象代理，並通過某種編碼方法指向對象的物理位置。三階秩序即數字秩序，是數字化時代所形成的一種特定的、滿足個性需求的全新秩序。在數字化環境下，這種秩序正在改變我們的生產生活方式。[1]

連接、信任及認同是數字化生存的三要素，數字公民個體之間通過技術工具進行連接，並逐漸形成信任和認同，從而實現共同目標。尼古拉斯·克里斯塔基斯認為：「文明社會的核心在於，人們彼此之間要建立連接關係。這些連接關係將有助於抑制暴力，並成為舒適、和平和秩序的源泉。人們不再做孤獨者，而變成了合作者。」[2]數字社會被認為是人類生活和實踐活動的「第二生存空間」，是對「網絡社會」或「虛擬社會」的一種更為形象化的表達。數字技術的快速發展和廣泛應用，孕育了數字社會這一特定的技術與社會建構及社會文化形態。「數字技術進步和數字社會發展，成為當代人類社會變遷發展的一大重要特徵，這一過程的展開有其內在必然性，是不可逆轉的。」[3]在未來的數字社會中，人類將通過數字身分和數字貨幣連接在一個巨大的社會網絡中，這種相互連接關係不僅僅是我們生命中與生俱來的、必不可少的一個組成部分，更是一種永恆的力量。

數字社會在數字身分、數字貨幣等諸多動力因素的作用下呈現出有別於

---

1 〔美〕戴維·溫伯格：《萬物皆無序：新數字秩序的革命》，李燕鳴譯，山西人民出版社 2017 年版，第 1 頁。
2 〔美〕尼古拉斯·克里斯塔基斯、〔美〕詹姆斯·富勒：《大連接：社會網絡是如何形成的以及對人類現實行為的影響》，簡學譯，中國人民大學出版社 2012 年版，第 313 頁。
3 李一：〈「數字社會」運行狀態的四個特徵〉，《學習時報》2019 年 8 月 2 日，第 8 版。

以往現實社會的架構和運行狀態。在運行狀態上，數字社會具有以下四個方面的本質特徵：第一，跨域連接與全時共在。跨域連接首先解決的是普遍連接[1]的問題。在此基礎上，跨域連接依託數字化所帶來的虛擬化的獨有便利，革命性地解決了跨越地域空間限制而實現有效連接的問題，從而真正實現全球網絡一體化的互聯互通目標。第二，行動自主與深入互動。數字社會、網絡時代和賽博空間客觀上為數字公民的行為活動自由提供了極為便利的基礎條件，不僅實現了人類網絡行為活動的虛擬呈現，而且也能夠讓這些網絡行為活動在網絡空間裡持續展開，數字公民之間可以進行更為深入的交往互動。第三，數據共享與資源整合。網絡空間的資源整合可以跨越現實的地域空間界限，可以方便快捷地完成資源要素的對接和組合，提升資源整合利用的有效性和時效性。第四，智能操控與高效協作。機械化、自動化和智能化的實現，是科學技術進步帶給人類社會生活的「福利」。一系列智能設備和自動控制設備，都能為人們提供便捷高效的服務。網絡世界既實現了物的連接，更實現了人的連接。技術或工具意義上的互聯網絡背後，隱含著的其實是社會和文化意義上的關聯狀態與關係網絡。與網絡空間裡的資源整合相一致，人們依託於網絡空間這一平臺和場域，能夠在各個不同的工作與生活領域，達成彼此合作的目的。[2]

數字技術帶來的機遇彰明昭著，相應的風險也越來越清晰。數字技術不僅帶來了快速的技術進步、高效的創新業態和更高品質的社會生活，同時也在生產關係、生活方式、社會結構、管理模式、秩序狀態等諸多方面帶來各種「創造性破壞」、難題和挑戰，使得制度體系、運行機制、規制方式和社

---

1 普遍連接既包括人與人之間的數字化連接，也包括智能設備與智能設備等物與物之間的數字化連接，還包括依託數字化而實現的人、物、智能設備相互之間的連接和貫通。
2 李一：〈「數字社會」運行狀態的四個特徵〉，《學習時報》2019 年 8 月 2 日，第 8 版。

會秩序等面臨著很大程度的「顛覆」與「重建」。[1]二〇一八年十二月十日，世界經濟論壇發布的《共享數字化未來：建設一個包容、可信賴、可持續的數字社會》報告為應對數字技術發展所帶來的新問題、新挑戰提供了新視野。報告認為，現有的機制、架構應對數字化未來已經有些捉襟見肘，數字化未來必須具有包容性，必須在社會、經濟和環境方面具有可持續性。為了塑造一個包容、可持續和數字化的未來，政府、商界、學術界、民間社會人士要有共同的奮鬥目標和協調一致的行動。全球領導人和組織應當聚焦不讓任何人掉隊、通過良好的數字身分便利用戶、使經營服務於民眾、讓每個人都安全無虞、為新遊戲制定新規則、打破數據藩籬等六個共同發展目標加強交流合作，打造共同平臺，以塑造我們的數字未來（表 3-9）。

表 3-9　共享數鍵字化未來的六個共同發展目標

共同發展目標	宗旨	主要障礙	合作重點
不讓任何人掉隊	每個人都可以訪問並使用互聯網	• 在經濟合作與發展組織之外，存在區域鴻溝 • 個別國家不同收入、年齡、性別的群體之間存在鴻溝	• 明智的財政政策 • 有效的頻譜分配 • 啟動或修訂各國寬帶計劃 • 政府首要目標是實現可持續的數字化 • 釋放通用服務的潛力 • 將多元化目標納入戰略計劃和投資 • 建立自下而上創新的平臺

---

1 馬長山：〈新欄寄語〉，《華東政法大學學報》2018 年第 1 期，第 5 頁。

共同發展目標	宗旨	主要障礙	合作重點
通過良好的數字身分便利用戶	每個人都可以通過安全、有效、實用、可用的身分獲得數字服務，並獲得不同選擇	● 數字身分地域鴻溝 ● 數字身分性別鴻溝 ● 「良好」數字身分缺乏標準	● 定義「良好數字身分」 ● 推廣通用數字身分標準 ● 增強意識和能力 ● 支持和加強技術創新 ● 開發政策工具包 ● 學習和行動平臺
使經營服務於民眾	使數字業務為所有相關方創造可持續價值	● 顛覆性 ● 技術、責任和信任 ● 平臺和網絡 ● 新的技術架構 ● 數字環境的邊界	● 制定轉型的工具和指南 ● 賦予董事會和企業團隊權力 ● 公私合作，制定共同的產業轉型戰略 ● 就重大數字主題進行公私合作
讓每個人都安全無虞	藉助可信和安全的技術，並通過構建企業、機構的網絡安全和網絡彈性，保護個人的身分、資產、聲譽和生命免受網絡風險的影響	● 阻止全球網絡攻擊，遏制網絡犯罪 ● 負責制定戰略的領導層對網絡彈性擔負起戰略責任 ● 任何一個國家或企業都無法單獨應對網絡安全問題	● 構建人力資本 ● 建立領導層共識 ● 應對各自為政問題 ● 鼓勵技術創新 ● 制定緩解策略 ● 情報共享 ● 全球能力建設和培訓計劃 ● 國家和企業戰略

續表

共同發展目標	宗旨	主要障礙	合作重點
為新遊戲制定新規則	為迎接第四次工業革命，制定一套能為各方接受的、行之有效的規則和規則制定工具，並應具有靈活性和包容性	● 各相關方的戰略重點不同 ● 行業主導存在行業和市場機制、超級監管機構、制定倫理標準、技術創新透明度等方面的問題 ● 技術創新問題	● 加速全球包容性敏捷治理的開發 ● 在政府內部建立政策實驗室 ● 利用監管沙箱鼓勵創新 ● 利用技術手段提高敏捷性 ● 促進治理創新 ● 眾包政策制定 ● 促進監管機構和創新者之間的合作 ● 持續進步
打破數據藩籬	在享受數據帶來的好處的同時，還應注意保護各方的利益	● 企業不希望暴露專有或商業敏感信息 ● 應對各種不同的法律環境 ● 許多行業受到更嚴格的監管	● 在開發、健康、環境和人道主義方面探索相關收益 ● 對成熟模式進行快速原型建造 ● 探索開發基於風險的通用框架 ● 創建和共享法律協議模板 ● 為政策制定者提供見解和工具 ● 開發一套技術、法律和市場方法

資料來源：徐靖：〈共享關數字化未來〉，《互聯網經濟》2019 年第 5 期。

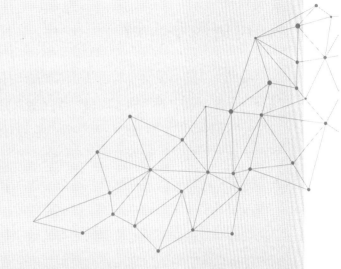

智能合約論

既然面對同類時任何人都沒有天生的權威，既然強力無法產生任何權
利，那麼人間一切合法權威的基礎就只剩下契約了。

—— 法國啟蒙思想家　盧梭

信任是經濟交換的潤滑劑，是控制契約的有效機制，是含蓄的契約，
是最不容易買到的獨特的商品。

—— 諾貝爾經濟學獎得主　肯尼斯・約瑟夫・阿羅

很多規則如果能夠在現在構建的區塊鏈上編程、執行，可能會使整個
社會的秩序更好、更有效率。

—— 北京大學教授　陳鍾

可信數字經濟

兩百多年前，亞當・斯密在《國富論》中用「看不見的手」來描述市場機制在經濟運行中的作用。如今，伴隨著大數據、人工智能、物聯網、區塊鏈、5G 等數字科技與人類生產生活的交匯融合發展，推動人類社會前進的生產力和生產關係不斷變革，世界正處在從工業經濟向數字經濟加速轉型過渡的大變革時代。農業經濟時代的核心生產要素是土地，工業經濟時代的核心生產要素是技術和資本，數字經濟時代的核心生產要素變成了數據。基於區塊鏈的智能合約系統，可通過「可信數字化」的數據上鏈過程，使數據被有效地確權，有力地保障數據交易與共享的真實性和安全性，讓信任像信息一樣自由流轉，進而構築高效、真實、透明、對等的可信數字經濟生態系統。毫無疑問，區塊鏈技術與智能合約的完美結合，將會極大地推動社會變革，對人類社會現有的生產力、生產資料和生產關係甚至是規則與秩序進行重構，為數字對象之間進行可信交互提供統一共識的機制，形成可信的未來數字經濟，人人為公、各盡其力、各得其所的新契約社會自然會出現。

一 區塊鏈賦能金融科技

金融是現代經濟的核心，是實體經濟的血脈，而技術進步歷來都是驅動金融業發展與變革的主要力量。近年來，隨著新一代信息技術的蓬勃發展，金融業因對信息數據高度依賴，與信息技術的融合日益加深，這加速了金融創新。二〇一六年三月，全球金融治理的核心機構金融穩定理事會（FSB）首次對「金融科技」做出以下定義：金融科技是指技術帶來的金融創新，它能創造新的業務模式、應用、流程或產品，從而對金融市場、金融機構或金

融服務的提供方式產生重大影響。[1]根據上述概念，金融科技的關鍵是金融與科技的交互融合，技術突破是金融科技發展的原動力。結合信息技術對金融的推動作用，可以將金融科技的發展分為三個階段（表 4-1）。可以看出，在新一輪科技革命和產業變革的背景下，金融科技蓬勃發展，大數據、人工智能、區塊鏈等新一代信息技術與金融業務的深度融合已成為金融創新的主要推動力。

表4-1　技術驅動金融科技發展的主要階段

金融科技發展階段	時間	驅動技術	主要業態	普惠程度	技術與金融的關係
第一階段	2005-2010 年	計算機	ATM、電子票據	較低	以技術為工具
第二階段	2011-2015 年	互聯網	第三方支付、P2P 網絡借貸	較高	技術驅動變革
第三階段	2016 年至今	大數據、區塊鏈、人工智能等	智能化金融	高	兩者深度融合

　　二〇一九年九月，中國人民銀行印發《金融科技（FinTech）發展規劃（2019-2021 年）》（以下簡稱為《規劃》），確立了我國金融科技的頂層設計規劃，有利於建立更加全面的金融科技發展體系，結束了目前行業發展的無序局面，有效地避免了金融科技資源浪費，鼓勵金融科技創業者發展具有特色場景應用的金融科技。同時，《規劃》也指出「藉助機器學習、數據挖掘、智能合約等技術，金融科技能簡化供需雙方交易環節，降低資金融通邊際成本」，並強調要積極探索新興技術在優化金融交易可信環境方面的應

1　賀建清：〈金融科技：發展、影響與監管〉，《金融發展研究》2017 年第 6 期，第 54-61 頁。

用，穩妥推進分布式帳本等技術驗證試點和研發運用。區塊鏈作為新興分布式帳本技術，其智能合約是高度安全的、防竄改的數字協議，可以部署在分布式帳本上，以無信任的方式提供有保證的執行和處理。區塊鏈和智能合約有機結合，可以被應用在數字貨幣、數字票據、證券交易、金融審計等諸多金融領域。

區塊鏈：金融科技的底層核心技術。驅動金融發展的金融科技已經從移動互聯網、大數據、雲計算等應用層面轉向區塊鏈等底層技術創新。區塊鏈是一個去中心化的帳本系統，能彌補傳統金融機構的不足，提高運作效率，降低運營成本，靈活更新市場規則，防止信息竄改和偽造，同時也極大提高了穩定性。區塊鏈是信任鏈接的基礎設施，可以低成本解決金融活動的信任難題，並且將金融信任由雙邊互信或建立中央信任機制演化為多邊共信、社會共信，以「共信力」尋求解決「公信力」問題的途徑。[1]此外，區塊鏈也有利於監管，可以成為監管科技的一部分，促進監管部門獲得更加全面、實時的監管數據。可以說，區塊鏈技術將是互聯網金融乃至整個金融業的關鍵底層基礎設施。區塊鏈作為金融科技的底層技術架構，必然在很多方面重塑金融業態。無論是在傳統金融服務，還是眾籌、P2P 個人網貸等互聯網金融創新方面，抑或在防範金融風險、強化金融監管、打擊非法集資等領域，區塊鏈技術都有非常廣闊的應用前景，互聯網金融正在進入「區塊鏈＋」時代。總之，區塊鏈作為金融創新的基礎技術，具有很強的戰略價值，已經得到各國央行和金融機構的廣泛認可。它們利用區塊鏈技術，正在研究深化金融改革、增強金融供給、促進金融創新、提升金融信用、防範金融風險等方面的應用。區塊鏈技術必將在金融領域以及經濟、社會等領域得到更廣泛的

---

1 霍學文：《區塊鏈將成為金融科技的底層技術》，網易科技，2016 年，http://tech.163.com/16/0710/10/BRJT0K4400097U7R.html。

應用。

區塊鏈：數字金融的重要基礎設施。 從金融視角來說，區塊鏈和數字貨幣就是新一代的數字金融體系，「由數字世界基本規律和成熟技術構建的區塊鏈數字金融極具侵略性，BTC（比特幣）在短短的十年間構建了數字金融的產業基石」[1]。在金融數字化背景下，數字貨幣具有為商業活動提供便利、降低發行成本、提高央行對貨幣流通掌控能力等優勢，已成為全球共識。「數字金融或將重構金融運行方式、服務模式乃至整個生態系統。它簡潔明快，超越時空和物理界限，打破國域疆界，自由而開放，尊重市場參與者的自主和自願。」[2]在金融科技驅動下，它不需要依賴於傳統的金融中介，能夠使資產在保持原有全信息量的前提下流動起來。傳統的金融業務將被邏輯編碼為透明可信、自動執行、強制履約的智能合約。智能合約提供各種金融服務，甚至一個智能合約就代表一個金融業態。從這種意義上說，控制智能合約將意味著控制未來的金融業務。因此，在安全高效的用戶身分認證和權限管理的基礎上，智能合約在上鏈前必須經過相關部門的驗證，以確定其程序是否能夠按照監管部門的預期政策運行。必要時，監管部門可以阻止不符合條件的智能合約上鏈或關閉當地居民執行智能合約的權限，同時可以建立允許代碼暫停或終止執行的許可監管干預機制。區塊鏈的應用已經從最初的金融擴展到智能製造、物聯網、供應鏈管理、數據存證及交易等諸多領域，未來區塊鏈必將改變當前社會商業模式，創造全新的數字金融體系，進而引發新一輪的技術創新和產業變革。

區塊鏈：普惠金融發展的強大引擎。「普惠金融的目的是在遵循機會平

1 朱紀偉：〈區塊鏈：數字金融的基石〉，《信息化建設》2019 年 7 期，第 56 頁。
2 姚前：〈加密貨幣已經有可能成為真正意義上的貨幣〉，澎湃新聞，2019 年，https://www.thepaper.cn/newsDetail_forward_4445573。

等和商業可持續原則的基礎上，以可負擔的成本為有金融服務需求的社會各階層和群體提供適當、有效的金融服務。」[1]普惠金融在發展中，普遍存在「普及」「惠及」以及「金融可持續」等難點。區塊鏈的點對點網絡模式具有高度的自治性和開放性，使金融服務能夠逐漸滲透到偏遠地區，為相對弱勢的群體提供金融服務。它可以打破傳統的地理空間限制，為長期以來受到金融排斥的群體提供金融服務，提升金融服務的普及性。通過植入區塊鏈和智能合約，在確保信息真實有效的基礎上，可實現信息、資產以及工作流程的數字化，將因信息不對稱而被排除在金融體系之外的群體納入金融體系，通過欠發達地區的信息共享，避免壟斷，擴大金融服務覆蓋面。降低勞動力成本，提高效率，也使金融機構能夠以更低的價格提供金融服務，惠及更多群體。另外，在精準扶貧等方面，通過區塊鏈對數據的全程監控，參與方高度透明，社會資源完全可控，由於區塊鏈上的資金流向難以竄改，相關部門很容易對定向扶貧資金進行有效管理，解決誠信問題。

　　區塊鏈：防範化解金融風險的強大支撐。金融的本質是風險，風險的本質是信息不對稱，區塊鏈能解決金融行業與實體經濟之間的信息不對稱和信任難的問題。這將大大降低金融業的成本，同時有助於防範金融風險，而智能合約更是有效提升了金融服務實體經濟的效率。在區塊鏈金融應用場景中，技術性信任可以在一定範圍和程度上取代商業信用，但並非否定傳統的信任方式，其實質上不是去信任，而是用技術信任加持商業信用，這有利於維護契約原則，維護金融誠信。[2]區塊鏈是構建信任的機器，不僅在陌生人間通過分布式帳本和共識算法建立信任，也能讓金融機構與中小微企業建立

1　中華人民共和國國務院：《推進普惠金融發展規劃（2016-2020 年）》（國發〔2015〕74 號），2015 年。
2　李禮輝：〈五大舉措構建數字社會信任機制〉，新浪財經，2018 年，https://finance.sina.com.cn/hy/hyjz/2018-12-15/doc-ihmutuec9368548.shtml。

信任關係。通過政府、企業、金融機構共同搭建的供應鏈金融平臺，在企業授權的前提下，區塊鏈有助於實現中小微企業經營數據的真實、可信、共享，大大降低了銀行盡職調查的成本，減少了信用風險。智能合約還能實現智能放貸、智能收取利息和智能風控等，進而助力金融更好地服務實體經濟，解決中小微企業融資難、融資貴的問題。[1]此外，智能合約的參數設置也是一種監管手段，正如利用法定存款準備金率、資本充足率等監管指標來防範和控制銀行風險一樣，監管部門也可以通過調整或干預智能合約的參數來控制金融業務的規模和風險。比如，在票據業務中應用區塊鏈技術，可以利用可編程智能合約實現對商業約定的具體限制，並引入監控節點對交易各方進行確認，從而保證價值交換的唯一性，有效化解金融風險。

二 智能合約與數據交易

　　根據國際數據公司（IDC）的最新報告，中國每年將以超過全球平均值百分之三的速度產生並複製數據，二〇一八年約產生七點六澤字節（ZB）數據，到二〇二五年將增至四十八點六澤字節（ZB）。[2]數據是數字經濟的關鍵生產要素，數據交易推動了數據流通，釋放了數據價值，完善了大數據全產業鏈，促進了實體經濟加速向數字化轉型升級，成為數字經濟發展的重要引擎。作為全國首個大數據綜合試驗區，貴州率先在與數據交易相關的數據開源、數據認證、數據定價、數據標準、數據確權、數據安全等領域開展積極探索，在全國掀起了示範效應。二〇一五年四月，全國首個大數據交易所——貴陽大數據交易所——正式掛牌運營，其設立被 IDC 譽為「全球大

1　趙永新：〈區塊鏈信任機制推動普惠金融發展助力解決中小微企業融資難題〉，《證券日報》2019 年 12 月 26 日，第 B1 版。

2　〔美〕雷因塞爾等：〈IDC：2025 年中國將擁有全球最大的數據圈〉，安防知識網，2019年，http://security.asmag.com.cn/news/201902/97598.html。

數據產業發展的重要里程碑事件，開啟了大數據交易的歷史新篇章」。數字經濟以數據為能源，位於大數據產業鏈上游的數據交易能驅動數據要素的流通，成為區塊鏈技術發展和應用的關鍵領域。

當前，由於數據屬權不明確，海量數據資源分散在政企數據壁壘、數據孤島之中，制約數據要素流通，進而阻礙大數據產業與數字經濟的發展。其中有交易數據界定及權屬不清、重要數據溯源、個人隱私洩露等問題，這些問題如果無法得到有效解決，將嚴重侵害人們的合法權益，嚴重阻礙大數據產業的健康可持續發展。此情況下，如何有效利用區塊鏈實現大數據交易已成為一個亟待解決的問題。區塊鏈可協助參與主體彼此建立信任，促進數據交易：數據所有權、交易和授權範圍記錄在區塊鏈上，數據所有權可以得到確認，精細化的授權範圍可以規範數據的使用。[1]二〇一七年，貴陽大數據交易所制定了《大數據交易區塊鏈技術應用標準》，並將區塊鏈技術應用於交易系統，實現數據資產的可信交易，進行數據確權及數據溯源。區塊鏈技術的加入讓數據交易的每一步操作都留下時間戳，準確記錄數據產生、交換、轉移、更新、開發、利用的過程，方便於交易數據的確權、追溯、管理與訪問使用，實現數據安全保障和隱私保護，從規則上加速了數據的安全流通。大數據交易的區塊鏈化能推動交易的流程化、透明化和規範化，促進數據確權和質量評估，為大數據交易提供堅實的保障。[2]

區塊鏈破解數據的共享與安全難題。數據交易實質上是有償的數據共享，共享與安全是一對矛盾體。然而，區塊鏈技術實現了對這一矛盾的調和。首先，區塊鏈技術通過多重加密保障數據不被洩露，且基於區塊鏈技術

---

1 華為雲：〈華為區塊鏈白皮書〉，國脈電子政務網，2018 年，http://www.echinagov. com/ cooperativezone/210899.html。
2 大數據戰略重點實驗室：《塊數據 3.0：秩序互聯網與主權區塊鏈》，中信出版社 2017 年版，第 187 頁。

的英格碼系統（Enigma）可以實現在不訪問原始數據的情況下運算數據，這樣就對數據的私密性進行了有效保護，為大數據交易下的數據安全尤其是隱私保護提供了解決方案。其次，在多重加密的基礎上，結合數字簽名技術，區塊鏈可以保障數據只對獲得授權的人員開放。同時，如果數據在所有節點中共享，每個節點就都將有一份加密數據副本，而只有使用對應的私鑰才能解密，這種技術既實現了數據的選擇性共享，又保證了數據安全。「區塊鏈分布式架構更適合在多利益相關方之間創建可信的共享數據帳本，在沒有『中心化』權威機構的情況下，可以讓多利益主體以多中心化的方式實現數據交互共享。」[1]基於區塊鏈智能合約的數據交易方案，通過區塊鏈記錄雙方的買賣行為，並利用智能合約實現交易的自動執行。交易數據不記錄在區塊鏈中，數據將被加密並存儲在外部數據存儲器中，當智能合約生效後，買方可以獲得數據。智能合約是在多個節點上面執行，而所執行的結果必須是相同的，智能合約所出的結果一定要達成共識才能被接受。[2]另外，買方同時也可以通過監管區塊鏈共識網絡發布交易，實現第三方見證，也增加了數據交易的安全性保障。

區塊鏈保障數據交易雙方合法權益。數據交易中的數據所有權存在很大爭議，數據權利主體到底是誰存在模糊地帶，數據通過網絡非常容易複製，難以真正實現權屬保護。利用區塊鏈技術對數據進行認證，能明確數據的來源、所有權、使用權和流通路徑，讓交易記錄是全網認可的、透明的、可追溯的，從而有效保障數據交易雙方的合法權益。一方面，區塊鏈提供了可追溯路徑，能有效破解偽造數據的難題。區塊鏈通過網絡中多個參與計算的節

1 張鈺雯、池程、李雨蓉：〈區塊鏈是否能打破數據交互的困境？〉，中國信息通信研究院，2019 年，http://www.caict.ac.cn/kxyj/caictgd/201912/t20191212_271577.htm。
2 蔡維德、姜嘉瑩：〈智能合約 3 個重要原則〉，搜狐網，2019 年，http://www.sohu.com/a/ 290611143_100029692。

點來共同完成數據的計算和記錄，並且互相驗證其數據的有效性，有助於交易數據的防偽，保障數據使用方的合法權益。另一方面，區塊鏈破除了中介中心拷貝數據的威脅，有利於建立可信任的大數據交易環境。中介中心具備複製、保存所有流經的數據的條件和能力，但基於去中心化的區塊鏈，可以消除中介中心複製數據的威脅，保障數據提供者的合法權益。智能合約使數據可以被有效地確權，通過「可信數字化」的數據上鏈過程，有效地保障數據的真實性，實事求是地為產業解決以往難以解決的問題，也從「降成本」「提效率」等方面推動各行業轉型升級。

區塊鏈減少數據交易系統的安全風險。黑客攻擊、服務器宕機是數據交易系統最令人擔心的問題，數據交易系統一旦遭受破壞，其後果不可估量。區塊鏈的分布式網絡結構，可以使整個數據交易系統沒有中心化的硬件或機構，當某一節點受到損壞時，並不會導致其他節點上數據的缺失，整個數據交易系統能夠照常運行，區塊鏈化的大數據交易將順利進行。此外，藉助區塊鏈技術，任何參與節點都可以驗證帳本內容和帳本所構建的交易歷史的真實性與完整性，確保交易歷史是可靠的、沒有被竄改的，提高系統的可追責性，降低數據交易系統的信任成本。基於區塊鏈智能合約的數據交易方案，是交易共識網絡和監管共識網絡之間的所有節點通過區塊鏈共同維護一份帳本記錄，通過節點都可以發布數據交易；所述的數據交易共識網絡以智能合同的方式發布到區塊鏈中，並通過對等網絡分發到各個節點，最終達成共識；也可以向監管共識網絡發布數據交易達成共識，並通過數據交易共識網絡的驗證節點來自動執行智能合同。通過將數據指紋上鏈，並結合數字簽名技術，保證數據真實性和完整性，可以使授權的認證機構對數據進行驗證，並將認證結果上鏈，達到數據增信的效果。區塊鏈技術解決了端到端的可信價值傳遞的問題，為更多的參與方創造可信連接，以低成本、高效率、透明

對等的方式提供數據可信共享服務。[1]

區塊鏈確保數據交易過程安全可信。基於區塊鏈技術，採用去中心化的系統架構和計算範式構建大數據交易平臺，可以優化大數據交易流程，實現交易過程中數據資產登記、數據價值評估、數據資產保全、數據資產投資、數據交易結算等環節的安全可控、全面監管，促進數據的流通和應用。區塊鏈有助於形成具有「公信力」的數據資產確權登記平臺，避免數據資產所有權的糾紛，促進交易確認、記帳對帳、投資清算的有序進行。智能合約的可追溯、不可竄改等特性，有助於形成完整的大數據交易信息流，通過比對區塊鏈上的同類別數據以及交易歷史，能合理地對新登記的數據資產進行估價。將傳統的資產保全手段與區塊鏈技術相結合，能有效保護數據資產的完整性，防止數據資產被攻擊、洩露、竊取、竄改和非法使用。在數據資產投資過程中，區塊鏈技術應用於數據資產的登記、評估、保全、投資等各個環節，保證數據資產帳本的可信度，保證了數據資產帳本的安全性。利用區塊鏈智能合約技術，可以極大簡化交易結算服務流程和交易資金帳戶管理。同時，智能合約可以將複雜的數據交易結算規則以合約條款的形式寫入計算機程序，當發生滿足合約條款中的行為時，將自動觸發接收、存儲和發送等後續行動，實現數據交易結算的智能化。

三 可信數字經濟生態圈

人類的生產生活以及一系列的生產要素都正在數字化，數字經濟已然成為一種新的社會經濟發展形態。[2]中國信息通信研究院的數據顯示，2018

---

1 張鈺雯、池程、李雨蓉：〈區塊鏈是否能打破數據交互的困境？〉，中國信息通信研究院，2019 年，http://www.caict.ac.cn/kxyj/caictgd/201912/t20191212_271577.htm。
2 孫崇銘：〈化危為機，提升企業的科創能力〉，《中國商界》2019 年第 4 期，第 29 頁。

年，我國數字經濟總量達到三十一點三萬億元，占 GDP 比重超過三分之一，達到百分之三十四點八，占比同比提升一點九個百分點。數字經濟是以數字化的知識和信息為關鍵生產要素，以數字技術創新為核心驅動力，以現代信息網絡為重要載體，通過數字技術與實體經濟深度融合，不斷提高傳統產業數字化、智能化水平，加速重構經濟發展與政府治理模式的新型經濟形態。[1]數字經濟是繼農業經濟、工業經濟之後更高級的經濟階段。對數字經濟的認識，需要打破固有的經濟模式思維，開闊視野和拓展空間，將其視作與工業經濟、農業經濟擁有類似的經濟範式和經濟規律，但數字經濟是工業經濟、農業經濟的躍遷式發展，擴展了傳統經濟模式的空間和實踐維度。[2]在農業經濟時代，生產要素是土地和勞動力；在工業經濟時代，土地的重要性下降，生產性資本（如機器設備）和勞動力被看成兩大生產要素，隱含的假設是土地包括在生產性資本之內；在數字經濟時代，除資本和勞動力之外，數據成為另一個核心的生產要素。

數據作為全新的生產資料，已成為驅動經濟增長的核心生產要素和新型基礎設施，以中心化系統為構架的信息互聯網模式不再適用於高速發展的數字經濟。作為能夠實現分布式存儲、無法竄改、防止抵賴的技術體系，區塊鏈能夠建立一種對等的價值傳輸網絡，並藉助密碼學等技術實現數據價值的確權和資產數字化，確保數據開放共享等流通環節的安全可靠，具有安全可信、數字產權明晰、共治和共享等特徵，為數字經濟提供安全可信的發展環境（圖 4-1）。因此，區塊鏈自身的共識機制和激勵機制，能夠複製現實經

1　中國信息通信研究院：〈中國數字經濟發展與就業白皮書（2019 年）〉，中國信息通信研究院，2019 年，http://www.caict.ac.cn/kxyj/qwfb/bps/201904/t20190417_197904.htm。

2　曹紅麗、黃忠義：〈區塊鏈：構建數字經濟的基礎設施〉，《網絡空間安全》2019 年第 5 期，第 76 頁。

濟體系下的組織結構，提高價值傳遞的效率並降低成本，成為構建數字經濟、數字社會的基礎設施和重要組件。

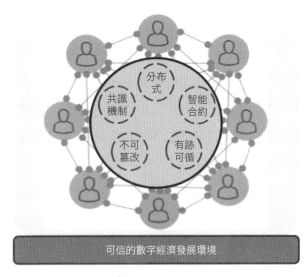

圖 4-1 │ 區塊鏈：信任的機器

資料來源：貴陽市人民政府新聞辦公室：《貴陽區塊鏈發展和應用》，貴州人民出版社 2016 年版。

區塊鏈使數據確權與分割更加容易。數據確權是保證數字經濟健康、安全發展的基本條件和法律依據。數據確權是指對數據權利集合內的各項權益進行劃分和確定的過程，包括所有權、占有權、支配權、隱私權等，歸根結底是解決數據沒有標籤、易被複製濫用的問題。[1]數據在收集、存儲、使用、流轉、銷毀各個環節將產生多種權屬關係，各環節的權屬關係難以明確

---

1 從語義上理解，數據確權就是確定數據的權利人，該權利包括所有權、使用權、收益權等；從商業角度看，數據確權就是明確商業過程中數據交易方的權利、責任及關係，從而保護交易各方合法權益的過程。（劉權：《區塊鏈與人工智能：構建智能化數字經濟世界》，人民郵電出版社 2019 年版，第 42 頁。）

界定。數據分割問題是數據確權的附屬問題，其根本是數據無法確權導致的數據難以拆分、流轉。[1]數據所有權的界定是數字經濟發展的基本支撐和保障，若不能明確各種關係中數據的權屬，就無法讓數據有序流通。數據分割的高難度將嚴重影響數字經濟的多維度、精細化發展，無法為新業態、新模式提供可靠權利保障，進而影響數字經濟的發展。區塊鏈技術建立的分布式信任體係為實現數據確權與分割提供了基本架構保證，其天然的去中心化帳本屬性，保證數據真實、不可竄改，為數據驅動的數字經濟時代提供基石。

區塊鏈推動建立可信安全的數字經濟。區塊鏈構建的數字經濟是基於「技術信任」的經濟體系。在互聯網模式下，海量數據集中存儲實現了低成本的信息採集、交換和流通，但無法保證數字經濟活動中數字信息的安全性和可信性。區塊鏈的共識機制和智能合約構建了其中心化環境下數據生成、傳輸、計算和存儲的規則協議，為以數據、信息和知識為載體的價值的安全流動創造了條件。此外，在密碼學算法的支撐下，對鏈上數據的加密和保護也逐漸成熟，從而實現網絡節點中「端—端」的隱私保護。從這個角度看，區塊鏈實現了價值互聯網的基礎協議，成為數字經濟發展的戰略性支撐技術，有助於建立起安全可信的數字經濟規則與秩序。區塊鏈採用加密和共識算法建立信任機制，使得抵賴、竄改和欺詐的成本高昂，保證了數據不被竄改和偽造，實現了數據的完整性、真實性和一致性。依託區塊鏈構建起可信安全的數字經濟體系，為主權經濟體參與全球數字經濟營造更加可信安全的市場環境，促進不同國家、不同地區、不同經營主體和不同個體之間開展更加緊密的數字經濟合作，政府、企業、個人通過「信息上鏈」，可以讓經濟社會運行變得更加透明，各主體之間信息流通暢可信。

---

1 曹紅麗、黃忠義：〈區塊鏈：構建數字經濟的基礎設施〉，《網絡空間安全》2019 年第 5 期，第 78 頁。

區塊鏈是實現資產數據化的關鍵「鑰匙」。資產數據化是實體資產（有形資產和無形資產）向數據資產映射、豐富數據資產內涵的必要手段，是擴展數字經濟空間和維度、推動數字經濟向數字財政和數字社會發展的必經之路。數據資產是數字經濟下新的資產形態，主要包含三方面：一是法定數字貨幣與其他數字代幣，如比特幣、萊特幣等；二是數字化金融資產，包括數字化的股票、眾籌股權、私募股權、債券、對沖基金等所有類型的金融衍生品，如期貨、期權等各類金融資產；三是各類可數據化資產，在實踐中，智能合約可以通過賦予數據資產以代碼的形式在區塊鏈上運行，再通過外部數據觸發合約自動執行，從而決定網絡中數據資產的重新分配或轉移，其合約標的可以是汽車、房屋等物質產權，也可以是股權、票據、數字貨幣等非物質產權。可以看出，區塊鏈技術使得數據確權、分割和共享等難題更容易得到解決，區塊鏈分布式的網絡拓撲結構能夠擴大數字資產的應用範圍，並率先應用於數字貨幣、數據交易等經濟領域，防止數據資產的複製。

　　區塊鏈是構建數字社會信任體系的重要組件。數字經濟是推動數字社會[1]發展的前提、基礎和核心驅動，是數字社會發展的根本保證。數字社會則是數字經濟發展的最終目的，並為數字經濟發展提供精神動力、智力支持和必要條件。與傳統產業相比，數字經濟對市場的反應更快，投資門檻更低，生產環節更簡單，成本更低。因此，數字經濟不僅可以實現低投入、高收益，降低成本，提高效率，而且有利於經濟社會的可持續發展。可以說，數字經濟將成為社會生產力升級的主要推動力和經濟增長的新引擎。基於區塊鏈技術的智能合約的去中心化的數字貨幣發行、不可竄改的合約條款、資

1　數字化、網絡化、大數據、人工智能等當代信息科技的快速發展和廣泛應用，孕育了「數字社會」這一特定的技術與社會建構及社會文化形態。「數字社會」這一特定指稱，是「網絡社會」或「虛擬社會」的一種更為形象化的表達。（李一：〈「數字社會」運行狀態的四個特徵〉，《學習時報》2019 年 8 月 2 日，第 8 版。）

產交易的數字化，使得任何合約的各種限制條件越來越簡單，交易費用更低，交易效率更高。區塊鏈上的所有信息都以數字形式記錄，這意味著勞動力將明顯減少，每一條信息都可以在區塊鏈上得到記錄、確認和認證。區塊鏈模式下的數字經濟將重構生產資料與勞動者之間的關係：一是區塊鏈能夠憑藉密碼學技術、不可竄改的分布式帳本、點對點網絡，建立確權機制，界定生產資料與勞動者之間的所屬權和使用權；二是區塊鏈可以通過共識機制和權限控制等技術，在數字社會中完整複製線下的經濟關係；三是區塊鏈中的積分機制和激勵機制，將重新定義生產資料的分配法則，豐富和激發數字經濟的創新模式與創新理念。[1]區塊鏈可通過實現人、機器、網絡之間的點對點連接，使大規模的連接打破人與人、人與物之間的障礙，準確無誤地互

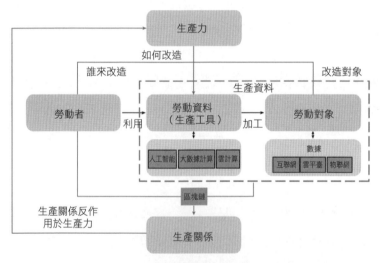

圖 4-2 ｜ 區塊鏈下的數字社會關係結構

---

1 曹紅麗、黃忠義：〈區塊鏈：構建數字經濟的基礎設施〉，《網絡空間安全》2019 年第 5 期，第 80 頁。

通有無，真正實現萬物互聯，充分釋放出數字經濟蘊含的巨大能量，帶領我們進入零邊際成本社會。總之，區塊鏈技術與智能合約的結合，將極大推進社會的生產力與生產關係變革，深刻改變人類生產生活方式，共同構建可信數字社會的重要組件（圖 4-2）。

第二節
可編程社會

在《道德情操論》中，亞當·斯密站在利他的角度，從同情的基本原理出發，揭示了人類社會賴以維繫、和諧發展的基礎，以及人的行為應遵循的一般道德準則。然而，正如他在《國富論》中所論述的一樣，每個人都追求自己的利益，這是人性的一面，也是一種自然現象。區塊鏈作為構造信任的機器，其核心價值就是為人類社會提供信任的「技術契約」，從而為人與人、人與自然的和解、和諧提供新的方案。人類文明已經從「身分社會」進化到「契約社會」，智能合約能夠替代所有的紙質契約，完美地連接物理世界和虛擬世界，確保與真實世界的資產進行可信交互。未來，大部分的人類活動也將在區塊鏈上完成，並由此實現信任的可編程、資產的可編程以及價值的可編程，這將徹底改變整個人類社會價值傳遞的方式，形成一個可編程的世界。同時，數字公民、智能設備等數字化終端將會在區塊鏈系統上互聯互通，在數據、算法和場景等多重因素驅動下，構建出一種嶄新的不需要第三方背書、絕對可信的社會契約關係，並不斷創新社會治理，帶領人類走向更加高效、公平和有秩序的智慧社會。

一 從可編程到跨終端

在現實世界裡，每個人都處在各種關係契約中，所有人在契約的約定下

參與整個社會的生產和生活。「數字社會是把實體社會中人們的生活模式、信用、法律甚至文化等依存關係轉移到虛擬世界上的新生活方式。」[1]區塊鏈智能合約使社會生產關係虛擬化，使得現實世界的價值能夠在虛擬世界裡流動，實現現實世界不同契約、不同業務流程在虛擬世界的共識建模。區塊鏈技術最終要能促進生產關係虛擬化，推動生產力的發展，整個區塊鏈生態系統的核心就要能支持各種契約，即業務合約，並在相關參與者間共享交易帳本。就如同在現實社會中，貨幣是金融的基礎，貨幣和金融是這個社會運行的核心一樣。可編程貨幣是可編程金融和可編程社會的核心與價值交換基礎，可編程金融又是可編程社會圍繞的中心。目前，區塊鏈的可編程自由度有限，但可以預計的是，隨著技術的進步，基於比特幣區塊鏈的可編程應用範圍將會越來越廣。可以說，智能合約與可編程社會體現了未來基於區塊鏈實現高度自動化、智能化、公平守約的虛擬社會生產關係的能力。隨著區塊鏈智能合約的成熟和落地，人類經濟、社會和生產生活將發生深刻變革，我們將逐步進入萬物互聯的智能物聯網時代和可編程的經濟社會體制。

　　從可編程貨幣到可編程經濟。當前，我們正在進入信息化新階段，即以數據的深度挖掘和融合應用為主要特徵的智能化階段。在人、機、物三元融合的大背景下，以「萬物均需互聯，一切皆可編程」為目標，數字化、網絡化和智能化呈現融合發展新態勢。[2]可編程的意義是指通過預先設定的指令，完成複雜的動作，並能判斷外部條件，從而做出反應。可編程貨幣即指定某些貨幣在特定時間的專門用途，這對於政府管理專款專用資金等有著重要意義。基於區塊鏈技術的新型數字支付系統，其去中心化、基於密鑰的毫

1　胡凱：〈數字社會的基礎──智能合約〉，國際在線，2018 年，http://it.cri.cn/20180531/ece4e6cc-c029-7ebd-7fda-c93d52e96f93.html。
2　梅宏：〈夯實智慧社會的基石〉，《人民日報》2018 年 12 月 2 日，第 7 版。

無障礙的貨幣交易模式，在保證安全性的同時大大降低了交易成本，對傳統的金融體系可能產生顛覆性影響，也刻畫出一幅理想的交易願景——全球貨幣統一，這將使得貨幣的發行、流通不再依靠各國央行。可編程貨幣帶來可編程金融，可編程融資帶來可編程經濟。金融是人們跨越時間、空間進行價值交換的活動，而價值交換的前提就是「信息」和「信任」。如果說可編程貨幣是為了實現貨幣交易的去中心化，那麼可編程金融就能實現整個金融市場的去中心化，是區塊鏈技術發展的下一個重要紐帶。新技術不斷滲透到經濟、社會和生活的複雜動態過程中，給人類社會及其經濟組織的運行方式帶來顛覆性的變化。然而，這一切都會隨著可編程經濟的到來而改變，可編程經濟作為一種基於自動化、數字算法的全新經濟模式，把交易的執行過程寫入自動化的可編程語言，通過代碼強制運行預先植入的指令，保證交易執行的自動性和完整性。它為我們帶來了前所未有的技術創新，在執行層面大大降低交易的監督成本，在減少造假行為、打擊腐敗和簡化供應鏈交易等「機會主義行為」方面均有極好的應用前景，是未來新經濟的發展方向。區塊鏈的腳本語言使可編程經濟成為現實，腳本的魅力就在於其具有可編程性，它可以靈活改變價值留存的條件，以更好地適應人們從事社會和經濟活動的需求，這也是可編程經濟的優勢所在。這樣，我們就可以通過智能合約實現經濟、社會、治理等層面的管理功能，對於經濟體制和社會的運行都將有著重要的推動作用。

　　區塊鏈與可編程社會。基於區塊鏈智能合約可編程特徵及其應用，可以建立不需要第三方信任機制、彼此信任的可編程網絡社會和經濟體。通過解決去信任問題，區塊鏈技術提供了一種通用技術和全球範圍內的解決方案，即不再通過第三方建立信用和共享信息資源，從而提高整個領域的運行效率和整體水平。區塊鏈 1.0 是虛擬貨幣的支撐平臺，區塊鏈 2.0 的核心理念是將區塊鏈作為一個可編程的分布式信用基礎設施，用以支撐智能合約的應

用。區塊鏈的應用範圍從貨幣領域擴展到具有合約功能的其他領域，交易的內容包括房產契約、知識產權、權益及債務憑證等。區塊鏈 3.0 不僅將應用擴展到身分認證、審計、仲裁、投標等社會治理領域，還將囊括工業、文化、科學和藝術等領域。[1]在這一應用階段，區塊鏈技術將被用於將所有的人和設備連接到一個全球性的網絡中，科學地配置全球資源，實現價值的全球流動，推動整個社會進入智能互聯的時代。不同領域、不同業務流程在虛擬世界的共識建模，甚至會創造出統一現實世界和虛擬世界的新型生產關係合約服務或合約流程，可以稱之為可編程社會。這種社會背景下，就如同人類一樣，機器具備了智能，並能夠自主通信，自動形成可編程社會的法律和規則，不需要藉助人類的外力，就可以自行迭代和進化。這是一個面向組織單元（個體、團體、機構）的大眾化、開放式、賦能共益的智慧組織構建與深度協作平臺，構建無邊界的社會化生態，助力組織轉型與個體挖潛，引領以人的關係為核心的價值連接與協同創新。從歷史的角度看，自治組織邊界的變動不僅會改變其內部的連接結構，也會改變外部的連接狀態，有目的的互動行為會促使組織自發地向更高級的形式演進，從而改變整個社會組織的連接結構和監管方式。[2]可編程社會帶來了信任重構，降低交易成本，既提高了社會管理效率，也完善了社會治理方式，或許最終會帶領人類走向更加公正、有秩序和安全的自治社會。

區塊鏈與萬物智聯。區塊鏈的可編程特性將推動社會進入基於機器信任的萬物智聯時代。IDC 預測，到二〇二五年，全球物聯網設備將達到四百

---

1 鄭志明：〈建立國家主權區塊鏈基礎平台迫在眉睫〉，《中國科學報》2018 年 10 月 18 日，第 6 版。

2 南湖互聯網金融學院：〈區塊鏈技術的可編程性將變革經濟社會和生活的組織方式〉，東方財富網，2016 年，http://finance.eastmoney.com/news/1670,2016081765607929 8.html。

一十六億臺，產生七十九點四澤字節（ZB）的數據量。[1]「在有互聯網以前，物理世界是離線的；在有了互聯網以後，世界在向在線進化。」[2]連接是在線的結果，在線後才能讓連接滲透到社會。因此，互聯網的本質特徵就是「連接」，使人人相連（智能互聯網）、物物相連（物聯網）、業業相連（工業互聯網）成為可能。[3]區塊鏈技術顛覆了互聯網的最底層協議，並將大數據、人工智能、區塊鏈、5G 等技術融合到物聯網中，這種融合將創造出一個智能連接的世界，對所有的個人、行業、社會和經濟體產生積極影響，推動人類社會走向一個萬物感知、萬物互聯和萬物智能的世界。基於泛在網絡[4]的智能連接，需要藉助互聯網、物聯網等連接技術，以及無處不及的各類智能終端硬件設施，構築萬物智聯的泛在網絡世界。這種連接將可以隨時隨地獲取行為數據，通過網絡及時傳遞和存儲這些數據，為計算和應用奠定基礎。普遍連接既包括人與人之間的數字化連接，還包括依託數字化而實現的人、物、智能終端相互之間的連接和貫通。與此同時，跨域連接在普遍連接的基礎上，進一步依託數字化所帶來的虛擬化的獨特便利，革命性地突破了地域空間限制，實現了跨地域的有效連接，從而真正實現了全球網絡一體化的互聯互通目標。跨域連接而形成的網絡世界裡，任何一個具體的人、物或電腦、智能設備、服務器等，都作為數字化網絡上的「連接點」而存在。[5]「每一個智能終端都是一臺微型計算機，它是一個客戶端，通過無線網絡與

---

1 IDC：〈全球物聯網設備數據報告〉，安防知識網，2019 年，http://security.asmag.com.cn/ news/201906/99489.html。
2 王堅：《在線：數據改變商業本質，計算重塑經濟未來》，中信出版社 2016 年版，第 34 頁。
3 房嘉財：《連接：移動互聯網時代的商業智慧密碼》，機械工業出版社 2015 年版，第 25 頁。
4 泛在網絡的概念來源於拉丁語的「ubiquitous」，是指無處不在的網絡。
5 李一：〈「數字社會」運行狀態的四個特徵〉，《學習時報》2019 年 8 月 2 日，第 8 版。

服務器端相連，客戶端與服務器端的數據可以相互傳送。很顯然，智能終端的最顯著的特性就是連接。」[1]這將讓越來越多、各種形態的智能終端跨越個人電腦和手機連接，並藉助傳感器使人類更好地去感知世界、認知世界。可以想像，未來全球所有智能終端都可能有一塊芯片連接到區塊鏈網絡上。這種區塊鏈物聯網絡一旦實現，人與機器、機器與機器智能之間進行交互就擁有了一種通用的語言，社會規則可編程，社會資源可以自由連接。

二 數據、算法與場景

「從一定程度來說，智能合約是生產關係的智能化，人工智能的目的是物的智能化，而智能合約的目的則是人與人、人與物、物與物間關係的智能化。」[2]因此，人工智能和智能合約都在指向一種智慧社會。[3]人工智能與智能合約技術的相互促進與融合，既能給智能合約帶來更加廣闊的應用場景、數據資源和算法資源，也能讓人工智能變得更加安全、高效，從而提升區塊鏈領域的廣度和深度。兩者的結合能夠在去除信任中介、降低交易成本、防範風險等方面發揮重要作用，並且對智慧社會的建設產生關鍵性影響。數據、算法、場景是智慧社會的三大關鍵要素（圖4-3）。其中，數據是基礎，算法是手段，場景是目的。未來智能合約還將具備根據未知場景的預測推演、計算實驗和一定程度上的自主決策功能，實現人類的社會契約向真正的「智能合約」飛躍。

---

1 王吉偉：〈大連接時代十大標誌之四：智能終端大勢已成〉，搜狐網，2017 年，https://www.sohu.com/a/127131184_115856。
2 方彪：〈智能合約助推智能社會建設〉，《中國社會科學報》2019 年 8 月 28 日，第 7 版。
3 智慧社會是一個高度聯通、高度數字化、高度精準計算、高度透明和高度智能化的社會（汪玉凱：〈智慧社會倒逼國家治理智慧化〉，《中國信息界》2018 年第 1 期，第 34-36頁）。

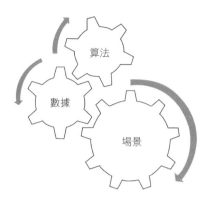

圖 4-3 | 智慧社會的三大關鍵要素

數據：智慧社會重要的生產要素。一方面，數據作為一種資源，和土地、勞動力、資本等生產要素一樣，可以推動全球經濟增長和世界各國的社會發展；另一方面，數據作為一種社會關係的構建力量，是時代的核心，與物質、能源一起成為自然世界人類活動所必須的三大要素，並從描述事物的符號變成了世界萬物的本質屬性之一。然而在中心化社會系統中，海量數據通常掌握在政府或大型企業等「少數人」手中，為少數人「說話」，其公正性、權威性甚至安全性可能都無法得到保證。區塊鏈數據則通過高度冗餘的分布式節點存儲，掌握在「所有人」手中，能夠做到真正的「數據民主」。同時，區塊鏈以其可信任性、安全性和不可竄改性，能夠在保證數據可信、數據質量、數據隱私安全的前提下，全面實現數據共享和數據計算，為智慧社會應用在數據質量和共享層面提供有力的支持。首先，區塊鏈的不可竄改和可追溯性使得數據的採集、交易、流通，以及計算分析的每一步記錄都可以留存在區塊鏈上，任何人在區塊鏈網絡中，不能隨意竄改數據、修改數據或製造虛假數據，這使得數據的可信性和質量得到一定程度的信用背書，有

助於人工智能進行高量的建模，從而使用戶獲得更好的用戶體驗。[1]其次，基於同態加密、零知識證明、差分隱私等技術，區塊鏈可以實現多方數據共享中的數據隱私安全保護，使得數據所有者在不透露數據細節的前提下進行數據協同計算。最後，基於區塊鏈的激勵機制和共識機制，極大拓展了數據獲取的渠道。在區塊鏈密碼學技術保證隱私安全的前提下，可以向全球範圍內所有區塊鏈網絡的參與者，基於預先約定的規則收集需要的數據，對於不符合預先規則的無效數據，通過共識機制予以排除，確保可信和高質量的數據為開展計算與建模提供保障，極大提升區塊鏈數據的價值，拓展其利用空間。總之，區塊鏈能夠進一步規範數據的使用，精細化授權範圍，有助於打破數據孤島，形成塊數據匯聚與流通，實現保護數據隱私前提下的安全可信的數據共享和開放。

　　算法：智慧社會提升社會生產力的核心引擎。智能合約在多個節點上執行，依賴於算法，利用算法來建立信任，而不以人的意志為轉移，這就避免了傳統契約、法律中受主觀意志控制的危險，使得執行結果更加公平。「掌握了數據，就意味著掌握了資本和財富；掌握了算法（algorithm），就意味著掌握了話語權和規制權。」[2]區塊鏈中的智能合約本質上也是一段實現某種算法的代碼，既然是算法，那麼人工智能就可以嵌入其中，從而使區塊鏈智能合約更智能。正如勞倫斯·萊斯格所言：「未來，代碼既是實現自由和自由主義理想的最大希望，也是最大威脅。我們既可以設計、編程、建造出一個網絡空間，用以保護我們堅信的核心價值，也可以在這個網絡空間中任由這些價值消失殆盡。我們既沒有中間道路，也沒有萬全之策。代碼不是被

1　劉曦子：〈區塊鏈與人工智能技術融合發展初探〉，《網絡空間安全》2018 年第 11 期，第 54 頁。
2　馬長山：〈智慧社會的治理難題及其消解〉，《求是學刊》2019 年第 5 期，第 92 頁。

發現的，而是由人類發明創造出來的。」[1]另外，智能合約是區塊鏈系統難以切斷與法律聯繫的另一領域，「區塊鏈智能合約既是技術，亦反映當事人權益的變動與調整，屬於法律規制對象，具有技術與法律雙重意義」[2]。實際上，智能合約代碼是區塊鏈智能法律合約構成要素、邏輯結構的反映，即使缺少直接的區塊鏈智能法律合約文本，亦可通過區塊鏈智能合約技術底層規則或協議、智能合約運行方式、過程及結果等，確認區塊鏈智能法律合約。[3]但「我們需要確定和界定何種社會契約會更需要『代碼法律』」[4]，而這種算法合約能否成為法律意義上的合同還需進一步論證。因此，「在堅持解釋論的基礎上，現行法需要吸取法律調整電子合同的有益經驗，利用傳統合同法來確定智能合約的發布和代碼執行的性質，為法律應對智能合約提供制度框架」[5]。另外，算法的迭代和運行需要強大的算力來支撐。在未來「萬物智聯」的時代，無論是物聯網、大數據還是人工智能，都是對數據存儲和計算有著極高要求的技術，比如，區塊鏈與雲計算的結合。一方面，雲計算的基礎服務有助於推動區塊鏈的研發部署；另一方面，區塊鏈去中心化、數據不可竄改等技術特點有助於提高雲計算對可信度、安全等方面的控制能力。[6]在這個發展過程中，算力是生產力，數據是生產資料，而這種區塊鏈組織算力的形式，則構成了新型的社會生產關係。

區塊鏈的真正價值：場景應用。區塊鏈技術應用已延伸到數字金融、物

---

1 〔美〕勞倫斯・萊斯格：《代碼 2.0：網絡空間中的法律》，李旭、沈偉偉譯，清華大學出版社 2009 年版，第 83-90 頁。
2 郭少飛：〈區塊鏈智能合約的合同法分析〉，《東方法學》2019 年第 3 期，第 7 頁。
3 郭少飛：〈區塊鏈智能合約的合同法分析〉，《東方法學》2019 年第 3 期，第 8 頁。
4 〔美〕梅蘭妮・斯萬：《區塊鏈：新經濟藍圖及導讀》，韓鋒、龔鳴等譯，新星出版社 2016 年版，第 69 頁。
5 陳吉棟：〈智能合約的法律構造〉，《東方法學》2019 年第 3 期，第 18-29 頁。
6 李翔宇：《萬物智聯：走向數字化成功之路》，電子工業出版社 2018 年版，第 55 頁。

聯網、智能製造、供應鏈管理、數字資產交易等多個領域。智能合約不再僅僅作為區塊鏈系統的一個技術組件，而且成了一個被研究和應用的日益獨立的新技術。目前，無論是比特幣還是以太坊，還是其他同類數字貨幣，都無法取代法幣。因為它們不具有「一般等價物」特徵，不能成為自然貨幣，同時也不能準確描述市場上的商品價值，不能消除通脹、通縮帶來的危害。本質上，基於區塊鏈技術的數字貨幣就是一種虛擬空間的「獎勵積分」，僅僅在某些特定的範圍內具有一定的投資價值。[1]因此，應將區塊鏈技術儘快應用於「落地」的現實場景中，而不是停留在數字貨幣的瘋狂炒作階段。區塊鏈技術的實際場景應用，可以在更務實的基礎上，極大地促進社會經濟的共同進步。區塊鏈的「去中心化」「開放性」「信息不可竄改」等特徵，帶來一種嶄新的不需要第三方背書、絕對可信的社會關係，而「區塊鏈＋」也將催生新的應用場景和生產關係變革。區塊鏈的應用領域基於它的兩個基本屬性：一個是金融屬性，另一個是監管屬性。其金融屬性在於區塊鏈是「信任機器」，通過算法來建立信任的機制。在金融方面，所有的金融業務原則上都可以部分或全部採用區塊鏈技術。當然，在實際落地中還需要考慮存量、增量方面所涉及的成本、推廣阻力等。例如：在徵信、供應鏈金融、借貸、票據、證券、保險等業務方面，區塊鏈都有廣闊的應用前景；在政務方面，區塊鏈的應用涉及監管、審批、數據共享、仲裁、證照等；在產業方面，在如供應鏈存證、電子合同、質量管理、物流、溯源等領域，都有區塊鏈的應用案例；在民生方面，文旅融合、新零售的數字身分、產品溯源等領域都有區塊鏈落地的場景。

---

1 南云樓：《區塊鏈的價值在於現實場景應用》，《深圳特區報》2018 年 1 月 30 日，第 C3 版。

三 數字公民與社會治理

　　區塊鏈正在以一種更加迅速和激烈的方式改變著我們的世界，推動著人們向數字化的世界遷移。數字世界的誕生催生了「數字公民」，而作為數字國家的重要組成部分，「數字公民」對創新社會治理和公共服務意義重大。作為一種治理技術，區塊鏈與傳統的政治議程不同，其治理規則滲透於算法和技術結構中。這就急需我們突破傳統單一物理空間的思維習慣，確立雙重空間與智慧治理的新理念和新思維，按照雙重空間的生產生活、行為邏輯，融入和加持建模、算法、代碼等方式，設計規制方案，應對智慧社會基層治理的難題與挑戰，從而構建有效的智慧治理秩序。[1]基於區塊鏈技術的治理架構，「不但解決了民眾的交互信任問題，還可以讓公眾積極參與社會治理，形成協同社會治理模式，最大限度保障公眾利益，助推社會善治」[2]。

　　數字公民。「數字公民」就是數字化的公民或公民的數字化，它是公民在數字世界的映射，是物理世界公民的副本，是公民責、權、利的數字化呈現，是公民個體的重要組成部分。[3]在網絡世界，實名制難以實現，給網絡空間治理和誠信體系建設帶來很大的困難。其核心原因是公民的數字化身分的缺乏，就好比物理世界的公民沒有了身分證，無法證明「我是我」，享受權利和履行義務更無從談起。通過建設公民身分認證統一平臺和身分認證體系，才能聯通「信息孤島」，使公民擁有在數字世界暢行無阻的數字身分。只有政府部門簽發和管理的可信數字身分，配套修訂完善的相關法律法規，才能為公民提供基於實名認證環境的參與社會治理的統一入口。區塊鏈具備分布式的帳本數據和不可竄改的數據庫，除了容易獲取身分（標識）以外，

1　馬長山：〈智慧社會的治理難題及其消解〉，《求是學刊》2019 年第 5 期，第 97 頁。
2　王延川：〈區塊鏈：鋪就數字社會的信任基石〉，《光明日報》2019 年 11 月 17 日，第 07 版。
3　王晶：〈「數字公民」與社會治理創新〉，《學習時報》2019 年 8 月 30 日，第 3 版。

人的身分一旦上鏈便無法造假，可以讓任何需要身分證明信息的需求方和提供身分證明信息的提供商各取所需，從而構建可信的數字公民身分。依託可信數字身分，在物理世界和數字世界相融合的新空間裡，圍繞各類主體的身分識別建立的一套綜合體系，可以實現在現實場景和互聯網場景中對身分的安全可信驗證。[1]「數字公民」催生「多元」社會治理主體，構建由技術推動的自下而上的公共服務創新體系，使公民願意參與、主動參與到社會治理中，協同政府自上而下的治理體系，形成合力，實現從政府單一主體的管理模式走向多元主體的協同治理模式。「數字公民」使人在數字世界中的身分可識別、可認證，人的行為軌跡變得可追溯，對人的監管更加便利化、系統化，身處數字世界中的「數字公民」也必然會更加自律地規範自身的行為。

　　區塊鏈創新民生服務。習近平總書記強調，要探索「區塊鏈＋」在民生領域的運用，積極推動區塊鏈技術在教育、就業、養老、精準脫貧、醫療健康、商品防偽、食品安全、公益、社會救助等領域的應用，為人民群眾提供更加智能、更加便捷、更加優質的公共服務。「互聯網＋」的應用給人們帶來了極大的便利，不難想像，「區塊鏈＋民生」也具有廣闊的應用前景。區塊鏈技術可應用於民生重要數據的記錄、公證和服務，保證數據真實可靠和無法竄改，重塑社會公信力，如：區塊鏈推進扶貧、就業、社會保障的公平化和透明化，區塊鏈記錄和保存個人健康的私密數據，區塊鏈追溯食品供應過程，區塊鏈記錄學生成績和學歷證書等。[2]「區塊鏈＋」在民生領域的應用場景遠不止於此，理論上所有需要信任、價值、合作的民生服務都可以由區塊鏈技術提供完善的方案，如辦證、業務處理、醫療費用報銷、公積金發放、小額信貸調查、司法審判證據鏈、公證領域等更多的應用也需要「腦洞

1　王晶：〈「數字公民」與社會治理創新〉，《學習時報》2019 年 8 月 30 日，第 3 版。
2　貴陽市人民政府新聞辦公室：《貴陽區塊鏈發展和應用》，貴州人民出版社 2016 年版。

大開」的創新實踐。例如，在老百姓關心的食品、藥品安全領域，區塊鏈技術能夠幫助我們構建全過程可追溯、不可竄改的數據庫，以實現對食品、藥品安全的精準監測。再如，在醫療保險領域，過去最大的痛點之一是不能全面準確地掌握投保人的真實健康狀況，因為投保人可能去不同的醫院檢查、治療，也可能去不同的保險公司投保，藉助區塊鏈技術，在保證數據隱私性、安全性和可靠性的基礎上，可以實現保險公司與醫院之間的數據共享，從而極大地促進醫療保險業的發展。

　　區塊鏈賦能社會治理。「在社會治理和公共服務中，區塊鏈有廣泛的應用空間，將有力提升社會治理數字化、智能化、精細化、法治化水平。」[1]「總體來說，傳統社會治理屬於一元治理模式，民眾參與社會治理的成本較高。」[2]區塊鏈領域的共識機制、智能合約，能夠打造透明可信任、高效低成本的應用場景，構建實時互聯、數據共享、聯動協同的智能化機制，從而優化政務服務、城市管理、應急保障的流程，提升治理效能。區塊鏈技術作為底層科技支撐，能夠改變公眾參與社會治理的狀態，促進社會協同和民主協商。區塊鏈的分布式和點對點技術能夠實現社會治理中的多主體參與，幫助各個社會主體在政府主導下構建信任機制。區塊鏈有助於調整人與人之間的關係，進而改變過去由政府統管一切的社會治理模式，讓人民切實參與到社會治理過程中，更加深入地參與到經濟社會發展和變革過程中。[3]主權區塊鏈讓基於協商一致原則的社會契約論成為可能。協商民主制度所倡導的是包容、平等、理性、共識等理念，在實際操作中讓這些理念轉化為日常的實

1　鞏富文：〈以區塊鏈賦能社會治理〉，《人民日報》2019 年 11 月 21 日，第 5 版。
2　王延川：〈區塊鏈：鋪就數字社會的信任基石〉，《光明日報》2019 年 11 月 17 日，第 7 版。
3　楊東、俞晨暉：〈區塊鏈技術在政府治理、社會治理和黨的建設中的應用〉，人民論壇網，2019 年，http://www.rmlt.com.cn/2019/1230/565266.shtml。

踐，必須要依靠現代科技。主權區塊鏈的分布式、可信任等技術特點，有助於更好地解釋現有的政治制度，甚至可能激活其中一些「沉睡」的功能，從而走出一條更為穩定的道路。主權區塊鏈作為一個總帳，不僅僅是簡單地作為貨幣交易記帳系統，其核心是作為一個平臺，讓人們在不需要第三方中介的情況下可就任何事情達成協議和共識。利用主權區塊鏈技術，有利於消除信任基礎模式存在的內在缺陷，充分發揮協商民主制度的作用。在主權區塊鏈下，政治協商制度所暗含的「理性協商」「平等尊重」「共識導向」等協商民主要素將進一步得到激活和強化，甚至有可能使其傳統的帶有菁英色彩的協商走向一種更能包容大眾參與的民主實踐。[1]分布式共識是智能合約自治的根基：每個節點均參與了治理，從而實現了「自治」。[2]可以說，基於區塊鏈底層技術的智能合約，將重構國家、政府、市場、公民的共治格局，在多元共治的網絡社會治理體系中，推動人類社會真正進入契約社會。

第三節
可追溯政府

盧梭在《社會契約論》中的思想主張是，一個理想的社會建基於人與人之間而非人與政府之間的契約關係[3]，即政府是主權者的執行人，而非主權

1　大數據戰略重點實驗室：《重新定義大數據：改變未來的十大驅動力》，機械工業出版社 2017 年版，第 59 頁。

2　許可：〈決策十字陣中的智能合約〉，《東方法學》2019 年第 3 期，第 53 頁。

3　盧梭在《社會契約論》中論及政府的建制原則時認為：「政府就是臣民和主權者之間所建立的一個中間體，以便兩者得以互相適合，它負責執行法律並維持社會的以及政治的自由。」他認為：政府由作為主權者人民所同意的人組成，他們是人民的公僕；人民自然可以對政府加以限制、糾正和撤換；人民擁有對政府的永遠的革命權；國家權力源於個人權利的轉讓，政府權力源於主權者的委託，因此政府權力必須始終服務於人民。盧

者本身。然而，盧梭所倡導的「直接民主」也是出於對人與人之間沒有基礎信任的無奈，因為人的意志一旦被代表，終將被扭曲。在數字社會，隨著區塊鏈智能合約的介入，技術創造機器信任，使得人與人之間的契約關係從原本的政府信任背書轉變為技術信任背書，杜絕了人為因素干預，讓全流程信息數據不可竄改、不可撤銷、可驗證、可追溯、可追責，從而解決數字政務在網絡空間中的信任「梗阻」問題，為「數字證明」「數字契約」和「數字制度」等構建起真實、不可抵賴的信任基礎。可以說，基於區塊鏈與智能合約的治理範式，將是社會契約在數字文明時代裡新的表現形式，能有效推動政府角色轉換和職能轉變，促進政府組織結構扁平化、治理及服務過程陽光透明，實現社會公平正義，加快數字化轉型，打造可信數字政府，不斷為國家治理體系和治理能力現代化建設賦能。

一　政府權力的監管

盧梭認為：組成政府制度的不是一項契約行為，而是法律行為；行政權力的掌握者不是人民的主人，而是人民的僱員；從表面上看，統治者只是在行使自己的權力，但是這種權力又很容易擴散。[1]在人類社會這個實體當中，政府或者領導者肩負著制定、執行社會契約的權利和義務，是一個中心化的系統。然而，數字社會的執行人不再是中心化的「政府」。分布式的群體決策，能夠讓每個個體享受到群體經驗的結晶，從而不斷進行個體及群體的良性迭代。同時，區塊鏈的歷史可以追溯，使每個參與決策的人的記錄得以保存，不可竄改，接受所有人的監督和管理，也使得整個數字社會的契約

梭的激進資產階級民主主義學說是法國大革命，尤其是雅各賓派專政的理論基礎。

1　〔法〕盧梭：《社會契約論（雙語版）》，戴光年譯，武漢出版社 2012 年版，第 93-94頁。

更加陽光透明和民主開放。尤其是大數據改變了傳統公權力運行的軌跡，再造了權力的主體和客體，為我們打開了一扇重新認識權力的窗口。「數據即權力，權力即數據。」權力被賦予一種數據的屬性，數據分權與制衡成為新常態，權力分散化、權力開放化、權力共享化成為其主要特徵。[1]當傳統的權力結構體系被數據維度打破，權力邊界被數據維度調整，權力邏輯被數據維度改寫，權力就可以被關進制度的籠子。這些變革最終將轉化為一種國家治理的能見度和正能量，為實現真正的「數據治理」築牢基礎。

區塊鏈真正實現權力數據化。權力數據化是權力可分割、可度量、可計算、可重組、可規範的前提，是使每一項權力的運行過程規範、透明、可量化、可分析、可防控的保障。[2]但是，數據存在被刪除、被竄改等風險，難以保障對權力的全流程動態追蹤監管和智能化分析。區塊鏈可以從技術上保障數據留痕、數據彙集、數據關聯分析、數據智能，實現真正意義上的權力數據化，進而實現權力的數據可公開、來源可追溯、去向可追蹤、責任可追究，為政府權力的監管提供了一種新的方案。首先，數據留痕。區塊鏈從技術上可以實現權力數據處處留痕，並保證留痕數據時時可記錄、動態可查詢、全程可追溯。區塊鏈上多節點共參與和共監管機制決定了數據不會被「隱匿」（不上傳記錄）。其次，數據彙集。數據彙集是進行數據關聯分析的前提，是實現數據價值的基礎，區塊鏈保證了網絡中所有節點共同參與、共同驗證同一網絡中數據的真偽，基於全網共識產生的數據是可信且不可竄改的結構化數據。再次，數據關聯分析。區塊鏈是繩網結構，通過結繩成網，實現了鏈與鏈之間的數據關聯，區塊鏈的共識機制和透明化、去信任化的特

1　大數據戰略重點實驗室：《塊數據 2.0：大數據時代的範式革命》，中信出版社 2016 年版，第 253 頁。

2　大數據戰略重點實驗室：《塊數據 3.0：秩序互聯網與主權區塊鏈》，中信出版社 2017 年版，第 193 頁。

性決定了記錄在區塊鏈上的數據有進行數據分析的良好基礎。最後，數據智能。區塊鏈智能合約為權力數據智能提供了支撐，權力數據一旦被記錄在區塊鏈上，就可以實現基於權力數據智能匹配的智能風險預警。

　　區塊鏈破解政府權力監管的治理難題。由於政務信息透明度低、公民政治參與度低[1]、政府公共服務能力弱、政府權力壟斷和濫用等因素，政府信任缺失的情形越來越突顯。基於區塊鏈構建政府信任，應從政府職能的前端到末端，逐層搭建，將區塊鏈應用於政府公共服務、多方參與、信息共享、監督反饋等節點，將政府信任的構建交給技術工具，將複雜的政府信任問題簡單化，提高政府履行職能的水平和效率，促進多中心良性互動，真正實現政務公開與信息共享，以及全方位監督反饋，構建起邏輯清晰的政府「區塊信任網」，形成基於區塊鏈的政府信任生態。[2]另外，在基於區塊鏈的公共服務網絡中，各利益相關者的地位逐漸趨於平等，政府部門只是網絡成員之一，這將減少政府對公共服務領域的公權力控制，減少公眾對政府部門的依賴，在一定程度上削弱政府部門的管理權威。未來，大數據、人工智能、區塊鏈等信息技術的深度融合，將有利於建設跨地域、全行業、穿透行政層級、全生命週期管理的區塊鏈監管服務平臺，促進政府職能的轉變和監管方式的創新，優化政府業務流程，包括監管機構和政府機構，使得政務公開真正走向陽光、透明、可信。

　　「數據鐵籠」是技術反腐的先驅。二〇一五年，「數據鐵籠」作為「破解監督制約權力這一重大課題的創新之舉」和公眾見面，並率先在行政權力相對集中、與群眾生活密切相關的市住房和城鄉建設局、市公安交通管理局

1　劉建平、周云：《政府信任的概念、影響因素、變化機制與作用》，《廣東社會科學》2017 年第 6 期，第 83-89 頁。
2　陳菲菲、王學棟：《基於區塊鏈的政府信任構建研究》，《電子政務》2019 年第 12 期，第 56 頁。

等政府部門開展應用試點，開啟了以「數據鐵籠」工程建設反腐的探索創新模式。「數據鐵籠」從本質上說就是把權力關進數據的籠子裡，讓權力在陽光下運行。它是以權力運行和權力制約的信息化、數據化、自流程化和融合化為核心的自組織系統工程（圖4-4），藉助大數據實現政府負面清單、權力清單和責任清單的透明化管理，推動行政管理流程優化再造，推動改進政府管理和公共治理方式，促進政府簡政放權、依法行政，從根本上解決領導幹部和公職人員「不作為、慢作為、亂作為」的問題。[1]運用制度的籠子鎖住權力，就是要把權力運行過程全部數據化，讓權力運行的軌跡有據可查，通過籠子作用監督、規範、制約、制衡權力，以保證權力正確行使而不被濫用。[2]具體來說，「數據鐵籠」通過搭建與行政審批服務相關的統一平臺，實

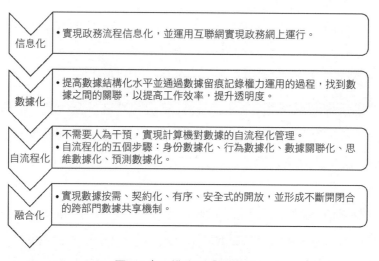

信息化	• 實現政務流程信息化，並運用互聯網實現政務網上運行。
數據化	• 提高數據結構化水平並通過數據留痕記錄權力運用的過程，找到數據之間的關聯，以提高工作效率，提升透明度。
自流程化	• 不需要人為干預，實現計算機對數據的自流程化管理。 • 自流程化的五個步驟：身份數據化、行為數據化、數據關聯化、思維數據化、預測數據化。
融合化	• 實現數據按需、契約化、有序、安全式的開放，並形成不斷開閉合的跨部門數據共享機制。

圖 4-4 ｜公權治理「四部曲」

---

1 大數據戰略重點實驗室：《塊數據 3.0：秩序互聯網與主權區塊鏈》，中信出版社 2017 年版，第 191 頁。
2 賈洛川：《對打造監獄警察反腐制度籠子的思考》，《犯罪防控與平安中國建設——中國犯罪學學會年會論文集》，中國檢察出版社 2013 年版，第 91 頁。

現全部行政審批服務、登記事項的統一管理和數據共享以及協同審批等功能，進一步提高社會公眾對政府權力部門的信任度，同時藉助云平臺實現對市場行為的有力監控，讓市場中的失信行為得到應有的懲處，以實現規範市場行為的目標。[1]

區塊鏈成為監管科技的重要組成部分。「數據鐵籠」有利於實現政府權力運行監管、績效考核和風險防範的大數據應用工程，但也面臨著一些問題：一是「數據鐵籠」被動應用的問題，迫切需要通過「數據鐵籠」應用的價值體現來激勵各級公務員形成自覺行動習慣，並構建新的規則和秩序；二是「數據鐵籠」應用相對獨立的問題，其仍存在業務數據被人為竄改的風險。基於此，區塊鏈用代碼構建了一個最低成本的信任方式——機器信任，這裡不需要用盡心思去識破「花言巧語」，不需要政府背書，更不用擔心制度不公與腐敗，為「數據鐵籠」的應用問題提供了解決思路。首先，建立基於主權區塊鏈的「數據鐵籠」監管平臺，建立覆蓋所有政府部門節點的「數據鐵籠」區塊鏈，促進區塊鏈上各部門重要權力運行數據形成不可竄改的加密記錄，促進權力運行相互監督，建立各部門「數據鐵籠」應用的綜合評估評價體系，使「數據鐵籠」更牢固，更透明，更具約束力。其次，建設基於主權區塊鏈的公務員遵規守紀誠信系統，在區塊鏈上記錄公務員遵規守紀、履職效能等重要信息，各部門節點共同驗證和審核，建立一條不可竄改的公務員「誠信鏈」，各部門根據權限查詢公務員誠信記錄。在公務員遵規守紀誠信系統基礎上，建立「數據鐵籠」應用的價值激勵機制，如工作量激勵和「點贊」機制，將公務員遵規守紀誠信系統作為考核、任用和獎懲的重要依據。對領導幹部和紀檢委員「數據鐵籠」應用情況，形成督查積分，並記錄

---

1 大數據戰略重點實驗室：《「數據鐵籠」：技術反腐的新探索》，《中國科技術語》2018年第 4 期，第 77 頁。

在公務員遵規守紀誠信系統中。[1]把區塊鏈技術與數據鐵籠相結合，規範和制約權力有效運行，進一步確保權力監管處處留痕。

二 政府責任的追溯

對於政府這個存在，一直以來人們是又愛又恨。本來，政府代表和維護人民的利益，政府官員是人民的公僕，如果缺少了政府這一機構，國家將面臨政治秩序崩潰、市場機制失靈和公共事業衰敗等一系列風險。政府隨著自身規模的日漸龐大，尤其是其一旦和權力媾和，就會暴露出某種可惡和可怕，包括官員的腐敗和政府的俘獲，如強權和獨裁的橫生等。因此，英國學者約翰‧洛克在《政府論》中，就把政府看作「必要的惡」，而明確提出「有限政府」的概念，「憲政」就是要「限政」。馬克思和恩格斯則把國家稱為社會的「累贅」和「腫瘤」，「最多也不過是無產階級在爭取階級統治的鬥爭勝利以後所繼承下來的一個禍害」。毫不客氣地說，政府失責、失信、失德行為在相當程度上損害了社會信用，其本質是權力的失範。負責任是現代政府應具備的主要品質，也是當代政府的一個非常明顯的特徵。只有對公民負責且權力受到限制的政府才是責任政府。「責任政府意味著政府能積極地回應、滿足和實現公民的正當要求，責任政府要求政府承擔道德的、政治的、行政的、法律上的責任。同時，責任政府也意味著一套對政府的控制機制。」[2]基於區塊鏈的可追溯政府，能夠從技術上真正構建起來源可查、去向可追、責任可究的責任政府，解決以往不透明、效率低、監管難等諸多問題，從根本上再造政府與企業、公民之間的良性互動關係，重塑政府信任。

政府責任與責任政府。現代代議制民主政府在本質上是責任政府。「在

---

1 貴陽市人民政府新聞辦公室：《貴陽區塊鏈發展和應用》，貴州人民出版社 2016 年版。

2 張成福：《責任政府論》，《中國人民大學學報》2000 年第 2 期，第 75 頁。

現代政治實踐中，所謂責任政府並不是一種意志表示，而是一種政治原則以及建立在這種政治原則基礎上的政府責任制度。」[1]根據人民主權原則，國家權力的本源在於人民，但是人民不可能直接管理國家和社會公共事務，必須通過一定的規則和程序，按照人民的意志，產生出能夠代表人民利益的國家權力主體來管理國家和社會公共事務。政府就是這種權力主體的一個非常重要的部分。根據委託代理理論，政府的權力來自人民，政府在獲得權力的同時，也就承擔了相應的責任，因而政府只有在真正承擔選民直接或間接賦予的責任時才是合法的。責任政府意味著政府應積極地對立法機關負責，對立法機關制定的法律負責，回應、滿足和實現公民的正當要求，負責任地使用權力。責任政府行使的每一項權力背後都連帶著一份責任。毫無疑問，責任政府的負責對像是根據一定的規則和程序使政府由此產生的全體人民及他們的代表機關。根據民主政治和法治行政的原理，首先，政府應當承擔體現人民意志的憲法和法律所規定的責任，承擔違背憲法和違背法律行使權力的責任。其次，民主政治和代議制的原理要求行政官員必須制定符合民意的公共政策並推動其實施，如果在政策制定和實施的過程中，行政官員決策失誤或違背民意，沒有履行好自己的職責或有失職、瀆職的行為，其應承擔相應的政治責任。再次，在政府機關工作的國家公務員，應當成為帶頭遵紀守法的模範，應當恪盡職守，勤政為民，廉潔奉公，公道正派，不以權謀私，這既是公務員的義務也是責任。公務員未履行職責的話，除了要承擔違法違紀的責任外，還應當受到社會道德的譴責，承擔違反行政倫理的道德責任。[2]

　　區塊鏈的可追溯機制。可追溯機制是指能夠全方位進行信息追蹤的機制，以點對點監管網為基本載體，及時追溯每個節點的數據變化、交易以及

1　王邦佐、桑玉成：《論責任政府》，《黨政幹部文摘》2003 年第 6 期，第 10-11 頁。
2　蔡放波：《論政府責任體系的構建》，《中國行政管理》2004 年第 4 期，第 48 頁。

其他各方面的信息，一旦出現質量和安全問題，可以及時追溯主要責任人，讓該責任人來承擔相關責任。[1]可追溯機制的邏輯以信息、風險和信任三大要素為基礎，並根據這三大要素建立起相應的信息風險責任機制。監管者明晰信息、風險和信任等要素在監督和管理中的關鍵作用，同時建立起有效的信息、風險和信任機制。這種機制是改變以往粗線條監管模式的有效途徑，它利用這三大要素將監督管理納入一個規範有序、基本上可操控和可預期的績效框架中。區塊鏈上每個區塊的區塊頭包含前一區塊的交易信息哈希值，使得起始區塊（第一區塊）與當前區塊連接形成一條長鏈，且每個區塊必須按時間順序跟隨在前一個區塊之後。「區塊＋鏈」的結構提供了一個數據庫的完整歷史，從第一個區塊開始，到最新產生的區塊，區塊鏈上存儲了全部的歷史數據，這樣就為我們提供了數據庫內每一筆數據的查找功能，區塊鏈上的每一條交易數據都可以通過區塊鏈的結構追本溯源。在區塊鏈中，數據將由整個網絡實時監控，任何企圖竄改或刪除信息的行為都將被區塊鏈察覺、記錄與拒絕。保證每一個環節（區塊）數據的及時性、準確性和有效性，整個追溯數據才能做到責任明確，真正實現「生產有記錄，過程有監管，責任可追溯」。

　　基於區塊鏈的可追溯政府。區塊鏈適用於多狀態、多環節，需要多方共同參與協同完成，多方互不信任，無法使用可信第三方的場景，而政府信任的建立與維護需要實現信息公開、透明可信、防竄改、可追溯、權力制約以及多方協同參與，區塊鏈的適用準則恰好與政府「公共性＋信任」的價值追求完美契合。[2]基於區塊鏈技術形成的多層協作、多頭互聯的政府責任機

1　大數據戰略重點實驗室：《塊數據 3.0：秩序互聯網與主權區塊鏈》，中信出版社 2017 年版，第 208-209 頁。
2　陳菲菲、王學棟：《基於區塊鏈的政府信任構建研究》，《電子政務》2019 年第 12 期，第 58 頁。

制，使得區塊鏈上的各節點有權利和義務共同監督、維護鏈上數據，採集可溯源和不可竄改的數據，實行「誰產生數據、誰更改數據就由誰負責」的原則，這就避免了海量數據造成的各類風險，進而提高政府決策的透明性、民主性，推動可信、可追溯政府的建設。此外，區塊鏈的防竄改、可追溯特性使得鏈上的所有信息活動都可查詢與追蹤，自動形成所有成員的信用檔案，能夠最大限度地實現社會成員對政府等交往對象的監督。[1]因此，通過區塊鏈建立多主體監督反饋環節，各主體不僅要對自己錄入的數據信息負責，同時需要共同承擔區塊鏈的監管責任。藉助區塊鏈技術因去中心化、不可竄改而便於回溯的特徵，可以構建一種「政府輔助之下政務服務平臺自組織式運作」的公共決策責任機制。[2]可以說，在這種公眾監督的契約約束下，區塊鏈為公眾參與、分布式自治提供了保障信任的技術基礎，並不斷倒逼政府形成完善的可追溯責任機制，為構築未來數字政府奠定了堅實的基礎。

區塊鏈賦能公益溯源。新冠肺炎疫情期間，湖北省紅十字會、武漢市紅十字會之所以被質疑，是因為物資、善款使用等信息發布不及時，不公開，不透明，這也是當下公益慈善事業發展所面臨的痛點與難點。區塊鏈技術具有分布式、難竄改、可溯源等特點，能夠有效解決傳統公益慈善中流程複雜和暗箱操作等問題。具體來說，可通過區塊鏈建立公開、透明、可追溯的慈善捐贈平臺，利用區塊鏈的分布式帳本和共識機制，記錄捐贈與領用過程的相關信息，包括捐贈者、受助者、中間機構、捐贈物資等實體信息，以及物資捐贈、分配、接受及受助者確認等過程信息，為每個參與者發放一個唯一的區塊鏈身分，並進行實名認證，由參與者對各個環節進行簽名，避免偽

---

1 張毅、朱藝：《基於區塊鏈技術的系統信任：一種信任決策分析框架》，《電子政務》2019 年第 8 期，第 117-124 頁。

2 蔣余浩、賈開：《區塊鏈技術路徑下基於大數據的公共決策責任機制變革研究》，《電子政務》2018 年第 2 期，第 32 頁。

造、冒領等問題。同時，鏈上機構身分透明，所有交易都要進行全網廣播，並且每一個節點都會被記錄在帳本上，這使得區塊鏈具有可追溯的特性。相關人士可對每一筆交易進行查詢和追溯，點對點地追溯到相關責任人，並可對數據記錄的真實性進行驗證，追溯到源頭，做到主體責任清晰明確，保證公益項目的公開性和透明性，由此重塑可信公益慈善體系。

三　數字政府的範式

中共十九屆四中全會明確指出：「建立健全運用互聯網、大數據、人工智能等技術手段進行行政管理的制度規則；推進數字政府建設，加強數據有序共享，依法保護個人信息。」建設數字政府成為「創新行政方式，提高行政效能，建設人民滿意的服務型政府」的重要途徑和關鍵抉擇。[1]數字政府治理有助於強化國家治理、社會治理以及政府治理能力。到目前為止，數字政府治理依然是一個相對模糊、難以定義的公共管理理論概念。根據國內學者對數字政府治理不同角度、不同領域的理論闡釋與學術研究，可以嘗試從理論視域、目標指向兩方面理解數字政府治理的邏輯。在理論視域方面，人類社會形態從農業社會、工業社會逐步演變為數字社會，信息化程度越來越高，推動政府轉換治理方式，即從傳統的代議互動、單向控制轉換為共商共建共享、數字協商。在目標指向方面，作為一種新型的國家治理方式，數字政府治理側重於數字政府與其他治理主體之間的聯動型變革以及共享發展，其目標指向開始由撬動政府治理變革向創造共同價值轉化。[2]數字政府建設關鍵不在於「數字」，而在於「治」。基於區塊鏈的治理架構可以為數字政

1　陳加友、吳大華：《建設數字政府　提升治理能力現代化水平》，《光明日報》2019 年 12 月 9 日，第 6 版。

2　朱玲：《我國數字政府治理的現實困境與突破路徑》，《人民論壇》2019 年第 32 期，第 72 頁。

府治理提供基礎的數據信任架構。

　　主權區塊鏈成為政府治理的數字基礎設施。「在數字政府體系中，主權區塊鏈將作為政府治理的數字基礎設施，結合技術規則和法律法規兩個層面完成科技監管與執法治理工作，數字政府將在此基礎之上發揮新定義下的經濟職能、政治職能和社會職能，完成社會治理體系的構建與實施。」[1]隨著價值互聯網時代的到來，理論和技術的創新正在催生新的數字政府體系和治理範式。如果信息互聯網解決了信息不對稱、表達不廣泛的問題，實現了民主場景的拓展，那麼區塊鏈就可以在此基礎上提供一套民主運行機制，使得層級化的政府內部結構及以政府為核心的社會治理體系得以進行適應性調整，推動區塊鏈「共識」發展為主權區塊鏈「共治」（圖 4-5）。在主權區塊鏈發展初期，數字政府的應用重點是利用區塊鏈技術完善行政管理或公共服務信息系統，其主要領域包括數字身分登記、信用認證、數據服務等，以由國家相關機構主導的聯盟鏈形式為主。在主權區塊鏈發展成熟後，由於區塊鏈與信用、價值的天然結合，數字政府的經濟職能有望首先實現。主權數字貨幣是數字政府經濟職能的重要表現，主權數字貨幣將兼具數字貨幣的公開、透明、可追溯和主權貨幣的安全、穩定與權威的優勢，有望成為未來貨幣的主流形態之一，然而受限於當前區塊鏈技術的效率與安全性及發行主權數字貨幣的巨大影響和高風險，各國政府目前總體保持積極研究與謹慎的態度。政府行政管理涉及政府內部的系統管理，對主權區塊鏈的安全性和穩定性提出了更高的要求，因此數字政府的政治功能將在經濟功能之後實現。公共基礎設施建設主要集中在工業、製造業等領域，與區塊鏈的結合點並不多，因此數字政府的社會功能有望最終實現。

1　本翼資本：《當談論區塊鏈下的數字政府，我們應該談論什麼》，《星球日報》，2018年，https://www.odaily.com/post/5133065。

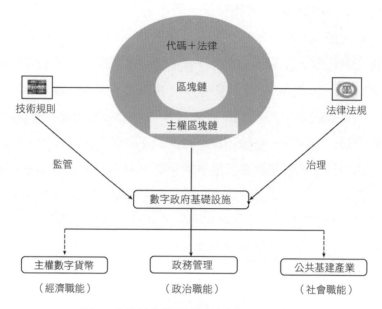

圖 4-5 ｜ 基於主權區塊鏈的政府治理系統

資料來源：本翼資本：《當談論區塊鏈下的數字政府，我們應該談論什麼》，《星球日報》，2018 年，https://www.odaily.com/post/5133065。

　　數字孿生創新數字政府治理範式。「進入智能互聯網時代之後，形成了物理（現實）／電子（虛擬）的雙重空間，它深刻地改變了以往的生產方式和生活方式。」[1]城市治理體系也正在構建服務型數字政府的趨勢下發生重大變革，亟須確立數字政府治理的新理念、新思維，按照雙重空間的生產生活方式、智慧社會的生活邏輯，塑造政府治理的新型秩序環境。「在新一代信息通信技術和城市治理體制機制改革雙重力量驅動下，當前基於網格化的精細管理模式將逐步向基於數字孿生的高度智能化自治模式演進。」[2]數字

1　馬長山：《智慧社會的治理難題及其消解》，《求是學刊》2019 年第 5 期，第 92 頁。
2　張育雄：《淺談數字孿生城市治理模式變革》，搜狐網，2018 年，http://www.sohu.com/

孿生是以數據和模型為驅動、以數字孿生體和數字線程為支撐的新型製造模式，能夠通過實時連接、映射、分析、反饋物理世界的資產與行為，使工業全要素、全產業鏈、全價值鏈達到最大限度閉環優化。[1]「無論是公共領域還是私人領域，都已突破了傳統的物理空間意義和範圍，不斷地向虛擬空間進行拓展和延伸，而且，人們的行為和社會關係也在虛實同構中發生了深刻的變革。」[2]物理世界中的人、物和事件完全映射到虛擬世界，通過智能化處理，能夠被全面監控。智能化處理能夠掌握實體世界，也可以通過調整被數字化的要素，建立虛擬世界與實體世界的連接，對物理世界產生影響。實體世界和虛擬世界同生共存，虛實交融。數字孿生城市是支撐新型智慧城市建設的複雜綜合技術體系，是城市智能運行持續創新的前沿先進模式，是物理維度上的實體城市和信息維度上的數字城市同生共存、虛實交融的城市未來發展形態。[3]未來，整個世界將基於物理世界生成一個數字化的孿生虛擬世界，物理世界的人和人、人和物、物和物之間將通過數字化世界來傳遞信息與智能（圖 4-6）。

a/224351264_735021。

1　劉陽：《數字孿生關鍵技術趨勢及應用前景展望》，中國信息通信研究院，2019 年，http://www.caict.ac.cn/kxyj/caictgd/tnull_271054.htm。

2　馬長山：《確認和保護「數字人權」》，《北京日報》2020 年 1 月 6 日，第 14 版。

3　2019 年 8 月 26 日，徐昊在第二屆中國國際智能產業博覽會「智能化應用與高品質生活高峰論壇」上的發言：《數字孿生，智慧城市的範式變革》。

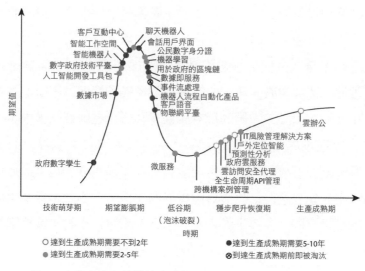

図 4-6 │ 數字政府科技技術成熟度曲線（截至 2019 年 7 月）

資料來源：高德納（Gartner）：《2019 年度新科技的技術成熟度曲線》，互聯網數據資訊網，2019 年，http://www.199it.com/archives/958316.html。

　　區塊鏈構建數字文明新秩序。以區塊鏈、人工智能、量子信息、5G 和物聯網等為代表的關鍵技術可以構建數字孿生世界，推動數字政府建設，孕育出數字文明新秩序。凱文·凱利認為，未來世界是一個虛擬加上真實的世界，我們希望將整個現實世界進行映射，變成數字社會。在「數字孿生」的鏡像世界中，我們可以與工具進行交互。為了保證上傳數據的可信度和真實性，我們希望這些數據是去中心化的，因此需要用到區塊鏈技術。利用區塊鏈的技術優勢，可以保證數字孿生程序的數據不變性。基於區塊鏈智能合約的可編程性進行的各種虛擬實驗、場景推演和結果評估所獲得的系統最優決策，使數字城市模型能夠完整浮出水面，作為一個孿生體與物理城市平行運轉，虛實融合，其中蘊含無限創新空間。因此，智能合約讓物理世界與虛擬世界完美結合，以程序代碼為合約的執行者，將違約和不誠信變為「零可

能」，可以為數字政府治理提供一系列的信任服務。區塊鏈與智能合約的有機結合，實現了社會關係的智能化，並解決人和智能體之間的關係問題，從而產生價值，是未來的重要方向。通過智能合約所構建的社會關係，將是一種新型的智慧社會關係，推動人類進入真正意義上的契約社會。未來，以區塊鏈、人工智能、量子信息、5G 和物聯網等為代表的關鍵技術將深刻影響城市文明建設，促成數字孿生世界的誕生。毫無疑問，區塊鏈作為底層架構也為城市文明提供了思維、機制和技術實現方案，將推動人類社會加速邁向數字文明新時代，而數字文明則為區塊鏈規定了發展的原則和方向，區塊鏈政府將被賦予新的使命。

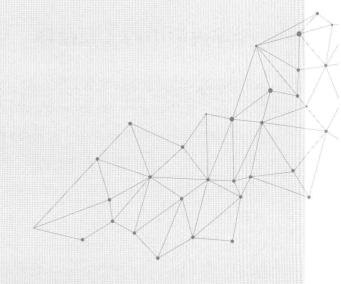

基於主權區塊鏈的
人類命運共同體

在風險社會中，未知的和意外的後果成為歷史與社會的主導性力量。

——德國社會學家　烏爾裡希·貝克

我們期待「科技向善」能夠成為數字社會的普適價值，讓這一輪新技術革命，真正帶來更好的人類文明與美好未來。

——騰訊研究院院長　司曉

世之君子惟務致其良知，則自能公是非，同好惡，視人猶己，視國猶家，而以天地萬物為一體，求天下無治，不可得矣。

——明代思想家　王陽明

全球挑戰中的人類命運

世界潮流，浩浩蕩蕩。當今世界正處於大發展、大變革、大調整時期，世界多極化、經濟全球化、社會信息化、文化多樣化深入發展[1]，世界大變局加速演變的特徵更趨明顯，全球動盪源和風險點顯著增多[2]。「世界經濟增長需要新動力，發展需要更加普惠平衡，貧富差距鴻溝有待彌合，熱點地區持續動盪，恐怖主義蔓延肆虐。治理赤字、信任赤字、和平赤字、發展赤字是擺在全人類面前的嚴峻挑戰。」[3]原子武器、生物武器、化學武器和數字武器威脅著全人類的自然權利、生命安全和未來發展。在全球一體化的大背景下，「你中有我，我中有你」的人類命運共同體雛形已經形成，全球命運唇齒相依，休戚與共。

一 未來已來的全球挑戰

當今世界，環境系統、社會系統、經濟系統之間的耦合度逐漸降低，矛盾日益突顯。核戰爭、網絡戰、金融戰、生物戰、非主權力量等共同構成了人類所陷入的全球危機。在多重挑戰的衝擊下，人類生態系統的穩定性和安全性正在從根本上發生改變，世界秩序正在重構，人類文明遭遇危機。

核戰爭威脅。第一次世界大戰以來，世界主要國家爭相布局核戰略，尋

---

1 習近平：《決勝全面建成小康社會　奪取新時代中國特色社會主義偉大勝利——在中國共產黨第十九次全國代表大會上的報告》，人民網，2017 年，http://cpc.people.com.cn/n1/2017/1028/c64094-29613660-14.html。
2 暴媛媛：《全球治理體系變化為中國提供新機遇》，人民網，2020 年，https://baijiahao.baidu.com/s?id=16555730432120486466&wfr=spider&for=pc。
3 吳宇楨：《朋友圈更大了　理念更一致了》，《新民晚報》2017 年 5 月 15 日，第 A3 版。

求建立攻防兼備的核威懾力量，全球約有十三個國家先後研發出核武器，核戰爭的威脅近在眼前。一九四五年八月六日，美國在日本廣島投擲原子彈，這是人類歷史上第一次將核武器用於戰爭，當日死亡八點八萬餘人，負傷和失蹤五點一萬餘人，全市七點六萬幢建築物中被完全毀壞的有四點八萬幢，嚴重毀壞的有二點二萬幢。[1]一九六二年，古巴導彈危機正式拉開了核戰爭威脅的序幕，專家和大眾都擔心人類的智慧不足以避免這場浩劫，核戰爭的爆發只是時間問題。[2]面對全人類的生存問題，中國、美國、蘇聯和歐洲聯合起來建立國際聯盟，改變了行之千年的地緣政治，可能毀滅人類的浩劫最終免於發生。直到一九七〇年左右，蘇聯、美國、英國等又展開了新的核競爭和核博弈，新型毀滅性核武器朝著小型化、多樣化、輕便化發展，維持了幾十年的國際核規則被打破。一九八六年，「切爾諾貝利事件」爆發，「三十人當場死亡，逾八噸強輻射物洩漏。此次核洩漏事故使核電站周圍六萬多平方公里的土地受到直接污染，三百二十多萬人受到核輻射侵害，釀成了人類和平利用核能史上最大的災難」[3]。全球核安全問題日益突顯，伊核問題和朝核問題成為困擾當今國際社會的兩大問題。一些國家非法研製核武器，並且多次不遵循甚至違反《不擴散核武器條約》等有關文件的規定。[4]伊美衝突白熱化，更是大大增加了重啟涉及武器級核技術的百分之二十丰度濃縮鈾活動和使用核武器的概率。「預防核戰爭」已經成為人類生存的必然前提，惡性核競爭一旦滲透到全球，將引發以核武器為標誌的第三次世界大

---

1 張淑燕、王嘉偉：《1945 年 8 月 6 日　美國在日本廣島投擲原子彈》，人民網，2013 年，http://history.people.com.cn/n/2013/0806/c364284-22457437.html。

2 〔以〕尤瓦爾・赫拉利：《今日簡史：人類命運大議題》，林俊宏譯，中信出版社 2018 年版，第 106-108 頁。

3 倪偉波：《安全利用「核」你在一起》，《科學新聞》2017 年第 6 期，第 29 頁。

4 陳一鳴：《伊朗核問題大事記》，《人民日報》2006 年 1 月 11 日，第 3 版。

戰，打開人類的「災難之門」。

網絡戰威脅。二十世紀下半葉，網絡信息技術興起，互聯網架設了國際交流的橋樑。與此同時，具有「契訶夫法則」隱患的網絡戰悄然出現，網絡空間已經成為未來已來的重要戰場。美國是最早成立網絡部隊、制定網絡戰方案、將威懾觀念引入網絡空間的國家。[1]二〇一三年六月，斯諾登揭發美國政府祕密實施代號為「US-984XN」的電子監聽計劃，攻擊全球網絡次數達到六點一萬次之多，這就是著名的「棱鏡門事件」，堪稱震驚全球的網絡空間安全的大事件，開啟了網絡空間戰的新紀元。[2]二〇一七年五月，WannaCry 勒索病毒蔓延全球，包括美國、英國、中國等在內的一百五十多個國家（地區）近三十萬臺設備均受到其攻擊[3]，造成了近八十億美元的經濟損失。為維護國家主權、安全和利益，世界各國紛紛部署網絡空間安全戰略，俄羅斯完成了「主權互聯網」的測試，實現「斷網」操作之後境內「區域互聯網」的獨立運行。網絡空間的屬性使得網絡戰具有門檻低、界線模糊、雙重性和指揮管理難等特點。當網絡部隊實施網絡空間任務時，「木馬程序」可能會擴散至全球網絡空間，非目標網絡空間可能會因自我防衛而發起攻擊，網絡部隊可能會失去控制，等等；當黑客或黑客組織進行網絡攻擊時，採取的無目標攻擊模式使得全球範圍內的任何一臺電腦都有可能成為其目標……種種可觸發網絡戰的因素都在威脅著全人類的數字命運。網絡戰已經真實地展示在全人類面前，它帶來了覆滅人類的新手段，其威脅甚於核

---

1 劉玉青、龔衍麗：《網絡戰時代的安全威脅及對策研究》，《情報探索》2014 年第 11 期，第 63 頁。

2 方興東：《棱鏡門事件與全球網絡空間安全戰略研究》，《現代傳播（中國傳媒大學學報）》2014 年第 1 期，第 115 頁。

3 李瀟、劉俊奇、范明翔：《WannaCry 勒索病毒預防及應對策略研究》，《電腦知識與技術》2017 年第 19 期，第 19 頁。

彈，它可能將人類置於新的失序世界。

金融戰威脅。金融安全事關經濟發展與世界和平，是全球治理的重要議題，防範、化解金融風險特別是防止發生系統性金融風險，是金融工作的根本性任務。[1]近年來，隨著全球化的深入推進與金融科技的高度發展，國際金融體系已將世界各國經濟命脈緊密地聯繫在一起，形成了榮辱與共的「經濟命運共同體」。同時，各國在金融領域展開的爭奪、廝殺和排擠，從規模、成本和效益等方面來看，都不亞於任何形式的戰爭，金融戰已經成為一種全新的非軍事化隱形戰爭方式，例如：一六三七年荷蘭鬱金香危機、一七二〇年英國南海泡沫事件、一八三七年美國金融恐慌、一九〇七年美國銀行業危機、一九二九年美國股市大崩盤、一九八七年席捲全球股市的黑色星期一、一九九四至一九九五年墨西哥金融危機、一九九七年亞洲金融危機、二〇〇八年全球金融危機、二〇一九年中美貿易戰，等等。每一次金融危機的爆發，都給社會經濟運行造成了巨大混亂，都有可能造成世界經濟體系的崩盤。國際金融博弈是「沒有硝煙的戰場」，實質是全球治理體系主導權之爭。在現代社會，迅速打垮一個大國最有效的途徑不是戰爭，而是金融，可以說，摧毀一個超級大國最快的方式是一場金融戰爭。

生物戰威脅。人類正面臨著癌症、埃博拉、艾滋病、冠狀病毒[2]等多重

1　新華社：《習近平：深化金融供給側結構性改革　增強金融服務實體經濟能力》，新華網，2019　年，http://www.xinhuanet.com/politics/leaders/2019-02/23/c_1124153936.htm。

2　冠狀病毒是一類主要引起呼吸道、腸道疾病的病原體。這類病毒的表面有許多規則排列的突起，整個病毒就像一頂帝王的皇冠，因此得名「冠狀病毒」。冠狀病毒除人類以外，還可感染豬、牛、貓、犬、貂、駱駝、蝙蝠、老鼠、刺蝟等多種哺乳動物以及多種鳥類。目前為止，已知的人類冠狀病毒共有六種。其中四種冠狀病毒在人群中較為常見，致病性較低，一般僅引起類似普通感冒的輕微呼吸道症狀。另外兩種冠狀病毒——嚴重急性呼吸綜合徵冠狀病毒和中東呼吸綜合徵冠狀病毒，也就是我們所稱的 SARS 冠狀病毒和 MERS 冠狀病毒，可引起嚴重的呼吸系統疾病。

健康挑戰和基因編輯異化等多維社會風險。細菌、病毒、毒素等可以使人、動物、植物患病或死亡，大規 模殺傷性「生化武器」一旦用於現代戰爭，必將成為人類健康和生命安全最大的生化威脅。據考證，日本在第一次世界大戰期間，就已經開始了罪惡的細菌實驗，直到一九四五年在第二次世界大戰中戰敗，持續了約三十年。[1]人類歷程走到今天，先進的生命技術、醫療技術正在逐漸消除疾病，但同時也給人類帶來了新的生存挑戰。「基因編輯是可以對基因組完成精確修飾的一種技術，可完成興趣基因的定點敲除、敲入、多位點同時突變和小片段的刪失等。」[2]二○一七年，賀建奎團隊在法律不允許、倫理不支持、風險不可控的情況下對六對夫婦的受精卵注射基因編輯試劑，造成多名基因被編輯的嬰兒出生，嚴重擾亂了醫療管理秩序。[3]這不僅是公然挑戰全人類，更是對法律熟視無睹，其行為最終受到了法律的制裁。[4]基因編輯技術誕生的初衷是消除疾病，而不是增強人體系統的某些特定功能，其濫用將會破壞人體系統自然進化的方式，顛覆人類傳統的道德觀和價值觀，對自然人造成致命性打擊，給人類帶來浩劫。

　　非主權力量的威脅。世界各國的關聯發展必然走向人類命運共同體的發展。集中化是在人類彼此互動的過程中產生的，財富、信仰、安全等因素集

1　高曉燕：《侵華日軍 731 部隊的雛形──背蔭河細菌實驗場》，《日本侵華史研究》2014年第 1 期，第 86 頁。

2　王云嶺：《「自然人」與「技術人」：對基因編輯嬰兒事件的倫理審視》，《昆明理工大學學報（社會科學版）》2019 年第 2 期，第 36 頁。

3　王攀、肖思思、周穎：《聚焦「基因編輯嬰兒」案件》，《人民日報》2019 年 12 月 31日，第 11 版。

4　2019 年 12 月 30 日，「基因編輯嬰兒」案在深圳市南山區人民法院一審公開宣判。賀建奎、張仁禮、覃金洲三名被告人因共同非法實施以生殖為目的的人類胚胎基因編輯和生殖醫療活動，構成非法行醫罪，分別被依法追究刑事責任。根據被告人的犯罪事實、性質、情節和對社會的危害程度，依法判處被告人賀建奎有期徒刑三年，並罰款三百萬元，判處張仁禮有期徒刑二年，並罰款一百萬元，判處覃金洲有期徒刑一年六個月，緩刑兩年，並罰款五十萬元。

聚的範式集中化困境[1]催生了諸多非主權力量。二〇一九年，香港經歷了內憂外患，經濟下滑，社會動亂，交通癱瘓。據統計，香港國際機場癱瘓一日會導致客運量損失近二十一萬人次，貨運量損失一三八六三噸，空運貨值損失近一百零二億港元，超過八十萬港人生計受損。[2]二〇一九年六月至九月，僅由旅客減少所帶來的經濟損失就達一百八十五億港元，服務業、旅遊業、金融業等領域都損失慘重。可見，非主權力量雖然不能主導國際一體化的進程，也不能控制全球化的全方位發展，但是可以通過牽制和左右區域穩定影響主權國家的安全，進而破壞維持人類社會長治久安的國際秩序。

二 「灰犀牛」與「黑天鵝」背後的風險

由複雜的人類關係、多樣的金融系統、豐富的科學體系等聯結起來的繁華世界，既是人類文明進化的基石，也是各類風險的「溫床」。「灰犀牛」和「黑天鵝」只會慢行不會跳躍，是當今世界最為關注的兩大類風險，人類必須要有防範意識和應對方案，才能「絕地反擊」。

（一）「灰犀牛」與「黑天鵝」

「灰犀牛」。米歇爾・渥克在《灰犀牛：如何應對大概率危機》中提出了「灰犀牛」這一概念，用來比喻概率大、影響巨大、人們已習以為常但潛在的風險，如房地產、金融危機、資源爭奪等。灰犀牛具有體型龐大、行動蠢笨、反應遲緩等特點，一旦它發起攻擊，風險就會飆升，擺在人類面前的

---

1 〔南非〕伊恩・戈爾丁、〔加〕克里斯・柯塔納：《發現的時代：21 世紀風險指南》，李果譯，中信出版社 2017 年版，第 194-195 頁。
2 朱延靜：《香港機場癱瘓旅客受苦遭罪　影響超過 80 萬港人生計》，中國新聞網，2019年，http://www.chinanews.com/ga/2019/08-13/8924885.shtml。

選項就不再是好和壞，而是糟糕、更糟糕，甚至是萬劫不復。[1]聯合國報告曾指出，「在過去的五十多年間，水資源爭端問題引發的一八三一起個案中，有五百零七起具有衝突性質，三十七起具有暴力性質，而在這三十七起中有二十一起演變成為軍事衝突。有關機構統計，到二〇五〇年，受到水資源短缺威脅的國家將會增加到五十四個，受波及的人口數量將會占到全球人口的百分之四十，達四十億人」[2]。實際上，在每次危機過後，如果人類認真加以檢討，就會發現，重大危機之前的種種端倪，其實就是一次次絕佳的「逃生」機會。[3]

「**黑天鵝**」。塔勒布在《黑天鵝：如何應對不可預知的未來》中賦予了「黑天鵝」新的內涵，即極難預測、非同尋常的偶發或突發事件[4]，如「9‧11」恐怖襲擊、英國脫歐、特朗普贏得大選、意大利修憲公投失敗、大規模病毒疫情等。人類歷史上爆發的大規模病毒疫情不勝枚舉：一九八三年美國首次發現 HIV，二〇〇三年中國爆發「非典型肺炎」（SARS），二〇〇五年 H5N1 型「禽流感」在東南亞爆發，二〇〇九年甲型 H1N1 流感在墨西哥露面，二〇一二年沙特阿拉伯首次發現「中東呼吸綜合徵」，二〇一四年非洲幾內亞爆發「埃博拉病毒」疫情，二〇一四年南美的智利發現「寨卡病毒」……每次大規模病毒疫情的爆發給人類帶來的都是真真正正的死亡。COVID-19 在短短不到兩個月的時間內席捲全國、全世界，武漢封

---

1 〔美〕米歇爾‧渥克：《灰犀牛：如何應對大概率危機》，王麗雲譯，中信出版社 2017年版，第 11 頁。

2 李志斐：《水資源外交：中國周邊安全構建新議題》，《學術探索》2013 年第 4 期，第29 頁。

3 馬維：《除了黑天鵝，你還需要知道灰犀牛──讀〈灰犀牛〉》，《中國企業家》2017 年第 7 期，第 100 頁。

4 蕪崧、李雅倩：《「黑天鵝」和「灰犀牛」的新義》，《語文學習》2017 年第 11 期，第75 頁。

城，全國啟動一級響應，世界衛生組織宣佈此次疫情構成「國際關注的突發公共衛生事件」（PHEIC）。由此可見，「黑天鵝」一旦來襲，將把世界推向全球性災難的極限性邊緣。

既防「黑天鵝」，也防「灰犀牛」。 2017 年 7 月 17 日，全國金融工作會議召開後首個工作日，《人民日報》的頭版評論員文章《有效防範金融風險》提到：防範化解金融風險，需要增強憂患意識，既防「黑天鵝」，也防「灰犀牛」，對各類風險苗頭不能掉以輕心，更不能置若罔聞。[1]「灰犀牛」和「黑天鵝」不斷通過權威渠道進入人類視野，警醒人類要防患於未然。「灰犀牛」帶來的危機往往具有極大的破壞性，它是可預測、可感知、可預防的，只是人類往往消極地採取「鴕鳥戰術」[2]。米歇爾・渥克曾說，過去眾多危機，事實上在爆發之前都有明顯徵兆，但人類總抱著僥倖甚至傲慢心態看待這些徵兆，直至危機爆發。「『黑天鵝』喻示著不可預測的重大稀有事件，它們常常帶來不可預料的重大衝擊，但人類總是視而不見，並習慣於以自己有限的生活經驗和不堪一擊的信念來解釋它們，最終被現實擊潰。」[3] 所有的風險都有可能衝擊人類命運的底線，毀滅人類的發展成果，最佳的方案就是超越傳統觀念，實現思維的變革和更新。

（二）正在到來的全球風險

世界日漸多元化和互聯化，增量變革已被反饋回路的不穩定性、閾值效應和連鎖破壞所取代，概率大、破壞性強的全球風險正在將人類推向「死亡之海」。「灰犀牛」正在向人類全速奔來，如氣候變化與調整措施失敗、水

1　陳學斌：《「灰犀牛」》，《黑龍江金融》2018 年第 2 期，第 80 頁。
2　陳捷、方一云：《「黑天鵝」與「灰犀牛」》，《金融時報》2017 年 9 月 8 日，第 10 版。
3　〔美〕納西姆・尼古拉斯・塔勒布：《黑天鵝：如何應對不可預知的未來》，萬丹譯，中信出版社 2011 年版，序言。

資源危機、網絡攻擊、自然災害、關鍵信息基礎設施故障，人類面臨的是氣候惡化、科技濫用、資源枯竭等背後的風險；「黑天鵝」也在悄然而至，如大規模殺傷性武器、人為環境災難、極端天氣事件、生物多樣性損失和生態系統崩潰、主要經濟體的資產泡沫，人類面臨的是武器激增、經濟崩盤、生態失衡等關聯滋生的危機。[1]整個人類社會已經岌岌可危，越來越多的人開始清楚地認識到需要付出更大的努力，做出更大的改變，找出方法來直面所有的挑戰。

面向未來社會看待人類命運，兩大危機必然引起當代人的強烈關注：一是全球變暖。當前，空氣中二氧化碳的含量正以前所未有的速度增加，北極的融冰等或將導致海平面在二十一世紀末上升一米以上，風暴潮和洪澇災害將使全球十億人遭遇危機，近三億人失去家園。全球平均氣溫的持續上升、極地冰川的進一步融化將導致洋流的變化或地勢較低的沿海地區的淹沒，或進一步加劇現在還能維持農耕的地區的荒漠化。[2]二是自然災害。伴隨著世界各國經濟發展水平差距的不斷縮小，人類面臨的是極端性、災難性氣候變化的風險。二〇二〇年二月十二日，燃燒了二百一十天的澳大利亞叢林大火終於熄滅，「地球傷疤」終於不再擴大，這場大火造成至少三十三人死亡，約十億野生動物喪命，二千五百多間房屋和一千一百七十萬公頃土地被燒燬。[3]毫無疑問，人類賴以生存的環境已經不堪重負，全球性的環境風險正在日益加劇。

未來風險接踵而至，它們將人類推向滅絕的深淵。一是氣象操縱工具，

---

1 World Economic Forum. "The global risks report 2019 (14th edition)". World Economic Forum. 2019. http://www3.weforum.org/docs/WEF_Global_Risks_Report_2019.pdf.

2 〔英〕尼爾·弗格森：《文明》，曾賢明等譯，中信出版社 2012 年版，第 273 頁。

3 郭炘蔚：《燒了 210 天！澳大利亞新州這場大火終被熄滅》，中國新聞網，2020 年，http://www.chinanews.com/gj/2020/02-12/9088580.shtml。

單方面使用激進的地球工程技術，會造成氣候混亂，加劇地緣政治的緊張局勢；二是城鄉差距，不斷擴大的城鄉差距已經加劇了國家及區域間的兩極分化，直到差距逼近臨界值，地方上的本土主義、暴力衝突事件都可能發生；三是自然資源耗盡，當大自然所能產出的資源無法滿足人類所需之時，資源爭奪戰必定會上演，社會必定會出現動盪；四是太空爭奪戰，世界各國爭相在太空中布局衛星系統，搶奪太空主導權，產生的太空碎片正以子彈的速度衝向地球；五是人權喪失，在強勢國家政權當道和國內分化加劇的新階段，政府傾向於犧牲個人利益來實現集體穩定，人類毫無人權可言。[1]

（三）全球風險背後的省思

全球問題分屬於三大關係領域：一是人與自然關係的失衡，二是人與社會關係的失衡，三是人類自身（人類對作為主體自身的關係把握）即人與人之間關係的失衡。[2]人與自然的失衡往往會帶來人與社會的失衡以及人與人之間的失衡，這也是當前全球風險的突出特點。二十世紀以來，全球人口激增，全球人口預計將在二〇三〇年達到八十五億，在二〇五〇年達到九十七億，在二一〇〇年達到一百零九億。[3]當全球人口數量變得更加龐大之時，必定會使得整個社會經濟、環境資源、人類關係、文明政治等矛盾衝突加劇。屆時，三大領域的失衡更具複合性和關聯性。現階段人類所面臨的全球危機是以往歷史積澱的產物，未來人類面臨的風險則取決於當代人類活動、

1 World Economic Forum. "The global risks report 2019 (14th edition)". World Economic Forum. 2019. http://www3.weforum.org/docs/WEF_Global_Risks_Report_2019.pdf.
2 刁志萍：《從傳統文化模式的利弊反思全球危機的實質》，《中國軟科學》2003 年第 2 期，第 158 頁。
3 Department of Economic and Social Affairs. 「World population prospects 2019: Highlights」. United Nations. 2019. https://www.un.org/development/desa/publications/world-population-prospects-2019-highlights.html.

行為方式和價值選擇。只有全面審視整個人類文明進程所蘊含的文明、科技、政治等內在的思想文化模式，才能真正預防和消除全球危機，還世界一個安全穩定、美好燦爛的未來。

「人類社會是一個充滿非線性、不確定性、脆弱性、風險性的複雜性社會，伴隨著人類社會的全球化、現代化進程的加快，科技創新的持續推動，國際政治的深刻變化，人類社會發生了深刻的系統性結構轉型，轉變為一個高度不確定和高度複雜的全球風險社會。」[1]在過去的幾個世紀裡，「灰犀牛」和「黑天鵝」在人類的一次次選擇中誕生，它們都可能是滅絕人類的最後一擊，因此，人類無論做出多麼趨利避害的選擇，都應該看到選擇背後的弊端。現實卻是，人類不斷受到警告，神經持續緊繃，風險不受控制，危機快速襲來，人類社會正陷入一個既焦慮又無助的循環往復的僵局。面對重重風險，人類要坦然承認自身的缺陷，避免走向崩潰。

這是一個技術和資源疾速進化的時代，同時也是一個極度缺乏安全感的時代，將人類、自然、科學聯繫在一起的契約正在瓦解。如今，人類正享受著歷史上最高的生活標準、先進的科學技術和充裕的財政資源，本應該合理運用這些資源，秉承可持續發展原則，堅定不移地朝著更公平和包容的未來砥礪前行，但是由於缺乏變革中所需要的足夠的動力和深度協作，人類可能會把世界推向系統崩潰的邊緣。[2]在國際形勢複雜演變的今天，在封閉和開放、單邊主義和多邊主義交織的時刻，人類所探尋的目標是共同命運的未來走向。人類命運的未來充斥著許多未知數，也許未來會陷入失望之冬，也許未來一片光明，所有的威脅和挑戰都將永久沉睡，災難不會發生。

---

1 范如國：《「全球風險社會」治理：複雜性範式與中國參與》，《中國社會科學》2017 年第 2 期，第 65 頁。

2 World Economic Forum. "The global risks report 2018（13th edition）". World Economic Forum. 2018. http://www3.weforum.org/docs/WEF_GRR18_Report.pdf.

三 人工智能的福音或災難

人類憑藉著自身的智慧成為全球生態系統中唯一的重要因素，驅動全球變化。人工智能是人類在改善生存環境、優化生活品質、提高生產效率等適應自然過程中的產物，是滿足人類需求的重要技術形態。智人的出現改寫了自然的物競天擇和傳統的規則體系，突破了地球上各個生態系統之間的邊界，將生命形式從有機領域延伸至無機領域。[1]

（一）人工智能的四次浪潮

第一次浪潮：計算智能。 一九五〇年至一九八〇年，計算機的自然語言處理能力快速提升，實現了計算智能和快速存儲，攻克了人類面臨的諸多貌似需要智慧解決的問題，如迷宮問題、智力遊戲、國際象棋等。[2]圖靈測試是這一階段最著名的研究成果，它將人與機器隔離開來，並成為測試人工智能的重要手段。雖然此時的計算智能只能解決一些基礎問題，但並不能阻止科技產品的出現。ARPANet 也稱阿帕網，被稱為世界上第一個具有實質意義的計算機網絡雛形，首次實現了計算機歷史上的第一則數字數據傳輸。計算智能創造的種種經濟價值侷限在高科技產業和數字世界[3]，因此，人類意識到，要想利用人工智能解決現實問題仍是一件極其困難的事情。

第二次浪潮：感知智能。 二十世紀九十年代中後期，傳統行業與人工智能的結合是這一階段最為矚目的成就。人工智能以知識為支撐，以需求為靈魂，以規則為骨架，不斷迭代更新，實現了視覺、聽覺、觸覺等感知智能。自動駕駛利用人工智能技術，通過傳感器實現對外部人、車、物之間距離、

1　〔以〕尤瓦爾‧赫拉利：《未來簡史》，林俊宏譯，中信出版社 2017 年版，第 67 頁。
2　〔日〕松尾豐：《人工智能狂潮：機器人會超越人類嗎？》，趙函宏等譯，機械工業出版社 2016 年版，第 40、57 頁。
3　李開復：《AI‧未來》，浙江人民出版社 2018 年版，第 135 頁。

朝向和速度的判斷，把信息傳送至智能感知模塊進行計算和處理。百度和谷歌的感知智能技術引領了人工智能第二次潮流。摩根士丹利給谷歌 Waymo[1] 的市值估價為一千七百五十億美元，以此為參考，百度 Apollo 的市值將是三百億至五百億美元。感知智能在一定程度上影響到智能應用、終端換代和金融經濟等現實問題，但依舊存在「知識獲取瓶頸」。

第三次浪潮：認知智能。二十一世紀是一個瞬息萬變的時代，科技巨頭憑藉雄厚資源和大兵團作戰能力，雄踞龍頭，通過推出沃森系統、AlphaGo（阿爾法圍棋）系統等智能產品，帶來了第三次浪潮。[2]目前，機器與人類最大的差距在於認知智能，這也是各大科技巨頭在迫切尋找突破的領域。[3]知識圖譜的符號主義和深度學習的連接主義攜手為實現認知智能提供了可能，它們把現實世界轉變成可量化、可分析、可計算的數字世界，如小米的「小愛同學」、阿里巴巴的「城市大腦」、Face＋＋的人臉識別，無一不在彰顯認知智能的可實現、可應用和可發展。一旦實現認知智能，人類熟悉的生活模式和社會模式都將改變，現實的物理世界將數據化。

第四次浪潮：超級智能。「人類面臨一次量子躍遷，面對的是有史以來最強烈的社會變動和創造性的重組。」[4]二〇一九年十月，谷歌成功演示用 53 量子比特組成的處理器，讓量子系統花費約二百秒完成傳統超級計算機要一萬年才能完成的任務。[5]可以預測，與人類智慧、能力相當的強人工智

---

1 Waymo 最初是谷歌於二〇〇九年開啟的一項自動駕駛汽車計劃，之後於二〇一六年十二月從谷歌獨立出來，成為 Alphabet 公司（谷歌母公司）旗下的子公司。
2 徐雷：《人工智能第三次浪潮以及若干認知》，《科學（上海）》2017 年第 3 期，第 6 頁。
3 李慧：《人工智能：改變世界的技術浪潮》，《信息安全與通信保密》2016 年第 12 期，第 27 頁。
4 〔美〕阿爾文・托夫勒：《第三次浪潮》，黃明堅譯，中信出版社 2018 年版，第 4 頁。
5 成嵐：《谷歌研究人員宣佈成功演示「量子霸權」》，新華網，2019 年，http://www.xinhuanet.com/2019-10/23/c_1125143815.htm。

能以及各方面都超越人類數億倍的超人工智能將會陸續出現。未來是超級智能時代，AI＋QI＝SI（人工智能＋量子智能＝超級智能）。量子智能與人工智能的交疊發展，是人類走向數字文明的技術保障。在超級智能時代，整個人類生態系統的結構都將改變，人類還沒有清楚認識這一事實，卻已身陷於變革浪潮之中。

（二）福音降臨：人工智能正在進行時

從傳統思維出發，資源分配、道德水平、經濟收入等都存在著高低之別、先後之分，但隨著人工智能浪潮的來臨，一切都回到重混狀態。人類社會在經歷過工業革命、世界大戰和無數次變革與動盪之後，越來越認識到個人的自由、安定和發展離不開政府與社會的高效、公正。[1]縱觀當今人工智能領域，中國與西方發達國家的科技水平差距在不斷縮小，可以看到一股即將衝擊全球經濟、使地緣政治天平傾向中國的技術潮流。[2]關於人工智能的研究與應用，美國傳統公司在商業領域做得很好，而中國則是在民生方面表現出色，雖然兩種模式和策略不同，但必定會在未來分出高下。數字文明時代是公正、公平、公開的，世界各國具有在人工智能領域平等競爭的權利。

人類的衣食住行、複雜的社會關係、豐富的自然資源都被數據化，所產生的數據量將逐步超過現有互聯網所能存儲的數據量。數據智能正是解決這一問題的鑰匙，通過大數據引擎、深度學習、機器學習等技術，數據智能對海量的數據進行清洗、分類、計算等處理，智能化配置其傳輸、應用和存儲等，挖掘出數據中蘊含的最大價值。人工智能不會受到巨大的數據量的約

---

1 李彥宏：《智能革命：迎接人工智能時代的社會、經濟與文化變革》，中信出版社 2017 年版，第 149 頁。
2 李開復：《AI・未來》，浙江人民出版社 2018 年版，第 162 頁。

束，也不會受物理裝備的限制，與人類一起解決譬如癌症、氣候變遷、能源、經濟學、化學、物理學等諸多方面的全球難題。人工智能技術不斷取得突破性發展，將帶來生產力水平和生產效率的極大提升，加速推動新一輪科技革命到來。

人工智能已經應用到社會各領域，帶來了又一次社會結構調整的契機。[1]人工智能為數字文明時代的人類社會提供了強大支撐，讓不可能的事變為可能。智能出行、智能家居、智能穿戴、智能醫療、智能法庭等已經運用到人類社會中，社會智能化的道路已經鋪好。在搜索領域，人工智能不依賴於一個固定的知識庫或受限於一般檢索，它將來自許多數據源的可用信息關聯起來[2]，並按照人類的需求進行排序，從而使人類在最短的時間內獲取最有用的信息。在交通領域，谷歌做過的一個實驗表明，如果讓百分之九十的汽車變成無人駕駛，車禍將從六百萬起降到一百三十萬起，死亡人數大幅度減少，同時，無人駕駛還能避免人為的交通堵塞。[3]人工智能正向人類社會輸送源源不斷的「原力」。

（三）奇點臨近：人工智能發展的隱憂

隨著人工智能技術越來越先進，它日益替代了人類大量的傳統體力勞動，並且適應得很快。[4]普華永道會計師事務所發布的報告預測，到二十一世紀三十年代初，美國百分之三十八的就業崗位會受到自動化的威脅，英國

---

1 李智勇：《終極複製：人工智能將如何推動社會巨變》，機械工業出版社 2016 年版，第120頁。

2 〔美〕詹姆斯·亨德勒、〔美〕愛麗絲 M·穆維西爾：《社會機器：即將到來的人工智能、社會網絡與人類的碰撞》，王曉等譯，機械工業出版社 2018 年版，第 25 頁。

3 王瑞紅：《人工智能迎來發展「風口」》，《時代金融》2017 年第 16 期，第 42 頁。

4 〔美〕雷·庫茲韋爾：《奇點臨近》，李慶誠等譯，機械工業出版社 2011 年版，第 282頁。

的這一比例是百分之三十，德國是百分之三十五，日本是百分之二十一。[1]
越來越多的就業崗位被機器取代，未被取代的崗位將由腦力更智能、體力更
強的人類勝任。這個由人與自然構建的現代社會，正在逐漸變成基於人、自
然、人工智能「金三角」框架的未來社會。這與現有的社會結構及其內部分
配秩序並不相容，潛在地意味著現有的社會體系需要升級，否則會帶來人類
內部的劇烈衝突。

　　面對人工智能，所有領域都難以躲開其帶來的劇烈衝擊。人工智能不是
天然秩序的一部分，而是人類創造力的產物，有可能使得人類的狀況變得更
糟。[2]法律制度是維繫社會穩定和安全的重要準繩，而現有法律制度對人工
智能束手無策，傳統的規則逐漸失靈，制度機制風險將接踵而來。人工智能
不僅挑戰著當下的法律規則、倫理規則和社會秩序，還突顯出現有法律體系
的缺陷，特別是現有法律在人工智能領域仍存在空白。因此，人類不僅需要
給人工智能以法律關懷，還需要為人工智能的發展設定限制和責任，從而確
保它是為人類造福而不是毀滅人類。[3]

　　谷歌技術總監、未來學家雷・庫茲韋爾提出了著名的「奇點理論」：「技
術會在未來的某個時間點實現爆發式增長，並突破一個臨界點，這就是『奇
點』。到了那個時候，人類文明將會被人工智能徹底取代。」[4]規範奇點、經
典理論奇點、經濟奇點、社會形態奇點、技術奇點等奇點危機或將來臨[5]，
人類命運遭受著巨大威脅。人類能成為地球上的支配物種，在很大程度上是

1　王瑞紅：《人工智能迎來發展「風口」》，《時代金融》2017 年第 16 期，第 42 頁。
2　〔澳〕托比・沃爾什：《人工智能會取代人類嗎？》，閆佳譯，北京聯合出版有限公司
　　2018 年版，第 169 頁。
3　楊延超：《機器人法：構建人類未來新秩序》，法律出版社 2019 年版，第 492 頁。
4　劉進長：《人工智能改變世界：走向社會的機器人》，中國水利水電出版社 2017 年版，
　　第 59 頁。
5　國章成：《人工智能可能帶來的五個奇點》，《理論視野》2018 年第 6 期，第 58-62 頁。

因為人類的智慧超越了其他物種，人工智能原本是人類構思創造的身外之物，如果「智人」的智慧超越人類，則預示著人工智能將與人類搶奪支配權。到了那時，人類在人工智能面前，就顯得力不從心，有時甚至是疑惑、迷茫和無助。[1]

第二節
治理科技與網絡空間命運共同體

當前，新一輪科技革命和產業變革加速演進，人工智能、大數據、物聯網等新技術、新應用、新業態方興未艾，互聯網獲得了更加強勁的發展動能和更加廣闊的發展空間。發展好、運用好、治理好互聯網，讓互聯網更好地造福人類，是國際社會的共同責任。創新治理科技，在「四項原則」「五點主張」[2]的國際倡議下，推動互聯網全球治理體系變革，實現網絡空間由「技術治理」向「主權治理」良性轉型，構建以尊重網絡主權為核心特徵的網絡空間命運共同體。

一　治理科技與治理現代化

中共十九屆四中全會指出，堅持和完善中國特色社會主義制度、推進國

1　陳彩虹：《人工智能與人類未來》，《書屋》2018 年第 12 期，第 8 頁。
2　「四項原則」「五點主張」是習近平主席於二〇一五年十二月十六日在第二屆世界互聯網大會開幕式講話中首次提出的。「四項原則」指推進全球互聯網治理體系變革應該堅持的原則：尊重網絡主權、維護和平安全、促進開放合作、構建良好秩序。「五點主張」是習近平主席就構建網絡空間命運共同體提出的主張：一是加快全球網絡基礎設施建設，促進互聯互通；二是打造網上文化交流共享平臺，促進交流互鑑；三是推動網絡經濟創新發展，促進共同繁榮；四是保障網絡安全，促進有序發展；五是構建互聯網治理體系，促進公平正義。

家治理體系和治理能力現代化，是全黨的一項重大戰略任務。以數字化、網絡化、智能化為核心的治理科技正在湧現，並持續釋放治理效能。治理科技是國家走向現代化的一種重要支撐，是權力數據化和數據權力化的一種組織方法，指向的中心問題是「數據化」治理。以治理科技創新治理體制、改進治理方式、提升治理水平是實現國家治理體系和治理能力現代化建設的重要路徑，也是推進「中國之治」走向「中國之夢」的破題之鑰。

（一）複雜理論下的治理革命

人類的政治歷史就是從「統治」「管理」再到「治理」的過程。治理（governance）源於拉丁文和希臘語，原意為控制、引導和操縱，主要用於與國家公共事務相關的管理活動和政治活動。[1] 在關於治理的各種定義中，聯合國全球治理委員會的定義最具代表性。按照該委員會的界定，「治理是各種公共的或私人的個人和機構管理其共同事務的諸多方式總和，它是使相互衝突的或不同的利益方得以調和並且採取聯合行動的持續的過程，它既包括有權迫使人們服從的正式制度和規則，也包括各種人們同意或以為符合其利益的非正式的制度安排」。這一定義表明，治理有四個基本特徵：一是治理不是一整套規則，也不是一種活動，而是一個過程；二是治理過程的基礎不是控制，而是協調；三是治理既涉及公共部門，也包括私人部門；四是治理不是一種正式的制度，而是持續的互動。很顯然，治理超越了傳統官僚制和民主制的領域，把公共事務的管理看成是多元主體參與和多方責任共擔的過程，同時也是一個多種機制共振和多種資源整合的過程。[2]

---

1 馬麗娟：《治理理論研究及其價值述評》，《遼寧行政學院學報》2012 年第 10 期，第 77頁。
2 連玉明：《貴陽社會治理體系和治理能力發展報告》，當代中國出版社 2014 年版，第 3頁。

關於治理理論的研究和實踐最早興起於西方國家，是在二十世紀九十年代後期，西方社會為應對市場失靈和政府缺項而產生並發展起來的。對於市場和政府的作用，西方國家都曾有過長期信賴的歷史，但市場和政府都不是萬能的。「市場失靈」問題不可能在市場體制內找到解決的辦法，於是政府作為糾錯者被推向前台。然而，政府過度地涉入經濟領域，影響了經濟發展的活力，無限度地向社會領域滲透，縮小了人們自由發展的空間，導致了社會制約功能的急遽衰退。正是在這一背景下，治理作為配置社會資源的新方式出現，成為政府、第三部門與非營利組織等社會力量實現良性互動的有效路徑，為破解政府與市場雙重失靈提供了新的方式。

治理理論的發展離不開複雜理論的興起。二十世紀七八十年代，社會科學領域出現的一些範式危機推動了複雜科學範式的興起，為治理理論的出現奠定了基礎。在當時，經典科學範式已經不能很好地描述和解釋現實世界，而隨著信息技術革命的發展和知識經濟、循環經濟的形成，以「現代科學革命」中形成的原子結構理論、量子力學、相對論為理論前提，形成了研究系統複雜性、非線性的後現代「複雜性科學」[1]。錢學森是中國複雜理論的倡導者，他對系統科學的複雜性定義是：「所謂『複雜性』實際是開放的複雜巨系統的動力學，或開放的複雜巨系統學。」[2]複雜理論的誕生，對治理理論的發展來說是一種思考方式的徹底改變。現在看來，治理理論是一種複雜性科學範式，它所尋求的是公民社會、政府及市場間的良性互動機制，是一種有關政治學、經濟學、社會學、城市學等的複雜性機制。如果沒有複雜性思想的出現，治理理論也難以完善。複雜理論與治理理論，都是基於後工業社會的複雜的社會系統而形成的。

1　麻寶斌等：《公共治理理論與實踐》，社會科學文獻出版社 2013 年版，第 4 頁。
2　錢學森：《錢學森書信（第 7 卷）》，國防工業出版社 2007 年版，第 200 頁。

（二）治理科技推動治理現代化

治理現代化是繼工業現代化、農業現代化、國防現代化、科學技術現代化之後的「第五個現代化」，其本質是制度的現代化。二〇一三年十一月，黨的十八屆三中全會通過的《中共中央關於全面深化改革若干重大問題的決定》提出，「推進國家治理體系和治理能力現代化」。這裡第一次把國家治理體系和治理能力與現代化聯繫起來，著眼於現代化，並以現代化為落腳點，揭示了現代化與國家治理有著密切的內在關係：國家治理離不開現代化，現代化構成國家治理的應有之義。[1]時隔六年，二〇一九年十月，中共十九屆四中全會通過《中共中央關於堅持和完善中國特色社會主義制度推進國家治理體系和治理能力現代化若干重大問題的決定》，「互聯網」「大數據」「人工智能」「數字政府」「科技支撐」「科技倫理」等治理科技新理念、新技術、新模式被寫入其中，成為推動國家治理體系和治理能力現代化的重要手段。以此為標誌，我國進入了治理科技推動治理現代化的新時代。

治理科技將成為推進國家治理體系和治理能力現代化的關鍵力量，發揮越來越大的作用，並以新的技術手段和運行機製為國家治理現代化提出的新要求提供新支撐。特別是當國家處於危急關頭之時，治理科技憑藉其獨特的制度安排和技術優勢的「雙重驅動」，展現出治理現代化的強大生命力和巨大優越性。「ABCDEFGHI」協同創新正在演變成為治理科技框架下推動國家治理體系和治理能力現代化的原動力，所謂「ABCDEFGHI」就是人工智能（AI）、區塊鏈（blockchain）、雲計算（cloud computing）、大數據（big data）、邊緣計算（edge computing）、聯邦學習（federated learning）、5G（5th generation）、智慧家庭（smart home）、物聯網（internet of things）這幾大關鍵技術。這些新興技術不斷融合，群體性、鏈條化、跨領域的創新成果屢見

1　許耀桐：《應提「國家治理現代化」》，《北京日報》2014 年 6 月 30 日，第 18 版。

不鮮，顛覆性、革命性創新與迭代式、漸進式創新相併行，正在重構國家治理的底層基礎設施和運行邏輯。

治理科技的「魂」是治理，科技只是其「綱」，其核心是通過「治理」與「科技」的雙向聯動與多向賦能，實現「四個轉變」：一是從「管人」「管物」到「管數」的模式轉變，以數字國家治理、數字社會治理、數字城市治理、數字經濟治理、數字文化治理「五位一體」的數字治理體系推進國家治理現代化。[1]二是從「國家管理」向「國家治理」的理念轉變，更加強調治理的靈活性、協調性、溝通性，彰顯了國家的公平、正義，社會的和諧、有序。正如習近平總書記深刻指出的：「治理和管理一字之差，體現的是系統治理、依法治理、源頭治理、綜合施策。」三是從「一元主體」向「多元主體」的結構轉變，治理是政府、市場、社會組織，黨委、人大、政府、政協等多元主體一起進行國家治理，而不是僅僅依靠一種力量，更加強調治理主體間的共商、共治、共享。四是從「行政管理」向「政治、法治、德治、自治、智治」的綜合轉變，實現以政治強引領、以法治強保障、以德治強教化、以自治強活力、以智治強支撐，充分發揮它們在推進國家治理現代化進程中的重要作用。可以說，治理科技推動治理現代化，表面上只是支撐要素的改變，背後卻蘊藏著從垂直到扁平、從單向到體系、從命令到法治、從治標到治本、從一元主體到多元合作的大文章。而這篇大文章，正是中國以和平姿態屹立於世界民族之林的關鍵力量。

（三）國際秩序與中國方案

「國際秩序不等同於國際關係，不是簡單地由中美關係、美歐關係等具體的關係組成，它是一個整體性概念，是對國際關係的總體性把握，並規定

1　陳端：《數字治理推進國家治理現代化》，《前線》2019 年第 9 期，第 76-79 頁。

著國際關係一個階段的基本特徵。」[1]亨利・基辛格在其著作《世界秩序》中有三個關於國際秩序的觀點值得注意：第一，世界上從來就不存在一個秩序，而是多個秩序共存，無論是建立在宗教之上的秩序，還是帝國，或者後來建立在主權國家之上的秩序。第二，每一個文明都有其自身的不同於其他文明的國際秩序觀。因此，一個文明崛起而占據主導地位了，其國際秩序觀必然影響其所建立的國際秩序。第三，自近代以來，西方所建立的國際秩序一直占據主導地位，從西方傳播到世界其他地方。不過，儘管西方主導世界是一個事實，但這並不意味著西方的秩序是唯一的秩序。各個區域都在出現不同形式的區域秩序，對國際秩序產生影響。[2]

　　過去兩百多年來，在構建近現代國際秩序的過程中，西方國家尤其是美國扮演了主導角色，因此一直擁有國際秩序的定義權與話語權。「美國掌握了定義權，也就是說，不管美國採取什麼樣的國際行為，總能向其人民或者國際社會證明其合法、合理性。無疑，定義權包含著深刻的道德意涵，這種道德意涵證明著美國的行為，甚至是戰爭的『正義』性質。」[3]美國主導下的國際秩序有三大支柱：「一是美式價值觀，也被視作『西方價值觀』；二是美國的軍事同盟體系，構成美國在世界上發揮『領導』作用的安全基石；三是包括聯合國在內的國際機構。」[4]美國式國際秩序有其國際政治的歷史

---

1 陳玉剛：《國際秩序與國際秩序觀（代序）》，《復旦國際關係評論》2014 年第 1 期，第 1-11 頁。

2 鄭永年：《被動回應階段已經過去，經驗表明，被動的回應做得再好，也遠遠不夠──有效回應美國的「國際秩序」定義權》，《北京日報》2019 年 9 月 2 日，第 16 版；〔美〕亨利・基辛格：《世界秩序》，胡利平、林華、曹愛菊譯，中信出版社 2015 年版，序言。

3 鄭永年：《被動回應階段已經過去，經驗表明，被動的回應做得再好，也遠遠不夠──有效回應美國的「國際秩序」定義權》，《北京日報》2019 年 9 月 2 日，第 16 版。

4 傅瑩：《國際秩序與中國作為》，《人民日報》2016 年 2 月 15 日，第 5 版。

淵源，也在現代世界發揮作用。但在經濟全球化深入發展、國際政治日益碎片化的今天，世界正遭遇百年未有之大變局，國際秩序正面臨空前的調整重組，世界已經改變，並注定不能回到原點。美國主導的國際秩序越來越難以提供全面、有效的國際問題解決方案。

　　二十一世紀初最大的國際政治變化是中國的持續發展。經過改革開放四十多年的持續發展，中國已經從一個國際社會中的邊緣角色發展成為全球經濟、政治和安全領域中的顯赫角色[1]，其世界影響力和國際話語權空前提升。在此背景下，中國國際秩序觀成為國際社會關注的焦點（表 5-1），「中國之治」成為世界各國熱議的「東方智慧」。和平、發展、合作、共贏是中國國際秩序觀最核心的關鍵詞。中國領導人多次表示中國將堅定不移支持以《聯合國憲章》宗旨和原則為核心的國際秩序和國際體系，始終做世界和平的建設者、全球發展的貢獻者、國際秩序的維護者。中國對現存國際秩序有歸屬感，既是其創建者之一，也是其獲益者和貢獻者，同時還是其改革的參與者。中國針對國際秩序有缺失的地方已經提出自己的解決方案，「一帶一路」倡議、亞洲基礎設施投資銀行、人類命運共同體就是中國提供給世界的重要新型公共產品。「中國之治」自誕生之日起，就從來都不是排他的而是包容的，從來都不是謀求贏者通吃而是要實現合作共贏，從來都不是奉行霸權主義而是倡導「有事商量著辦」。可以說，「中國之治」既是中國國際秩序觀的生動詮釋，也是二十一世紀和平發展的中國貢獻給世界的「中國方案」。

1　趙可金：《國際秩序變革與中國的世界角色》，《人民論壇》2017 年第 14 期，第 36-37頁。

		表 5-1　中國國際秩序觀的演進
階段	年份	概述
萌芽階段	1949	中華人民共和國成立，開啟了以獨立自主的嶄新姿態參與國際事務、融入國際秩序的新時期。中國先後提出了「一邊倒」戰略、和平共處五項原則、「一條線，一大片」構想、「三個世界劃分」理論等外交思想、理念與戰略，對於國際秩序的認知內含其中，並隨本國的具體實踐而不斷調整和轉變。
萌芽階段	1974	在聯合國大會第六屆特別會議上，鄧小平再次明確了毛澤東此前提出的「三個世界劃分」理論，抨擊了美蘇兩個超級大國以及建立在殖民主義、帝國主義、霸權主義基礎上的舊秩序，對第三世界國家改變極不平等的國際經濟關係的訴求以及改革建議表示贊同和支持，並提出國家之間的政治和經濟關係都應當建立在和平共處五項原則的基礎之上。
探索階段	1978	中國開啟了對內改革、對外開放的新時期，實現了國家發展歷程中的偉大轉折。基於對時代主題與國際環境的重新審視，中國國際秩序觀的重心轉變為建立國際政治經濟新秩序，爭取和保持一個有利於國家經濟建設的國際和平環境，圍繞這一重心的內容也逐步展開。中國領導人做出了「和平與發展」兩大時代主題的重要判斷，開始奉行獨立自主的不結盟政策。
	1989	七屆全國人大二次會議的政府工作報告中正式以中國政府的倡議形式，提出建立國際政治經濟新秩序的主張。
	1991	七屆全國人大四次會議將推動建立國際新秩序作為中國外交政策的重要組成部分寫進決議中。面對複雜的國際形勢，中國主張「尊重世界文明的多樣性，保證各國和睦相處、相互尊重」，「推進國際關係民主化，凝聚各國人民的力量解決面臨的突出問題」……在一系列科學論斷的指導下，中國得以與世界各國開展多方位、多渠道的交流與合作，並在具體實踐中逐漸發展出內容豐富、各方聯動的國際秩序觀。
完善階段	2005	中國提出建設一個持久和平、共同繁榮的「和諧世界」的構想。
	2007	中共十七大報告表示，中國「將繼續積極參與多邊事務，承擔相應國際義務，發揮建設性作用，推動國際秩序朝著更加公正合理的方向發展」。

續表

階段	年份	概述
完善 階段	2011	《中國的和平發展》白皮書倡議：「不同制度、不同類型、不同發展階段的國家相互依存，利益交融，形成『你中有我，我中有你』的命運共同體。」中共十八大以來，中國領導人積極倡導人類命運共同體這一理念，將維護以《聯合國憲章》宗旨和原則為核心的國際秩序、國際體系，建立以合作共贏為核心的新型國際關係，構建人類命運共同體作為中國在雙邊、多邊關係與國際秩序中的重要主張。作為國際秩序堅定的維護者、建設者和貢獻者，中國將其在國際秩序中的目標確定為推動國際秩序和國際體系進行必要的改革與完善，使其更加公正合理。

資料來源：董賀、袁正清：《中國國際秩序觀：形成與內核》，《教學與研究》2016年第 7 期。

二 治理科技的三大支柱

治理科技是新時代「治理＋科技」的重大創新，是科技賦能治理的重大實踐。以治理科技創新治理體制、改進治理方式、提高治理水平是實現治理現代化的重要路徑。塊數據、數權法、主權區塊鏈共同構成治理科技的「三大支柱」。其中，塊數據是以人為原點的數據哲學，數權法是人類邁向數字文明的新秩序，主權區塊鏈是法律規制下的技術之治。三者相互作用，形成統一有機體，共同構成互聯網全球治理體系的解決方案和人工智能時代的重要拐點。

（一）塊數據

當前，新一輪科技革命和產業變革正處於重要交匯期，隨著信息技術和人類生產生活的交匯融合，互聯網快速普及，全球數據呈現爆發增長、海量

集聚的特點，對經濟發展、國家治理、人民生活都產生了重大影響。我們已進入以大數據為標誌的信息化發展新階段。人類將以塊數據為標誌，真正步入大數據時代。塊數據是大數據發展的高級形態，是大數據融合的核心價值，是大數據時代的解決方案。塊數據就是把各個分散的點數據和分割的條數據匯聚在一個特定平臺上並使之發生持續的聚合效應。聚合效應可以通過數據多維融合與關聯分析，對事物做出更加快速、更加全面、更加精準和更加有效的研判與預測，從而揭示事物的本質和規律，推動秩序的進化和文明的發展。

塊數據不僅給我們帶來新知識、新技術和新視野，它還將革新我們的世界觀、價值觀和方法論。塊數據是一種新的哲學思維，它對社會結構、經濟機能、組織形態、價值世界進行了再構造，對以自然人、機器人、基因人為主體的未來人類社會構成進行了再定義，其核心哲學是倡導以人為本的利他主義精神。塊數據是在技術進步的基礎上形成的理論革新，它重構了當前的經濟體系和社會體系，帶來了一場新的科學革命與社會革命。這場革命是以人為原點的數據社會學範式，是用數據技術而不是人的思維去分析人的行為，把握人的規律，預測人的未來。它深刻改變著當下的倫理思維模式、資源配置模式、價值創造模式、權利分配模式和法律調整模式。塊數據就像人類在數據世界的基地，是人類認知這個新世界的起點。越來越多的「基地」在數據世界中建立起來，並最終連成一片，形成新的世界，就意味著新文明的誕生──數字文明時代最終到來。

數據、算法、場景是治理科技的三個核心要素。塊數據價值鏈是實現超越資源稟賦的價值整合，數據流經過塊數據價值中樞的價值發現與再造，產生數據驅動力，帶動和影響技術流、物質流、資金流、人才流、服務流，優化資源配置，最終催生了包含基於商業的全產業鏈、基於社會的全服務鏈和基於政府的全治理鏈的多元價值體系。而激活數據學，就是一個在塊數據的

神經元調度系統下減量化的數據存儲和利用的數據觀與方法論，就是要為我們身處的這個大數據時代找到一個方案以構建一個融合數據、算法和場景的系統。數據搜索、關聯融合、自激活、熱點減量化、智能碰撞在塊數據系統中相互作用，不斷循環往復，這一過程伴隨數據價值的放大和再造，持續推動整個體系螺旋式地進化上升。作為一種理論假說，激活數據學就像朝向深邃的大數據宇宙的「天眼」。它是未來人類進入雲腦時代的預報，是關於混沌的數據世界跳出決定論和概率論的非此即彼、亦此亦彼的複雜理論的大數據思維範式的革命，將實現對不確定性和不可預知性更加精準的預測。數據驅動、算法驅動和場景驅動下雲腦時代的到來，將幫助我們更好地把握人類社會發展的規律。

（二）數權法

從認識大數據的第一天開始，我們往往把它看作是一種新能源、新技術、新組織方式，或者把它看作是一種正在改變未來的新力量，希望通過數據的跨界、融合、開放、共享創造更多價值。但是，開放數據和數據流動又往往帶來更多風險，個人信息的過度收集和濫用給數據主體的隱私、企業的信息安全和社會乃至國家的安定帶來巨大挑戰，從而引發對數據共享、隱私保護與社會公正的廣泛關注和深層憂慮，並成為全球數據治理的一大難題。這個難題讓我們產生更深層次的思考，並試圖提出一個「數據人」的理論假設來破解這一難題。我們把基於「數據人」而衍生的權利稱為「數權」，把基於數權而建構的秩序稱為「數權制度」，把基於數據制度而形成的法律規範稱為「數權法」，從而建構一個「數權—數權制度—數權法」的理論架構。[1]

1　大數據戰略重點實驗室：《數權法 1.0：數權的理論基礎》，社會科學文獻出版社 2018 年

目前我國尚未出臺數權保護方面的成文法律，涉及的相關規定主要分布在憲法、刑法、民法和其他法律中（表5-2）。其中，二〇一七年三月通過的《民法總則》首次對「數據」的法律地位做出了回應。其第一百二十七條明確規定：法律對數據、網絡虛擬財產的保護有規定的，依照其規定。「在學理上，該條款屬於引致條款或轉介條款。然而，一般的引致條款，都是有具體的相關規定予以對應的。」[1]但全國人大法工委組織編寫的《中華人民共和國民法總則釋義》明確提出：「鑑於數據和網絡虛擬財產的複雜性，限於民法總則的篇章結構，如何界定數據和網絡虛擬財產，如何具體規定數據和網絡虛擬財產的權利屬性與權利內容，應由專門法律加以規定。」也即，《民法總則》僅僅提出了數權的問題，但是並未做出具體規定。正在編纂的《中華人民共和國民法典（草案）》[2]對數權問題也有所涉及，其「人格權編」設專章對隱私權和個人信息保護做出了框架性規定，但從法律調整對象來看，其保護對象仍是「個人信息」而非「個人信息權」。對此，著名民法學家王利民建議在「個人信息」後面加上「權」字，明確規定「個人信息權」，一方面可以為特別法提供上位法依據，另一方面也可以落實個人信息司法保護的需求。[3]

版，主編的話。

1 申衛星：《實施大數據戰略應重視數字經濟法治體系建設》，《光明日報》2018年7月23日，第11版。

2 參見《中華人民共和國民法典（草案）》（2019年12月16日稿）。

3 靳昊：《王利明：民法典人格權編草案應明確規定個人信息權》，光明網，2019年，http://news.gmw.cn/2019-12/20/content_33418967.htm。

表 5-2 中國數權保護相關法律條款

法律類別	法律名稱	實施日期	相關條款
憲法	《憲法》	2018 年 3 月 11 日	第三十三條、第三十七條、第三十八條、第三十九條、第四十一條
刑法	《刑法》	2017 年 11 月 4 日	第二百五十三條第一款、第二百八十六條第一款、第二百八十七條第一款、第二百八十七條第二款
民法	《侵權責任法》	2010 年 7 月 1 日	第二條、第三十六條
民法	《消費者權益保護法》	2014 年 3 月 15 日	第十四條、第二十九條、第五十條
民法	《民法總則》	2017 年 10 月 1 日	第一百一十條、第一百一十一條、第一百二十七條
其他法律	《護照法》	2007 年 1 月 1 日	第十二條、第二十條
其他法律	《執業醫師法》	2009 年 8 月 27 日	第二十二條、第三十七條
其他法律	《統計法》	2010 年 1 月 1 日	第九條、第二十五條、第三十七條、第三十九條
其他法律	《保守國家祕密法》	2010 年 10 月 1 日	第二十三條、第二十四條、第二十五條、第二十六條
其他法律	《居民身分證法》	2012 年 1 月 1 日	第六條、第十三條、第十九條、第二十條
其他法律	《傳染病防治法》	2013 年 6 月 29 日	第十二條、第六十八條、第六十九條
其他法律	《郵政法》	2015 年 4 月 24 日	第七條、第三十五條、第三十六條、第七十六條
其他法律	《國家安全法》	2015 年 7 月 1 日	第五十一條、第五十二條、第五十三條、第五十四條
其他法律	《商業銀行法》	2015 年 10 月 1 日	第六條、第二十九條

法律類別	法律名稱	實施日期	相關條款
其他法律	《網絡安全法》	2017 年 6 月 1 日	第十條、第十八條、第二十一條、第二十二條、第二十七條、第三十七條、第四十條、第四十一條、第四十二條、第四十三條、第四十四條、第四十五條、第六十六條、第七十六條
	《律師法》	2018 年 1 月 1 日	第三十八條、第四十八條
	《電子簽名法》	2019 年 4 月 23 日	第十五條、第二十七條、第三十四條
	《密碼法》	2020 年 1 月 1 日	第一條、第二條、第七條、第八條、第十二條、第十四條、第十七條、第三十條、第三十一條、第三十二條

「一切法律體系或者法學理論都可以被分為原理和技術兩個部分。原理部分屬於根本的價值取向或者制度的價值基礎，技術部分則只不過是實現原理的手段。」[1]基於數權法學原理和法學理論，我們研究認為：人權、物權、數權是人類未來生活的三項基本權利；數權是人格權和財產權的綜合體；數權的主體是特定權利人，數權的客體是特定數據集；數權突破了「一物一權」和「物必有體」的侷限，往往表現為「一數多權」；數權具有私權屬性、公權屬性和主權屬性；數權制度包括數權法定制度、數據所有權制度、公益數權制度、用益數權制度和共享制度等五個基本維度；共享權是數權的本

---

1 張本才：《未來法學論綱》，《法學》2019 年第 7 期，第 5 頁。

質；數權法是調整數據權屬、數據權利、數據利用和數據保護的法律規範；數權法重構數字文明新秩序；數權法是工業文明邁向數字文明的重要基石。數權法既是對未來法治的探索和創新，也是對傳統民法的豐富和深化。數權法以數據確權為核心，既要「數盡其用」，又要保護數權。把《數權法》作為上位法，對完善與實踐由《網絡安全法》《數據安全法》《個人信息保護法》等組成的數權法律體系具有先進性、科學性和指導性。作為治理科技的法律維度，數權法是網絡空間數據有序流通之必須、數據再利用之前提、個人隱私與數據利用之平衡，是構造網絡空間的法律帝國這個「方圓」世界的基本材料，與物權法一起共同構成數字文明時代的兩大法律基礎。

（三）主權區塊鏈

「沒有網絡安全就沒有國家安全」已成為廣泛共識。在大數據時代，網絡安全已經和國家安全、公共安全緊密捆綁在一起。對於絕大多數主權國家而言，完全可以成為共識的另一個判斷是：「沒有網絡主權也就沒有網絡安全。」網絡主權與網絡安全相互滲透，縱橫交錯。通過網絡立法建立國際互聯網治理規則，必須以國家主權、網絡安全的理念為引領。一個國家對於互聯網的建設、運行、管理和網絡空間中違法犯罪的治理，也必須是在主權和法治之下去完成。區塊鏈作為比特幣的底層技術，一方面存在「高效低能」「去中心化」「安全」的需求無法同時滿足的「不可能三角」，另一方面還存在其本質是「換中心」而非「去中心」、數據安全技術對外依賴性嚴重、單一技術之治難以監管等治理難題。[1]技術沒有立場，但掌控技術的人擁有國籍。區塊鏈治理議程設定、規則制定和基礎資源分配權一旦被技術強國控

1　大數據戰略重點實驗室：《重新定義大數據：改變未來的十大驅動力》，機械工業出版社 2017 年版，第 43 頁。

制，其成為區塊鏈世界唯一的主宰，國與國之間的關係也將因為技術強弱而沉淪，下滑回到「弱肉強食」的「叢林法則」時代，這將是現代文明社會所無法接受和難以承受的。

技術不是法律，更不可能取代法律。治理科技所表達的想像力，是一種有約束的想像力，而絕對不是超主權和無主權的「胡思亂想」。尊重網絡主權背後的國家主權是區塊鏈發展的必須。主權區塊鏈不同於區塊鏈的單一技術之治，實現的是法律規制下的技術之治。主權區塊鏈的治理規則總體由法律規則與技術規則兩個層面組成。法律規則由法規框架、條文、行業政策等組成，具有法治權威性，一旦違反，是需要承擔相應法律責任的。技術規則由軟件、協議、程序、算法、配套設施等技術要素構成，本質上是一串可機讀的計算機代碼，具有剛性執行且不可逆的特性。主權區塊鏈的監管和治理只有在法律規則與技術規則兩者打出的「組合拳」下，兼顧法律規則的權威性和技術規則的可行性，才更有利於保護參與者乃至全社會的廣泛利益，以及推進在主權區塊鏈技術基礎上的商業應用場景的落地，最終構建由監管機構、商業機構、消費者等共同參與的完整商業體系。[1]

從區塊鏈到主權區塊鏈，一方面為現實社會的治理提供新理念、新技術和新模式，另一方面使治理領域向網絡空間延伸，推動現實社會和網絡社會共同治理，推動社會治理向更加扁平化的交互式方向發展，推動社會治理的功能重構、秩序重構和制度重構。主權區塊鏈的發明，使區塊鏈從技術之治走向制度之治，從金融科技升級為治理科技。可以預見，在治理科技框架下，塊數據、數權法、主權區塊鏈的創新應用所發揮的作用和產生的影響將

---

1 中國區塊鏈技術和產業發展論壇：《中國區塊鏈技術和應用發展白皮書（2016）》，中國區塊鏈技術和產業發展論壇官網，2016 年，http://www.cbdforum.cn/bcweb/index/article/rsr-6.html。

是前所未有的。特別是基於主權區塊鏈的治理科技在協商民主中的運用，為堅定不移走中國特色社會主義政治發展道路提供了新的技術支撐和新的路徑選擇，並將引發一場深刻的社會變革。這場變革，意味著科學社會主義在二十一世紀的中國煥發出強大生機活力，意味著我國社會主義民主政治制度的偉大飛躍，意味著為人類政治文明貢獻出「中國智慧」。[1]

三　基於主權區塊鏈的網絡空間治理

網絡空間治理是一個時代議題。當前，網絡空間存在規則不健全、秩序不合理、發展不均衡等問題，同時還面臨結構畸形、霸權宰制、法治貧乏的現實困境。形式上，技術社群自發制定規則，實則從源頭上受到技術強國的霸權控制，形成國際互聯網「偽去中心化」下的權力壟斷。互聯網不是法外之地，國際社會需要公正的互聯網法治體系。基於主權區塊鏈的治理科技憑藉其可治理、可監管、分散多中心等優質特性，將全面創新網絡空間治理模式，在維護網絡空間主權的同時，推動價值互聯網躍升為秩序互聯網，構建網絡空間命運共同體。

（一）互聯網全球治理制度困境

互聯網治理是全球治理的重要內容，也是大國博弈的重要方面。當前，互聯網全球治理制度供給不足，「三個沒有變」的法治困境依舊存在：一是侵害個人隱私、侵犯知識產權、侵占信息資源等網絡威脅日趨嚴峻的基本態勢沒有變；二是網絡監聽、網絡攻擊、網絡犯罪等網絡安全事件頻發的基本形勢沒有變；三是網絡恐怖主義、網絡霸權主義、網絡軍國主義等全球公害

1　連玉明：《向新時代致敬——基於主權區塊鏈的治理科技在協商民主中的運用》，《中國政協》2018 年第 6 期，第 81-82 頁。

亟待消除的基本格局沒有變。[1]互聯網全球治理體系沉痾纏身，制度貧乏，急需更新與升級。

　　全球互聯網運行與管理失衡。網絡空間與現實空間一樣，其運行需要分配資源和消耗資源。IP 地址、域名、端口、協議等是互聯網運行必要的核心資源。這些資源既不能憑空產生，也不能隨意使用，而是需要專門的機構來進行分配和管理。據不完全統計，目前全球互聯網主要運行與管理機構有ICANN（互聯網名稱與數字地址分配機構）、RIRs（五大地區性互聯網註冊管理機構）、ISOC（國際互聯網協會）、IAB（互聯網架構委員會）、IETF（國際互聯網工程任務組）、IRTF（互聯網研究專門工作組）、ISO（國際標準化組織）、W3C（萬維網聯盟）、INOG（互聯網運營者聯盟）等。[2]這些機構為全球互聯網自身運行提供著有力的技術支持，擁有絕對的管理權和支配權，掌控著全球互聯網運行必要的關鍵基礎設施，以及管理層面和技術層面的核心標準與重要協議，成為互聯網全球治理體系下「一家獨大」的「叢林社會」。這些機構幾乎掌握在以美國為首的西方技術強國手中，其成員也以西方發達國家公民為主，在根源上形成了嚴重的失衡現象。這種失衡進而會造成部分利益攸關主體話語權缺失的困境，其典型表現是「兩個得不到保障」：一是管理機構及人員主要由歐美國家及其公民組成，互聯網技術弱國及其公民的合法權益得不到保障；二是互聯網全球治理體系壟斷化，技術弱國互聯網發展道路自主權和話語權得不到保障。

1　支振鋒：《網絡空間命運共同體的全球願景與中國擔當》，《光明日報》2016 年 11 月 27 日，第 6 版。
2　在一定程度上參與全球互聯網運行的機構和組織還有：亞太經濟合作組織、東南亞國際組織、歐洲理事會、歐洲聯盟、事件響應和安全團隊論壇、八國集團、電機及電子學工程師聯合會、國際電信聯盟、互聯網治理論壇、國際刑警組織、Meridian 進程、北大西洋公約組織、美洲國家組織、經濟合作與發展組織等。

網絡霸權與網絡宰制。美國作為互聯網發源地，擁有全世界最發達的互聯網技術以及互聯網關鍵基礎設施的所有權和管理權，控制著全球主要信息產品的生產和互聯網地址資源與根服務器的管理，具有其他國家不可比擬的絕對控制權。同時，網絡空間的控制權也幾乎被美國獨自掌控，中國在內的其他國家基本都處在網絡空間主權的灰色地帶，也即處在網絡空間「半主權」甚至是「無主權」的混沌狀態。此外，美國還堅持「雙重標準」[1]，倡導技術自由主義，奉行技術獨裁，給恐怖分子和軍國主義留下了可乘之機。儘管新科技革命對國家主權的削弱和制約對所有國家都一樣，但這種削弱、制約對技術水平迥異的發達國家和發展中國家來說，是不均衡和不平等的。[2]這種不均衡和不平等實則反映的就是網絡霸權之下宰制與被宰制的國際關係，對國際正義尤其是第三世界國家極為不利。

　　網絡安全與網絡犯罪。網絡安全與網絡犯罪是互聯網全球治理的另一大難題。互聯網具有虛擬性與匿名性、跨國界與無界性、開放性與無中心化、即時交互性，這些天然特性為犯罪分子匿名實施網絡攻擊、網絡詐騙、網絡傳銷等違法犯罪活動提供了可能的「溫床」。網絡犯罪形式有兩種：第一種是監聽網絡、襲擊網站、傳播病毒等非法侵入和破壞，如「斯諾登事件」「五眼聯盟事件」「震網事件」等；第二種則是利用互聯網實施的傳統犯罪，如互聯網金融詐騙、網絡非法集資、網絡盜竊等，諸如虛假廣告、人肉搜索、侮辱誹謗、在線間諜等都是傳統犯罪形式在互聯網上的體現，嚴重衝擊了現有的全球安全體系。與傳統犯罪相比，網絡犯罪有三個明顯特點：一是破壞力強且低齡化發案率逐年升高；二是犯罪成本低，受害人多，造成的經濟損

1　「雙重標準」指的是在網絡自由與安全方面奉行雙重標準，即對自己和盟友是一套標準，對發展中國家是另外一套標準。

2　趙旭東：《新技術革命對國家主權的影響》，《歐洲》1997 年第 6 期，第 28 頁。

失嚴重；三是危害面廣，涉及各行各業各領域，部分犯罪活動甚至危及國家政治安全、經濟安全和社會穩定。

（二）網絡空間主權的國際分歧

網絡空間無疑是網絡主權行使的重要場域。然而，「由於各國對於網絡空間的認識和相關實踐還較為有限，更由於意識形態、價值觀以及現實國家利益等方面的差異乃至對立」[1]，當前國際社會在網絡空間的諸多領域仍存在不同程度的分歧。總體來看，國際社會在網絡空間方面主要存在認知分歧、戰略分歧和治理分歧。

認知分歧：全球公域與主權領地。以美國、日本、歐盟等網絡發達國家和組織為代表的「全球公域說」認為，網絡空間與物理空間不同，不受任何單一國家的管轄與支配，應被視為公海、太空這類國際公域。以美國為例，美國將網絡空間與公海、國際空域、太空相提並論，將其劃入單一主權國家無法企及的「全球公域」[2]，認為對網絡空間的管理應超越傳統意義的主權國家之間的界限，國家不應當在網絡空間中行使主權。與「全球公域說」不同，以俄羅斯、巴西、上海合作組織、亞太安全合作理事會等網絡新興國家和組織為代表的「主權領地說」則認為，網絡空間具有主權屬性，國家應當建立並行使網絡空間主權。例如，二〇一一年俄羅斯聯合中國等上海合作組織成員國，向第六十六屆聯大提交《信息安全國際行為準則》，認為與互聯網有關的公共政策問題的決策權是各國的主權，應尊重各國在網絡空間中的國際話語權和網絡治理權。目前，兩種主張在國際社會的對抗愈演愈烈，越

---

1 黃志雄、應瑤慧：《美國對網絡空間國際法的影響及其對中國的啟示》，《復旦國際關係評論》2017 年第 2 期，第 70 頁。
2 全球公域（global commons），即不為任何一個國家所支配而所有國家的安全與繁榮所依賴的領域或資源。

來越多的國家傾向於「主權領地說」，主張在網絡空間中需要行使國家主權。但實踐中，由於發展狀況、歷史文化和社會制度的顯著差異[1]，各國在網絡空間屬性問題上存在明顯的認知差異，致使在網絡空間國際規則制定中，各國在網絡空間主權這一問題上仍然存在較大分歧。

治理分歧：多利益攸關方治理與多邊主義治理。目前，網絡空間治理呈現以美國為首的網絡發達國家和以中國、俄羅斯、巴西為代表的網絡發展中國家兩大陣營。前者支持多利益攸關方治理模式，後者支持多邊主義治理模式。「多利益攸關方」是當前網絡空間全球治理「公認」的治理模式，其支持者主張「由技術專家、商業機構、民間團體來主導網絡空間治理，政府不應該過多干預，甚至國家間政府組織例如聯合國也應該被排除在外」[2]。該模式認為「網絡空間傳播的全球性和去中心化特徵已使政府失去了傳統治理理論中的中心主導地位」[3]，主張互聯網治理應該「自下而上」。從表面上看，多利益攸關方治理模式在兼顧各方利益方面具有一定作用，但由於缺乏主權國家的合作與支持，這種模式難以實現網絡空間的有效治理。與網絡發達國家主張多利益攸關方治理模式不同，網絡發展中國家更傾向於政府主導，主張通過聯合國或其他國際組織加強網絡空間治理。這種主張被稱作「多邊主義治理模式」。該模式倡導國家在網絡空間中「自上而下」的治理，強調「網絡空間的國家主權原則以及解決網絡空間無序問題應該以民族國家為中心，國家有權力保障數字主權和網絡空間的國家安全，應該在聯合國框

---

1 劉影、吳玲：《全球網絡空間治理：亂象、機遇與中國主張》，《知與行》2019 年第 1 期，第 63 頁。

2 王明進：《全球網絡空間治理的未來：主權、競爭與共識》，《人民論壇・學術前沿》2016 年第 4 期，第 18 頁。

3 鄭文明：《互聯網治理模式的中國選擇》，《中國社會科學報》2017 年 8 月 17 日，第 3 版。

架內建立某種以國家為治理主體的實體組織，以協調處理網絡治理議題」[1]。究其根本，多利益攸關方治理模式和多邊主義治理模式「這兩大陣營之間的分歧實質上是基於各自利益訴求的網絡空間治理機制守成派與改革派之爭。可以預見，圍繞這一問題的分歧和博弈仍將長期存在」[2]。

戰略分歧：網絡自由主義與網絡空間命運共同體。出於價值觀方面的考慮，西方國家一致倡導「人權高於主權」，主張公民的基本人權神聖不可侵犯，在網絡空間則堅持網絡自由主義，反對將現實空間的管制延伸到網絡空間，認為網絡國界給民主帶來了挑戰，表示不接受所有可能阻礙信息自由流動的行動。例如，美國認為國家不能以任何理由妨礙連接自由與數據自由流通，應保障網絡空間的基本自由。為此，美國在二〇一一年先後出臺了旨在推進網絡空間自由的《網絡空間國際戰略》《網絡空間行動戰略》，這兩份文件構成了美國互聯網國際戰略體系的整體框架，這一框架的基礎就是網絡自由主義理論。[3]與網絡自由主義者的論調不同，網絡發展中國家認為，「網絡自由主義不符合網絡空間的需要」[4]，在網絡空間領域，應當以國際關係準則和《聯合國憲章》為根本依據，尊重各國的領土完整、政治獨立和人權

---

1 鄭文明：《互聯網治理模式的中國選擇》，《中國社會科學報》2017 年 8 月 17 日，第 3 版。

2 龍坤、朱啟超：《網絡空間國際規則制定——共識與分歧》，《國際展望》2019 年第 3 期，第 49 頁。

3 其中，《網絡空間國際戰略》將網絡空間自由作為核心概念和重要構成部分，主張「美國的國際網絡空間政策反映了美國的基本原則，即對基本自由、個人隱私和數據自由流動的核心承諾」。「網絡自由主義理論形成後，已經成為美國政府官方的意識形態，被視為無可爭辯的所謂『普世價值』，藉助以美國為代表的西方話語體系的強大傳播力，基本上主導了此後多年關於互聯網問題的研究和討論。」（李傳軍：《網絡空間全球治理的秩序變遷與模式構建》，《武漢科技大學學報（社會科學版）》2019 年第 1 期，第 20-25 頁。）

4 王明進：《全球網絡空間治理的未來：主權、競爭與共識》，《人民論壇·學術前沿》2016 年第 4 期，第 18 頁。

自由，堅持國家安全和主權獨立相統一的原則，所有國家均不能打著「網絡自由」的旗號推行網絡霸權。以中國為例，中國高度重視網絡空間主權問題，近年來積極倡導尊重和維護各國的網絡空間主權，並以此作為中國關於網絡空間國際法和國際秩序的核心主張之一。二〇一五年十二月，習近平主席在第二屆世界互聯網大會上首次提出「構建網絡空間命運共同體」理念，並深入闡釋了構建網絡空間命運共同體的「四項原則」「五點主張」。網絡空間命運共同體符合大多數國家的利益，一經提出便被世界上越來越多的國家接受。儘管如此，部分西方國家出於對意識形態等因素的考慮，對這一理念還存有一定疑慮。

（三）網絡空間命運共同體

新時代的最強音迴蕩在中華大地和國際社會。「網絡空間命運共同體是全球網絡空間合作與治理的中國方案，為維護全球網絡文化繁榮與安全發出了中國聲音。」[1]回顧過往的三次工業革命，有兩個顯著特點值得注意：一是新的技術手段推動了一系列新發明的出現，大大提高了人類生產力，拓展了人類的活動範圍；二是通過新技術手段，人類進一步探索了自身潛力，推動了整個社會的革新。以互聯網技術為主要標誌的第三次工業革命，讓世界變成了「雞犬之聲相聞」的地球村，相隔萬里的人們不再「老死不相往來」。以數字孿生為代表的信息技術引領了社會生產新變革，創造了人類生活新空間，拓展了國家治理新領域，極大提高了人類認識水平以及認識世界、改造世界的能力。中國全球治理觀倡導國際關係民主化，堅持國家不分大小、強弱、貧富一律平等，而這些都必須以共建網絡空間命運共同體為基

---

1 范鋒：《網絡空間命運共同體構建的理論基礎與實踐路徑》，《河北大學學報（哲學社會科學版）》2018 年第 6 期，第 142 頁。

礎和前提。只有共建網絡空間命運共同體，才能解決互聯網發展不平衡、規則不健全、秩序不合理等問題，推動聯合國發揮積極作用，使廣大發展中國家在國際事務中獲得更大的代表性和發言權，並平等地參與全球治理體系改革和建設。

網絡空間命運共同體的提出，最早可追溯至二〇一五年。網絡空間命運共同體是習近平的網絡空間治理新理念新思想新戰略（表 5-3）的重要內容，是新時代保障國家數據安全和實現網絡空間綜合治理的科學路徑，其內涵豐富，影響深遠。從理論維度考察，網絡空間命運共同體是互聯網時代人類面臨超越地理界限的網絡風險時提出的協同合作和責任共擔的網絡治理戰略[1]，是對馬克思主義開放理論和世界交往理論的繼承、深化和發展。從價值維度考察，網絡空間命運共同體構想符合「五位一體」整體布局，在經濟、政治、文化、社會和生態方面對我國和全世界都有很大價值。一是有利於促進各國經濟發展，促進各國共同繁榮；二是有利於我國國際話語權的提升；三是有利於國家間的文化交流互鑑；四是有利於維護全球穩定；五是有利於淨化網絡生態。從實踐維度考察，建構公正合理的互聯網全球治理體系，堅持依法治網與以德治網相結合，堅決維護全球人民的共同利益，攜手構建網絡空間命運共同體，符合全球人民的共同利益。[2]

1　董慧、李家麗：《新時代網絡治理的路徑選擇：網絡空間命運共同體》，《學習與實踐》2017 年 12 期，第 37-44 頁。
2　王建美：《網絡空間命運共同體的四重維度》，《中國集體經濟》2019 年第 25 期，第 66-67 頁。

表 5-3 從世界互聯網大會看習近平的網絡空間治理新理念新思想新戰略

年份	會議	重要論述
2014	第一屆世界互聯網大會	「中國願意同世界各國攜手努力，本著相互尊重、相互信任的原則，深化國際合作，尊重網絡主權，維護網絡安全，共同構建和平、安全、開放、合作的網絡空間，建立多邊、民主、透明的國際互聯網治理體系。」
2015	第二屆世界互聯網大會	「網絡空間是人類共同的活動空間，網絡空間前途命運應由世界各國共同掌握。各國應該加強溝通，擴大共識，深化合作，共同構建網絡空間命運共同體。」
2016	第三屆世界互聯網大會	「互聯網是我們這個時代最具發展活力的領域。互聯網快速發展，給人類生產生活帶來深刻變化，也給人類社會帶來一系列新機遇、新挑戰。互聯網發展是無國界、無邊界的，利用好、發展好、治理好互聯網必須深化網絡空間國際合作，攜手構建網絡空間命運共同體。」「中國願同國際社會一道，堅持以人類共同福祉為根本，堅持網絡主權理念，推動全球互聯網治理朝著更加公正合理的方向邁進，推動網絡空間實現平等尊重、創新發展、開放共享、安全有序的目標。」
2017	第四屆世界互聯網大會	「當前，以信息技術為代表的新一輪科技和產業革命正在萌發，為經濟社會發展注入了強勁動力，同時，互聯網發展也給世界各國主權、安全、發展利益帶來許多新的挑戰。全球互聯網治理體系變革進入關鍵時期，構建網絡空間命運共同體日益成為國際社會的廣泛共識。」「倡導『四項原則』『五點主張』，就是希望與國際社會一道，尊重網絡主權，發揚夥伴精神，大家的事由大家商量著辦，做到發展共同推進、安全共同維護、治理共同參與、成果共同分享。」
2018	第五屆世界互聯網大會	「當今世界，正在經歷一場更大範圍、更深層次的科技革命和產業變革。互聯網、大數據、人工智能等現代信息技術不斷取得突破，數字經濟蓬勃發展，各國利益更加緊密相連。為世界經濟發展增添新動能，迫切需要我們加快數字經濟發展，推動全球互聯網治理體系朝著更加公正合理的方向邁進。」「世界各國雖然國情不同，互聯網發展階段不同，面臨的現實挑戰不同，但推動數字經濟發展的願望相同，應對網絡安全挑戰的利益相同，加強網絡空間治理的需求相同。

年份	會議	重要論述
2018	第五屆世界互聯網大會	各國應該深化務實合作，以共進為動力，以共贏為目標，走出一條互信共治之路，讓網絡空間命運共同體更具生機活力。」
2019	第六屆世界互聯網大會	「當前，新一輪科技革命和產業變革加速演進，人工智能、大數據、物聯網等新技術、新應用、新業態方興未艾，互聯網迎來了更加強勁的發展動能和更加廣闊的發展空間。發展好、運用好、治理好互聯網，讓互聯網更好造福人類，是國際社會的共同責任。各國應順應時代潮流，勇擔發展責任，共迎風險挑戰，共同推進網絡空間全球治理，努力推動構建網絡空間命運共同體。」

「網絡空間命運共同體的運行基礎是共生關係，運行環境是共同安全，運行模式是平等自治，運行機制是多元合作，運行目標是利益共享。」[1]基於主權區塊鏈的網絡空間治理方案將有助於建立平等、共識、共治的互聯網治理體系，為共建網絡空間命運共同體提供運行環境和技術借鑑。首先，主權區塊鏈將推動網絡空間命運共同體的平等協作。在點對點網絡空間上，主權區塊鏈推動各國尊重網絡主權[2]，尊重各國自主選擇網絡發展道路、網絡管理模式、互聯網公共政策和平等參與國際網絡空間治理的權利，消除大國和小國、強國和弱國之分，打造公開透明、信息安全程度高的網絡空間命運共同體。其次，主權區塊鏈將建立起網絡空間命運共同體的新型共識體系。利用主權區塊鏈能實現各國之間的數據交流和信息共享，增強各國在協商討

1　葉穗冰：《論網絡空間命運共同體的運行規律》，《經濟與社會發展》2018 年第 3 期，第 65-69 頁。

2　從區塊鏈到主權區塊鏈的意義並不僅僅在於區塊鏈的發展，更在於給網絡空間治理帶來了「主權治理」的新意涵。推進全球互聯網治理體系變革「四項原則」中，首要原則便是「尊重網絡主權」，網絡主權理論是網絡空間命運共同體得以建立的理論基礎，也是其他三個原則的邏輯起點。

論中的知情權、參與權、表達權和主動權，有助於建立由代碼、協議、規則確立的非人格化的信任和共識，破除各國互聯網信任壁壘。最後，主權區塊鏈將推動網絡空間命運共同體攜手共治。主權區塊鏈能構建起新型的互聯網治理模式，促進各國攜手加強互聯網治理，提升網絡空間命運共同體的治理能力，實現互聯網空間的良好秩序。

第三節
科技向善與良知之治

在「善惡義利」之間取得平衡，才能實現可持續發展。科技本身力量巨大，科技發展日益迅猛，如何善用科技，將在極大程度上影響到人類社會的福祉。科技是人性的表現，是人與自然相融和諧的手段，是人性中的善與良知與外部世界客觀真理的結合方式。所謂科技向善，就是一種「以人為本」的良知選擇，是向美，也是向光。選擇科技向善，不僅意味著要堅定不移地提升科技能力，為人類提供更好的「善」的產品和服務，持續提升生產效率和生活品質，還要做到有所不為、有所必為。

一 「數據人」的價值取向

人是什麼？歷來是人類反思自身與研究自我的根本問題。「人是試圖認識自己獨特性的一個獨特的存在。他試圖認識的不是他的動物性，而是其人性。他並不尋找自己的起源，而是尋找自己的命運。人與非人之間的鴻溝只有從人出發才能理解。」[1]「數據人」的提出，不僅是對傳統人性假說的超越，也是對科技倫理與科技向善的重新定義。研究探討「數據人」的價值取

1　〔美〕A.J.赫舍爾：《人是誰》，隗仁蓮譯，貴州人民出版社 1994 年版，第 21 頁。

向對於第六輪康波中自然人的價值選擇、基因人的價值導向、機器人的價值設計具有重大意義。

「**數據人**」假設。人性假設是以一定的價值取向為基礎的對人性這種規定體的表現有選擇地抽象的過程。一般來說，人性假設作為一種前提預設，用以推導和演繹出某種理論體系。人性假設要為理論體系服務，而這種理論體系具有一定的價值取向，構建者在選擇人性假設時，也必然具有同樣的價值取向，才能使得某一理論體系前後一致。這種價值取向蘊含於理論體系的全過程，最終體現在實踐之中。大數據時代，萬物「在線」，一切皆可量化，所有的人、機、物都將作為一種「數據人」而存在，作為一種「數據人」而聯繫，作為一種「數據人」而共同創造價值。個人會在各式各樣的數據系統中留下「數據腳印」，通過關聯分析可以還原一個人的特徵，形成「數據人」。從經濟人、社會人到數據人，人性假設在不同時代的背景下具有不同的類型，這一點可以在人性假設的各個階段與不同模式中體現出來。構建者在進行人性假設時，所處的時代背景是其必然考慮到的決定性因素。因此，具有一定的時代性是人性假設一個非常重要的特點。「數據人」不僅僅是人的數據化，所有的物件和部件也將作為一種數據化的個體而存在並交互影響。「我們正處在技術發展帶來人性變化的時代。」[1]人工智能、3D 打印、基因編輯等新興技術帶來的社會關係變革，一方面將使得人類超越進化的限制，另一方面迫使人類不得不面對「在本世紀中葉非生物智能將會十億倍於今天所有人的智慧」[2]的局面。屆時，機器人、基因人將作為一種「數據人」而存在，與自然人共生共存，互補互動，成為未來人類社會的「三大

1　謝方：《科幻、未來學與未來時代》，《中國社會科學報》2013 年 1 月 25 日，第 A5 版。
2　吳漢東：《人工智能時代的制度安排與法律規制》，《法律科學》2017 年第 5 期，第 128-136 頁。

主體」。「數據人」作為一種全新的人性假設，其得以存在的背景就是數據文明。以數據文明和「數據人」的理念來選擇、引導和設計自然人、機器人、基因人的價值取向，超越了傳統的善惡邊界，打破了限制組織有效性的傳統桎梏。可以說，相較於經濟人、社會人、複雜人等人性假設，「數據人」假設的提出更能夠適應數據文明的理論和實踐要求，更能夠實現全人類的解放和人的自由全面發展。

「數據人」的價值取向：利他主義。亞當・斯密在《國富論》中提出的「利己主義觀」，與其《道德情操論》中的「利他主義觀」[1]構成了經典的「斯密悖論」。毫無疑問，人性中包含了固有的利己性和利他性。利他是人類美德的一種體現。利他主義是倫理學的一種學說，一般泛指把社會利益放在第一位、為了社會利益而犧牲個人利益的生活態度和行為原則。早在十九世紀，法國實證主義哲學家孔德就提出了「利他」這一概念，運用「利他」的概念來闡述社會中存在的無私行為。孔德認為，「『利他』是一種為他人而生活的願望或傾向，是一種與利己相對的傾向」[2]。「正如人們對思想有理性的要求，對行為同樣有理性的要求，利他主義就是行為的理性要求之一。」[3]因此，利他主義首先強調的是他人的利益，提倡增進他人的福利而犧牲自我利益的奉獻精神。目前，利他被普遍認為具有一種自願幫助別人而不求在未來因此有所回報的特性。博弈論與生物進化論的交叉研究表明，較

---

1 亞當・斯密在《道德情操論》中開宗明義地指出了人的利他本性：「無論人們會認為某人怎樣自私，這個人的天賦中總是明顯地存在著這樣一些本性，這些本性使他關心別人的命運，把別人的幸福看成是自己的事情，雖然他除了看到別人的幸福而感到高興以外，一無所得。」（〔英〕亞當・斯密：《道德情操論》，蔣自強等譯，商務印書館 2015年版，第 5 頁。）

2 Comte I Auguste. *System of Positive Polity* (2 vols.). London: Longmans, Green & Co.. 1875，pp.566-567.

3 Nagel T. *The Possibility of Altruism*. Princeton: Princeton University Press. 1978,p.3.

之於自私的群體，具有利他主義精神的群體在生態競爭中更具備進化優勢。「數據人」強調人的行為方式和存在方式的利他化。「數據人」的功能在於幫助人類創造一個可以共享的、公共的大數據場域，其工具性價值決定了「數據人」的天然利他特性。如果「數據人」的利他性能夠給人類帶來更多的好處和便利，那麼，人們基於對利益的追求，將會產生更多的利他主義行為。達爾文在《人類的由來》一書中寫道：「一個部落中如果有很多總是願意互相幫助、為集體利益而犧牲自己的成員，這個部落就會戰勝其他部落。」[1]「數據人」的利他主義屬性還有助於促成人類之間的共同合作。這是因為，基於「數據人」利他主義的特性，起初只是一小部分人從合作中獲得收益，但隨著更多人的參與，利他主義行為就從偶然的合作關係上升為特定的法律關係，可以保障人類從利他主義行為中獲得持續的收益。為此，國家基於增進社會福祉、推動人類進步的夙願，需要創造出「利他主義行為」的保護機制，即利他主義價值觀。在這種價值觀的影響下，人們會在內心形成一種希望通過行為活動，在物質或精神上對其他人產生有利效果的思想意識，最終構建一個更加和諧的社會。

　　共享：利他主義的數據文化。從農耕文明到工業文明，再到數字文明，人類社會隨著科學技術的發展而不斷進步，人們的生產活動與生活方式逐漸呈現出共享的特徵。特別是隨著近年來開放存取[2]運動和共享經濟的興起，

1　〔英〕達爾文：《人類的由來》，潘光旦、胡壽文譯，商務印書館 1997 年版，第 201 頁。

2　開放存取是一種知識共享模式，開放存取運動是在二十世紀九十年代末到二十一世紀初發起的一項科學運動，旨在促進科研成果的共享。其中，二〇〇一年發布的《布達佩斯開放存取倡議》、二〇〇三年簽署的《畢士大開放存取宣言》與《關於自然科學與人文科學資源的開放使用的柏林宣言》就是共享發展理念的體現。根據《布達佩斯開放存取倡議》，開放存取是指科學家將研究文獻上傳到互聯網，允許任何人免費閱讀、下載、複製、打印、發布、檢索，或者設置鏈接和索引，將其以軟件數據或其他任何合法形

共享作為一種新的發展理念，已經從科學技術領域拓展到經濟社會、思想文化等領域，人們更加清楚地看到共享對於人類共同生活和發展的重要意義。[1]利他主義具有使他人得益的行為傾向和價值主張，是一種自覺的外化實踐過程，能夠增強個體的共享意願，從而促進個體的共享行為（圖5-1）。共享行為包括參與水平和參與程度，這兩個參數能直接反映出個體的共享行為差異。每個個體在社群和大眾中都是獲利者，同時也是貢獻者。通過共享和互利，群體會變得更加和諧與可持續。馬雲在一次會上說，現在這個世界要用好 DT（數據技術），其核心就是利他主義，「相信別人比你重要，相信別人比你聰明，相信別人比你能幹，相信只有別人成功，你才能成功」。阿里巴巴不是一家電子商務公司，而是一家幫助別人經營電子商務的公司，要想成功，就要先利他，利他之後才能利己。共享文化最典型的例子是互聯網。「互聯網從誕生伊始就秉持共享精神：信息共享、技術共享、按需分配。」[2]「平等與共享是互聯網的『魂』，技術構架、通信協議、終端設備等是互聯網的『體』，互聯網的『體』不斷更新換代，而互聯網的『魂』始終如一，綿延至今。」[3]共享文化已經成為大數據時代影響整個社會的一種主流文化，為社會的發展提供了源源不絕的動力和能量。亞當・斯密在《道德情操論》中指出：「如果一個社會的經濟發展成果不能真正分流到大眾手

式，使民眾能從網絡中自由獲取和使用研究。開放存取運動一方面使科學數據免費向民眾開放，突破了知識的價格障礙，另一方面拓展了科研成果的可獲得性，突破了科學文獻的使用權限障礙。（胡波：《共享模式與知識產權的未來發展——兼評「知識產權替代模式說」》，《法制和社會發展》2013年第4期，第99-111頁。）

1 大數據戰略重點實驗室：《數權法1.0：數權的理論基礎》，社會科學文獻出版社2018年版，第220-221頁。
2 陸地：《網絡視頻與信息「共產主義」》，《新聞與寫作》2014年第1期，第68頁。
3 吳寧、章書俊：《論互聯網與共產主義》，《長沙理工大學學報（社會科學版）》2018年第2期，第38頁。

中，那麼它在道義上將是不得人心的，而且是有風險的，因為它注定要威脅社會穩定。」[1]如果文化不止損，那麼經濟止損的效果就是有限的。利他主義的數據文化終於去除了帶血的資本積累的原始衝動，讓經濟發展的成果通過數據化的組織和共享得以分流到大眾手中，這不僅表現在它所倡導的利用群體智慧進行的大眾創新和萬眾創業之中，而且還表現為那些在透明的數據環境中的諸多「獨角獸公司」所享受到的快感和愜意。[2]

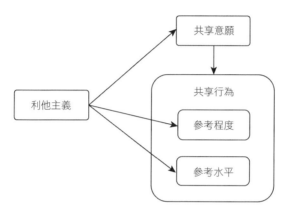

圖 5-1｜利他主義與共享行為的關係

二　科學的靈魂

科學技術的發展水平是體現國家綜合國力和國際地位的重要標誌。科學技術力量已經成為國家最重要的戰略資源，是社會發展的強大推動力。面向未來八十年的科學技術發展，三個基本判斷必須引起我們的思考和關注：一是自然科學與哲學社會科學融合發展是二十一世紀後半葉的必然趨勢；二是

1　〔英〕亞當・斯密：《道德情操論》，謝宗林譯，中央編譯出版社 2008 年版，第 97 頁。
2　大數據戰略重點實驗室：《塊數據 2.0：大數據時代的範式革命》，中信出版社 2016 年版，第 179-182 頁。

以哲學社會科學引導自然科學發展是人類社會進步的必然選擇；三是以人文的善為科學的真保駕護航是數字文明時代的必然要求。

（一）哲學與科學的融合發展

「哲學社會科學是人們認識世界、改造世界的重要工具，是推動歷史發展和社會進步的重要力量，其發展水平反映了一個民族的思維能力、精神品格、文明素質，體現了一個國家的綜合國力和國際競爭力。一個國家的發展水平，既取決於自然科學發展水平，也取決於哲學社會科學發展水平。一個沒有發達的自然科學的國家不可能走在世界前列，一個沒有繁榮的哲學社會科學的國家也不可能走在世界前列。」[1]哲學社會科學與自然科學的關係，說到底是人與物、精神與物質的關係，一個是構建精神生活家園，一個是建構物質生活家園，兩者相存相依，相通相融，相得益彰。

著名教育家和科學事業家蔡元培先生曾對科學與哲學的相互關係有過這樣的論述：「屏科學而治哲學，則易涉臆說；遠哲學而治科學，則不免拘墟。兩者可以區分而不能離絕也。今日最持平之說，以哲學為一種普遍之科學，合各科學所求得之公例，為之去其互相矛盾之點，而組織為普遍之律貫。又舉普遍知識之應用於各科學而為方法、為前提者，皆探尋其最高之本體而檢核之。」[2]哲學追求普遍規律，必須以自然科學為基礎；而哲學作為普遍知識又必從方法、前提等根本方面對自然科學有所幫助。[3]故此，既不能遠離科學而治哲學，也不能遠離哲學而治科學。

進入二十一世紀以來，全球科技創新進入空前密集活躍的時期，新一輪

---

1 習近平：《在哲學社會科學工作座談會上的講話》，新華網，2016 年，http://www.xinhua-net.com//politics/2016-05/18/c_1118891128.htm。

2 中國蔡元培研究會：《蔡元培全集（第二卷）》，浙江教育出版社 1997 年版，第 305 頁。

3 孫小禮：《21 世紀的科學和哲學》，《新視野》2003 年第 6 期，第 60-62 頁。

科技革命和產業變革正在重構全球創新版圖，重塑全球經濟結構。以人工智能、量子信息、移動通信、物聯網、區塊鏈為代表的新一代信息技術加速突破，以合成生物學、基因編輯、腦科學、再生醫學等為代表的生命科學領域孕育新的變革，融合機器人、數字化、新材料的先進製造技術正在加速推進製造業向智能化、服務化、綠色化轉型[1]，學科之間、科學和技術之間、技術之間、自然科學和哲學社會科學之間日益呈現交叉融合的趨勢。

　　跨界合作是大數據時代發展的基礎，要求人們把整個社會作為一個系統來認識。自然科學與哲學社會科學在高度發展的基礎上，出現了高度融合。「科學與哲學原本同根同源。」[2]「知識好比大樹，哲學是樹根，科學則是樹枝。」（笛卡爾）「哲學和科學是普遍性和特殊性的關係，哲學是普遍性，科學是特殊性。」（斯大林）如果說，在大數據時代自然科學與哲學社會科學的融合發展只是「小試牛刀」，那麼二十一世紀後半葉其必將「大展拳腳」。「宇宙天地間、大千世界裡，人是『最大變量』，物是『最大常量』。」[3]哲學塑造精神，科學洞悉物質。哲學作為人類「認識世界」和「改造世界」的重要工具，在哲學與科學融合發展的大趨勢、大背景下，將不斷續寫「思想有多遠，我們就能走多遠」「能力有多強，我們就能飛多高」的精彩篇章。

（二）哲學引導科學繁榮發展

　　哲學社會科學是探尋和總結人類社會發展規律的理論體系，哲學社會科

---

1 習近平：《在中國科學院第十九次院士大會、中國工程院第十四次院士大會上的講話》，新華網，2018 年，http://www.xinhuanet.com/politics/2018-05/28/c_1122901308.htm。

2 于華：《大學是科學與哲學共繁共榮的家園》，《法制與社會》2019 年第 32 期，第 175-177 頁。

3 奉清清：《立時代潮頭　發思想先聲：肩負起繁榮發展哲學社會科學的職責使命》，《湖南日報》2016 年 7 月 7 日，第 8 版。

學的發展水平是一個國家和民族精神狀況與文明素質的綜合體現。[1]一個偉大的時代，必然造就哲學社會科學的繁榮發展。一個偉大民族的興盛，也必然離不開哲學社會科學的繁榮發展。可以說，人類社會每一次重大躍進和人類文明每一次重大發展，都離不開哲學社會科學的知識變革和思想先導。特別是對自然科學的發展，哲學社會科學自始至終起著不可替代的重要作用。[2]

第一，哲學世界觀對科學活動起著重要支配作用。哲學對自然科學具有指導作用，這是馬克思主義的一個重要原理。恩格斯把哲學對自然科學的這種「指導」作用稱為「支配」作用。[3]他說：「不管自然科學家採取什麼態度，他們還是得受哲學的支配。問題只是在於：他們是願意受某種壞的時髦的哲學的支配，還是願意受一種建立在通曉思維的歷史和成就基礎上的理論思維的支配。」[4]因為任何一項科學研究工作，都涉及人和自然界的關係問題，即科學工作者與被認識、被改造對象的關係問題，以及與社會環境、社會條件的關係問題。如何處理這種主體和客體的關係，就有一個哲學指導思想問題。[5]此外，科學是一種認識的活動，其目的是發現、研究、認識客觀對象的本質和規律。但是任何一個客觀對象都不是孤立地存在的，它總是同其他

1 王關義：《哲學社會科學，發揮好引導功能》，《人民日報》2013 年 8 月 4 日，第 5 版。
2 傅正華：《哲學：科學技術發展的酵母——論哲學對科學技術發展的影響》，《荊門職業技術學院學報》1999 年第 5 期，第 61-66 頁。
3 熊可山、趙雙東：《必須堅持馬克思主義哲學對自然科學的指導》，《萊陽農學院學報（哲學社會科學版）》1987 年第 1 期，第 1 頁。
4 〔德〕馬克思、〔德〕恩格斯：《馬克思恩格斯全集（第 3 卷）》，中共中央馬克思恩格斯列寧斯大林著作編譯局譯，人民出版社 1972 年版，第 533 頁。
5 因此列寧號召「自然科學家就應該做一個現代的唯物主義者，做一個以馬克思為代表的唯物主義的自覺擁護者，也就是說應當作一個辯證唯物主義者。」（〔俄〕列寧：《列寧選集（第四卷）》，中共中央馬克思恩格斯列寧斯大林著作編譯局譯，人民出版社 1972 年版，第 609-670 頁。）

現象、次要因素、偶然因素等錯綜複雜地交織在一起，本質也總是深深地掩藏在事物的背後，這就要求認識主體應當運用辯證思維方法，把本質從錯綜複雜的現象中剝離出來。

第二，哲學方法論對科學發展起著重要指導作用。方法論和世界觀是統一的：有什麼樣的方法論，就一定有什麼樣的世界觀；有什麼樣的世界觀，就必定表現為什麼樣的方法論。哲學方法論對科學發展的指導作用，也就是哲學世界觀對科學活動的支配作用。只不過，方法論對科學發展的指導作用表現得更為具體罷了。唯物辯證法的三大規律[1]，都毫無例外地適用於自然科學研究。它們是自然科學方法論的最基本的方法論原則。[2]此外，哲學方法論對科學發展的指導作用還體現在辯證邏輯的一些具體思維形式之中，如歸納與演繹、分析與綜合、假設與證明、歷史的與邏輯的統一等。它們對科學研究的指導作用是毋庸置疑的，無論是收集經驗材料，還是整理經驗材料，無論是提出理論假說，還是構造理論體系，哲學都可以大顯身手。

第三，哲學的批判精神和懷疑精神是科學創新的堅實思想基礎。哲學在本質上是批判的，具有一種對現實永不滿足的不安分的靈魂。其不僅僅只是對現象的描述，而且是以一種批判的眼光審視人們與現實世界的關係，並對這種關係做出評價，進而用這種評價去指導人們來改造這種現實關係。[3]同

---

1 唯物辯證法的三大規律：對立統一規律、量變質變規律、否定之否定規律。這三大規律在哲學上的普遍性達到極限程度。這是黑格爾在《邏輯學》中首先闡述的，恩格斯則將它從《邏輯學》中總結和提煉出來，從而使辯證法的規律變得更加清晰了。

2 也就是說，哲學方法論突出地體現於唯物辯證法的三大規律之中。因為「辯證法的規律是從自然界和人類社會的歷史中抽象出來的。辯證法的規律不是別的，正是歷史發展的這兩個方面和思維本身最一般的規律」。由於辯證法的規律是從包括自然界在內的客觀世界的發展歷史中抽象出來的，所以辯證法的規律「對於理論自然科學也是有效的」。

3 馬克思曾有過精闢的論述：「辯證法在對現存事物肯定的理解中，同時包含著對現存事物的否定理解，即對現存事物必然滅亡的理解；辯證法對每種既成的形式都是從不斷的運動中，因而也是從它的暫時性方面去理解；辯證法不崇拜任何東西，按其本性來說，

樣，哲學在本質上也是懷疑的，懷疑精神是哲學的本性。馬克思有一句名言，就是「懷疑一切」。懷疑精神在本質上同哲學的批判精神是一致的。只有逢事問一個為什麼，才能夠追根求源，認識事物的本質。哲學具有探索世界底蘊、超越現實、追求無限的特點，而這是同它所具有的懷疑精神分不開的。[1]哲學的批判精神和懷疑精神，就其本質而言是一種創造精神和創造意識，或者說，這種批判精神和懷疑精神是創造性思維的內在要求。哲學批判精神和懷疑精神是科學發展的一種巨大的推動力，它為科學的發展鳴鑼開道，同時，也為科學的發展提供了堅實的思想基礎。

（三）以人文的善為科學的真保駕護航

科學技術是第一生產力，是推動人類社會發展與進步的革命性力量，每一次科學技術的重大突破，都會引起經濟的深刻變革和人類社會的巨大進步。今天，科學技術已經滲透到人們生產生活的方方面面，顛覆性地改變著人們的生產方式和生活方式，乃至思維方式、行為方式。人類社會從來沒有像今天這樣受到科技如此深刻的影響，對科技的依賴如此深入。科技正在力圖左右人類的前途命運，技術化社會正以不可阻擋之勢向世人走來。[2]科技既能為善也能作惡，在推動社會發展與進步的同時，也給人類的生存與發展帶來了一系列諸如「核戰爭」「網絡戰」「金融戰」「生物戰」「非主權力量

它是批判的和革命的。」馬克思主義的創始人在其理論創立之初就宣稱，要對現存的一切事物進行無情的批判，在批判舊世界中發現新世界。只有批判，才能打破習慣勢力和思維定式的束縛；只有批判，才敢於向理論權威提出挑戰；只有批判，才能不斷地解放思想，從而有所發現、有所發明、有所創造，才能不斷地把科學推向前進。

1 愛因斯坦曾談到過，正是馬赫堅不可摧的懷疑精神，促使他去探索時間和空間的問題，他說：「空間和時間是什麼，別人在很小的時候就搞清楚了；我智力發育遲，長大了還沒有搞清楚，於是就一直在揣摩這個問題，結果就比別人鑽研得深一些。」
2 劉奇：《技術化時代謹防技術作惡》，《中國發展觀察》2019年第15期，第48-49頁。

的威脅」等前所未有的全球性問題。

「科學和人文藝術是由同一臺紡織機編織出來的。」[1]「近代自然科學是人文主義的女兒。」[2]科學的負面效應必然引起人文主義者的批判，他們呼籲用人文引導科學的發展，以人文的善為科學的真保駕護航。[3]科學精神是求真，人文精神是求善。求真本身不能保證其方向正確：「其實皆以為善，為之不知其義。」[4]科學技術的發展，特別是人工智能技術和基因編輯技術的發展，帶來了「個人信息洩露」「基因編輯嬰兒」「人工智能作惡」等重大問題，更有甚者利用科技成果從事違法犯罪活動。如「三聚氰胺事件」「長生疫苗事件」「徐玉玉事件」等，都是科學技術發展方向產生偏差及其成果使用不當所致。

「冰山上開不出玫瑰。同樣，在不利於科學發展的社會文化環境裡，科學不容易結出能夠再生的果實。要科學能夠順利地發展，社會文化環境必須與它融合。科學是求真的，如果它所在的文化環境唯假是務，那就好像一團紅炭丟在雪地上，怎麼燃燒得起來？如果一邊提倡科學而同時又製造社會迷執（social myth），那就像一隻腳向前而另一隻腳向後，怎麼走得動？科學真

---

1 有人說，人類在對創造力的追尋之路上，需要藉助兩隻翅膀：科學與人文。科學，可以解釋宇宙中每一件可能存在的事物，讓我們更了解宇宙當中的硬件；人文，可以解釋人類思想當中每一件能夠想出來的事物，人文構建了我們的軟件。科學可以告訴我們，為了達到人類所選擇的目標，究竟需要具備哪些條件；而人文則可以告訴我們，利用科學所產出的這些成果，人類未來還可以向哪裡發展。

2 〔德〕文德爾班：《哲學史教程》，羅達仁譯，商務印書館 1993 年版，第 472-473 頁。

3 江文富：《生命文化：科學與人文的和洽之道》，《光明日報》2016 年 2 月 17 日，第 14 版。

4 出自司馬遷《太史公自序》。上下文為：「為人臣子而不通於《春秋》之義者，必陷篡弒之誅、死罪之名。其實皆以為善，為之不知其義，被之空言而不敢辭。」意思是說：「作為大臣和兒子的不懂得《春秋》中的道理，一定會因為陰謀篡位和殺害君父而被誅殺，得一個死罪的名聲。其實，他們都以為自己在幹好事，做了而不知道為什麼這麼做，受了毫無根據的批評而不敢反駁。」

正能夠良好發展的社會文化環境，是把追求真理當作基本價值的社會文化環境。只有唯真成了一個社會文化中大多數知識分子堅持的態度，科學的發展才會得到真正廣大的支持。」[1]可見，人文對科學具有重要特殊意義，是科學發展的「領航燈」，是科學倫理「匡正器」，是科技向善的「新哲學」。

科技是一把鑰匙，既可以開啟天堂之門，也可以開啟地獄之門，究竟開啟哪扇門，有賴於人文精神的指導。科技只有在人文精神的指導下，才能向著最利於人類美好發展的方向前進，實現科技向善。[2]明代大哲學家王陽明說：人皆有良知。他又說：知善知惡是良知。良知，就是人生來具有的善惡辨識力。善是成就自己與別人，成就這個世界，帶給這個世界更多美好、更多關愛和光明的能力與努力。科技向善是基於人的自由存在和發展解放之需求，追求富有人文關懷的科學和充滿科學智慧的人文，其提出意味著人類對人與科技的關係有了進一步的覺解。「科技是一種能力，向善是一種選擇。」[3]「以人為本，利他向善。」在利他主義文化和共享文化的導向下，藉助主權區塊鏈，科技和人文將會相互交融而又彼此獨立，和而不同而又保持適度張力，人與自然、社會和諧共處，生命體和非生命體妥善共存。

1　殷海光：《中國文化的展望》，中國和平出版社 1988 年版，第 469 頁。
2　二〇一九年五月，麥肯錫發布報告（「Tech for good: Smoothing disruption, improving well being」），提出「科技向善」的概念並指出，技術本身作為工具，可能在短時間內帶來一定的負面影響，但政府、商業領袖以及個人將一起保障新技術為社會帶來積極的影響。二〇一九年十一月，在騰訊成立二十一週年紀念日，騰訊官方正式宣佈了其全新的騰訊文化 3.0。其中，騰訊的使命願景升級為「用戶為本，科技向善」，即一切以用戶價值為依歸，將社會責任融入產品及服務之中，同時推動科技創新與文化傳承，助力各行各業升級，促進社會的可持續發展。騰訊作為「科技向善」的倡導者和踐行者，認為「避免技術作惡，實現技術為善」就是科技向善。
3　馬化騰：《用戶為本　科技向善——寫在騰訊文化 3.0 發布之際》，騰訊網，2019 年，https://tech.qq.com/a/20191111/007014.htm。

三 陽明心學對構建人類命運共同體的文化意義

和平與發展仍然是時代主題，同時不穩定性、不確定性更加突出，人類面臨許多共同挑戰。第二次世界大戰以來形成的全球治理模式和格局，由於美國奉行的「新孤立主義」和英國脫歐事件的衝擊而難以為繼[1]，以中國為代表的東方文明已然走向世界舞臺中心。中國倡議的人類命運共同體日漸成為推動全球治理體系變革、構建新型國際關係和國際新秩序的共同價值規範，中國方案和中國智慧正在引領全球治理新秩序。[2]

（一）世界之困與中國之治

文明重心的轉移：從西方文明的衰敗到東方文明的復興。在過去兩千多年的時間裡，人類文明重心經歷了兩次重大調整。第一次發生於十九世紀六十年代，中國在連續一千八百餘年占領世界國內生產總值領先地位後，由於始終堅持小農經濟模式，採取「閉關鎖國」政策，錯失第一次工業革命發展機遇而被歐洲國家後發趕超。世界政治、經濟、文化中心（世界文明重心）開始由以中國為核心的東方轉向歐洲。[3]進入二十世紀，世界文明重心發生第二次重大調整，由歐洲轉向美國。經過兩次世界大戰，歐洲經濟遭受重創，昔日稱霸世界的歐洲列強經濟節節衰退，而原來僅為英國在美洲殖民地的美國，則利用其先天遠離歐洲主戰場的「孤島優勢」，通過向戰爭國家販賣物資、武器，提供戰爭貸款等方式大發戰爭財。第二次世界大戰結束時，美國直接從世界強國一躍成為超級大國，其國民生產總值甚至占到世界總和

---

1 許正中：《全球治理創新與中國智慧》，《學習時報》2019 年 11 月 15 日，第 2 版。
2 馮顏利、唐慶：《人類命運共同體的深刻內涵與時代價值》，人民網，2017 年，http://theory.people.com.cn/n1/2017/1212/c40531-29702035.html。
3 據統計，截至一九〇〇年，全球五分之一的土地和十分之一的人口已被歐洲列強瓜分殆盡，歐洲文明籠罩全球。

的百分之六十以上，順理成章地成為世界新的經濟文化中心。此後，以美國為核心的西方文明席捲全球。其致力於將「自由、民主、人權」推廣為「普世價值觀」，打著「民主無國界」「人權高於主權」的旗號肆意干涉他國內政，大搞霸權主義，主觀臆斷只有西方國家標配的民主選舉、多黨制和三權分立才是現代政治文明的理想模式，而對與其價值觀有所背離的社會主義國家極盡打壓。[1]可以說，「普世價值觀」已經成為西方「文明傲慢」的另一種體現。進入二十世紀末期，隨著中國、印度、巴西等新興發展中國家的逐步崛起，各類國際力量分化組合的速度也不斷加快，大國關係再次進入全方位角力的新階段。世界面臨「百年未有之大變局」，新一輪世界文明重心的大調整也正在孕育。以中國為代表的新興市場國家和發展中大國的文化影響力正逐步呈現上升態勢，其日益走近世界舞臺中央。

　　西方之亂：世界經濟波動和社會動盪不安的重要根源。二十世紀九十年代前後，蘇聯解體、東歐劇變讓一些西方人欣喜若狂，「歷史終結論」一度甚囂塵上。但進入二十一世紀後不久，西方的「氣數」就出了不少問題。美國次貸危機及其引發的國際金融危機、歐債危機，以及英國脫離歐盟、意大利公投修憲失敗、歐洲難民危機等接連發生，加之社會階層對峙、孤立主義蔓延、民粹主義滋長、右翼極端主義湧動、暴恐頻發、選舉出現「黑天鵝」事件、種族歧視引發社會抗議和騷亂等，這些「治理赤字」都讓西方社會「很受傷」。[2]此外，西方還面臨制度危機、民主危機、文化危機等，這些西方「亂象」並不是彼此獨立存在的，而是有著內在的聯繫，它們相互影響，

---

1 所謂民主制度事實上是建立在「普世價值」基礎上的和平妥協機制，即通過一人一票表達訴求，使具有不同立場的民眾暫時達成妥協，而這樣的民主制度一旦與利益掛鉤，就會成為分散國家發展力量、削弱國家認同感的導火索，將內部混亂演變為多數人的暴政，甚至引發大規模暴亂甚至戰爭。

2 辛鳴：《罔顧西方之亂的原由》，《人民日報》2017年7月16日，第5版。

相互作用，共同形成一個「亂象鏈」或「亂象群」，最終使西方民主模式陷入嚴重危機，面臨嚴峻挑戰。西方之亂既不是單一現象，也不是偶然現象，而是發生在多維度、多領域和多層面的常態現象，具有時間延展長、空間分布廣、影響深遠等特徵。[1]西方之亂表明「西方之治」正在出現系統性危機，並成為世界不安全、不穩定的一個主要根源，嚴重影響世界的和平與發展。

中國之治：開啟偉大復興之路，引領全球治理新航向。與西方之亂形成鮮明對比的，則是中國的和平發展之路。新中國成立七十多年來，以西方不認可的方式迅速發展，把一個積貧積弱的舊中國建設成為一個經濟實力、科技實力、國防實力、綜合國力進入世界前列並日益走向繁榮富強的社會主義新中國，創造了世所罕見的經濟快速發展[2]和社會長期穩定[3]「兩大奇蹟」，令西方和整個世界為之震撼。這「兩大奇蹟」交相輝映，相輔相成，是中國特色社會主義制度威力的實際展現[4]，充分表明了中國特色社會主義制度和

---

1 王剛、周蓮芳：《試析西方之亂的表現及成因》，《思想理論教育導刊》2019 年第 3 期，第 74 頁。
2 「經濟快速發展奇蹟」主要體現在：新中國成立七十多年特別是改革開放新時期和黨的十八大以來，中國用幾十年時間走完了發達國家用幾百年完成的工業化歷程，社會生產力得到極大解放和發展，經濟實力和綜合國力顯著增強。中國經濟總量已穩居世界第二，並成為世界第一製造業大國、第一大貨物貿易國、第一大外匯儲備國、第二大外國直接投資目的地國和來源國。改革開放四十多年來，中國經濟增長對世界經濟增長的年均貢獻率達百分之十八左右，近幾年來高達百分之三十左右。
3 「社會長期穩定奇蹟」主要體現在：新中國成立七十多年特別是改革開放新時期和黨的十八大以來，中國既經歷了巨大的經濟社會變遷，也經受了不少重大考驗。改革開放之前，中國經受了抗美援朝戰爭，三年困難時期，「文化大革命」，河北唐山、豐南地區強烈地震等重大考驗。改革開放之後，中國又經受了一九八九年春夏之交的政治風波、一九九七年亞洲金融危機、一九九八年特大洪災、一九九九年以美國為首的北約轟炸我國駐南聯盟大使館、二〇〇三年非典重大疫情、二〇〇八年四川汶川特大地震和國際金融危機、二〇二〇年新冠肺炎疫情等重大考驗。
4 姜輝：《充分發揮制度優勢，成功實現「中國之治」》，《人民日報》2020 年 1 月 7 日，第 10 版。

國家治理體系是以馬克思主義為指導、植根中國大地、具有深厚中華文化根基、深得人民擁護的制度和治理體系，是具有強大生命力和巨大優越性的制度和治理體系，是能夠持續推動擁有近十四億人口大國進步和發展、確保擁有五千多年文明史的中華民族實現「兩個一百年」奮鬥目標進而實現偉大復興的制度和治理體系。[1]美國學者邁克爾·巴爾指出：「中國崛起不僅是一個經濟事件，還是一個文化事件。」以往大國崛起的歷史都已充分證明，經濟發展所代表的絕不僅僅是「硬實力」的提升而已，其背後必然伴隨著「軟實力」的同步提升。而在「逆全球化」暗流湧動的當下，也正是中國之治給世界提供了巨大的穩定性。[2]作為負責任大國和全球治理體系的參與者、建設者及貢獻者，中國早已超越關注自我發展與建設的範圍，主動承擔起國際責任，積極貢獻中國智慧，致力於為世界之困提供中國方案。

（二）良知之治的文化內涵

中國之治源於儒家思想，其核心乃良知之治。良知之治就是將陽明心學與現代治理相結合，在加強以良知為核心的道德理性中實現協調與平衡，以達到共建人類命運共同體的目標。良知之治的本質是建立有序、公平、富有活力、向上、富強的社會，即王陽明倡導的「萬物一體之仁」的社會理想，其文化內涵則是由「心即理」「知行合一」「致良知」構建而成的文化價值體系。

心即理：良知之治的理論基礎。「心即理」的命題古已有之，只是到了王陽明這裡，才代表著個人主體意識的覺醒。王陽明始終認為，「心」都是

---

1 新華社：《中共中央關於堅持和完善中國特色社會主義制度　推進國家治理體系和治理能力現代化若干重大問題的決定》，《人民日報》2019 年 11 月 6 日，第 1 版。
2 〔巴西〕奧利弗·施廷克爾：《中國之治與世界未來》，《學習時報》2018 年 1 月 15 日，第 2 版。

個體之心，它以良知的形式，先驗地存在於每個人的主體意識中，如孟子所說的「四端」[1]。此外，王陽明認為「吾心便是天理」，是說我心與萬物一體，萬物就在我心中，而心的存在也離不開萬物。也就是說，每個人的世界，在很大程度上是自己的心所創造的世界，這個世界的意義，也是由自己的「心」賦予它的，有什麼樣的「心」，就會有什麼樣的「世界」。因此，陽明心學首先確定了「心即理」的內涵，即「心外無理，心外無物」，其重要意義在於強調人的道德主體性與人的價值，這也是陽明心學思想的出發點。

知行合一：良知之治的理論主體。王陽明認為，「知是行之始，行是知之成」，「知是行的主意，行是知的功夫」。也就是說，「知」和「行」是同一的，因為它們紮根在同一個「本體」上。所以說，「知行合一」的重要意義在於它把從古希臘哲學就開始的理論和實踐分開的思維方式徹底打破了。從道德認知的角度看，「知行合一」意味著道德認識和道德實踐的合一。「知」就是人的內在的道德認識，而「行」則是人的外在的行為活動，王陽明所強調的便是使內在的道德認識和外在的道德行為相統一。因此，「知行合一」的重要意義在於防止人們的「一念之不善」，當人們在道德倫理綱常上剛要萌發「不善之念」的時候，就要將其扼殺於「萌芽」之中，避免讓這種「不善之念」潛伏在人們的思想當中，慢慢滋長。可見，王陽明的「知行合一」觀是一個由知善到行善的過程，它要求人們將自己的倫理道德知識付諸實踐，從而完善自己的道德人格，因為「善的動機，只是完成善的開始，並不是善的完成。意念的善不能落實到實踐，它就不是真正的善」。無論在

---

1 「四端」是儒家認為應有的四種德行，即「惻隱之心，仁之端也；羞惡之心，義之端也；辭讓之心，禮之端也；是非之心，智之端也」。「四端」是孟子思想的重要內容，也是他對先秦儒學理論的重要貢獻。

什麼時候，道德都是一把無形的枷鎖，既封鎖人的自由，又使人的自由得到保證，那麼，「知行合一」便成為儒家道德形象的準繩，這也便是陽明心學的核心要義與良知之治的理論主體。

致良知：良知之治的理論昇華。「致良知」是陽明思想的根本宗旨，它的提出標誌著陽明心學的最終確立，並從根本上重塑了儒家思想的結構。以往的理學家認為「致知在於格物」，認為要達到致知的目的，必須要從格物開始。王陽明另闢蹊徑，將《大學》中的「致知」，與孟子的「良知」說相結合。他認為，「良知」是人與生俱來的，能使人「知善知惡」，能使人對自己的行為做出正確評價，指導人們的行為選擇，促使人們棄惡從善。所以「良知」是以是非之知的形式表現出來的具有先驗性與普遍性的道德意識。「致良知」就是要通過對人的「良知」的自我認識，使人們能「體察」到「物欲」「私利」是使自己「良知」昏蔽的主要原因，從而培養出一種道德上的自覺的能動性，以時時保持或恢復「吾心之良心」的「廓然大公、寂然不動」的本性。也就是說，「致良知」強調克己去私，實現公平正義。此外，致良知的核心思想包含一種推己及人的觀念，即把個人的情向外推，由近到遠。良知的核心思想是忠恕之道，忠恕之道就是仁。盡己之心為「忠」，推己及人則為「恕」。實行忠恕之道，也就是從個人的主體性逐漸向外推，逐漸從一個「作為個人」的人，一直推向「天地萬物為一體」的人。王陽明說，「風雨露雷、日月星辰、禽獸草木、山川土石，與人原是一體」。他認為：人的靈明是人與天地鬼神萬物的貫通者，所以人心與「天地鬼神萬物為一體」；人的良知開合與自然界的晝夜相應，所以人心與天地為一體；「仁心」施之萬物，所以萬物與「仁心」為一體。因此，陽明「萬物一體」論是以道德心即良知為根基的。由此可見，陽明心學的思想具有向外擴大的惻隱之情，也就是從個人到家庭、到社會、到族群、到人類的全體，乃至到天地萬物。所以，良知之治正是以「良知」為根基，也就是說，如果「良知」喪

失，良知之治便喪失了精神，就不會有「萬物一體之治」，這也正是陽明呼喚「萬物一體之仁」的原因。

（三）陽明心學對全球治理的當代價值與未來意義

當今世界正處於大發展、大變革與大調整時期，面臨的不穩定性與不確定性突出，全球經濟增長動力不足，貧富分化嚴重，恐怖主義、網絡安全、傳染性疾病等威脅蔓延，人類面臨著許多共同的挑戰。在此嚴峻的國際形勢和背景下，中華文明自古以來的擔當意識，凝聚為讓和平薪火代代相傳、讓發展動力源源不斷、讓文明光芒熠熠生輝的中國方案。中國站在人類歷史與世界發展的高度，倡議構建人類命運共同體，這一理念與馬克思、恩格斯的思想一脈相承。馬克思、恩格斯曾提出「只有在共同體中，個人才能獲得全面發展其才能的手段，也就是說，只有在共同體中才可能有個人自由」[1]，進而提出了「真正的共同體」思想。「真正的共同體」與「虛假的共同體」相對，「真正的共同體」即共產主義是自由人的聯合體、是每個人自由而全面發展的社會。二○一三年三月，習近平主席在莫斯科國際關係學院發表演講時向世界提出「人類命運共同體」這一理念，指出當今人類社會「越來越成為你中有我、我中有你的命運共同體」。[2]在博鰲，從二○一三年年會到二○一五年年會，人類命運共同體理念實現了從「樹立命運共同體意識」到「邁向命運共同體」的飛躍[3]。二○一七年，「構建人類命運共同體」相繼被

---

1 〔德〕馬克思、〔德〕恩格斯：《馬克思恩格斯選集（第一卷）》，中共中央馬克思恩格斯列寧斯大林著作編譯局譯，人民出版社 1995 年版，第 119 頁。

2 張敏彥：《你中有我我中有你，習近平這樣論述人類命運共同體》，新華網，2019 年，http://www.xinhuanet.com/2019-05/07/c_1124463051.htm。

3 朱書緣、謝磊：《習近平頻提的「命運共同體」是怎樣一種外交理念？》，人民網，2015 年，http://cpc.people.com.cn/xuexi/n/2015/0610/c385474-27133972.html。

寫入聯合國決議[1]、聯合國安全理事會決議[2]、聯合國人權理事會決議[3]，彰顯了中國理念對全球治理的重要貢獻。黨的十九大報告中，習近平六次提到人類命運共同體，站在全人類進步的高度，對全世界做出莊嚴承諾：「中國將繼續發揮負責任大國作用，積極參與全球治理體系改革和建設，不斷貢獻中國智慧和力量。」[4]同時，「人類命運共同體」還被寫進了黨的十九大修改通過的《中國共產黨章程》，上升到前所未有的政治高度。二〇一八年三月，十三屆全國人大一次會議表決通過《中華人民共和國憲法修正案》，「推動構建人類命運共同體」被寫入憲法序言，使得「人類命運共同體」被納入我國法律制度體系之中，標誌著構建人類命運共同體成為習近平新時代中國特色社會主義思想的重要組成部分[5]。

　　人類命運共同體是全球治理共商、共建、共享原則的核心，其本質是超越民族國家意識形態的「全球觀」，終極目標是構建「持久和平、普遍安全、共同繁榮、開放包容、清潔美麗的世界」。這是一個以經濟、政治、生態為紐帶，超越地域、民族、國家而相互依存的人類存在新形態，是人類文明得以發展的共同前提。因此，在全球增長動能不足、全球經濟治理滯後、全球發展失衡的關鍵時刻，中國以大國氣度與胸懷，提出構建人類命運共同

---

1 劉格非：《「構建人類命運共同體」首次寫入聯合國決議》，新華網，2017 年，http://www.xinhuanet.com//world/2017-02/12/c_129476297.htm。

2 劉笑冬：《構建人類命運共同體理念載入安理會決議是中國外交的重大貢獻》，新華網，2017 年，http://www.xinhuanet.com/world/2017-03/23/c_1120683832.htm。

3 唐瀾：《人類命運共同體重大理念首次載入聯合國人權理事會決議》，新華網，2017 年，http://www.xinhuanet.com/world/2017-03/24/c_129517029.htm。

4 習近平：《決勝全面建成小康社會奪取新時代中國特色社會主義偉大勝利——在中國共產黨第十九次全國代表大會上的報告》，新華網，2017 年，http://www.xinhuanet.com/politics/19cpcnc/2017-10/27/c_1121867529.htm。

5 李慎明：《習近平新時代中國特色社會主義思想的歷史地位與世界意義》，求是網，2017 年，http://www.qstheory.cn/dukan/qs/2017-12/31/c_1122175320.htm。

體，是對世界各族人民的深度關切，也是大國責任擔當的重要體現。習近平在闡述構建人類命運共同體的基本原則時，提出夥伴關係要「平等相待、互商互諒」，文明交流要「和而不同、兼收並蓄」，生態體系要「尊崇自然、綠色發展」。這其中所蘊含的「合作」「共贏」「普惠」思想，與中華文化精髓中的「和平、仁愛、天下一家」等思想不謀而合，涵蓋了中華傳統文化「以和為貴」「有容乃大」「和而不同」的大智慧和大格局，體現了中國「天下為公」「萬邦和諧」「萬國咸寧」的政治理念。追溯中華文明發展史可以發現，在中華五千多年的文明積澱中，早已形成了天人合一的宇宙觀、協和萬邦的國際觀、和而不同的社會觀、人心和善的道德觀。儒家思想的理想宇宙裡面，沒有不同的國家以及國家和文化之間的邊界或界限。儒家追求天下的統一，其根本價值具有世界性和共通性，儒家的世界性認為「四海之內皆兄弟」，這符合多元世界的文明需要。其中明代思想家王陽明創立的陽明心學集儒家文化之精華，主張「萬物一體」「心即理」「知行合一」「致良知」。陽明心學包含了對一切事物的關切，其中最內在的個體意識表現為良知。

　　構建人類命運共同體是全球治理的中國方案、中國智慧和中國貢獻，其重點在於多元文明的融合與共治。然而，世界文明是多元的，不同的價值取向如何相互並存而不彼此排斥？如何實現「萬物並育而不相害」，「道並行而不相悖」？陽明心學中的良知讓我們獲得了啟發。良知是個體道德自覺、道德選擇的重要根據和組織，也是普遍的禮儀和道的內化形式，為人們的行為提供道德指引。雖然不同的文明形態各異，但追求的良知之心則是相通的。王陽明說：「蓋其心學純明，而有以全其萬物一體之仁。故其精神流貫，志氣通達，而無有乎人己之分，物我之間。」「夫聖人之心，以天地萬物為一體，其視天下之人，無外內遠近，凡有血氣，皆其昆弟赤子之親，莫不欲安全而教養之，以遂其萬物一體之念。」「是故親吾之父，以及人之父，以及天下人之父……以致於山川鬼神鳥獸草木也，莫不實有以親之，以達吾

一體之仁，然後吾之明德始無不明，而真能以天地萬物為一體矣。」王陽明主張的「致吾心之良知於事事物物也」「天地萬物一體之仁」，強調要以良知為指引，胸懷世界，要對他人、群體具有責任意識和仁民愛物之心，並由此建立世界普遍認同的道德秩序，使整個社會趨於和諧形態。這其中的思想就是對文明的差異以及文明多元性的認同和包容，對構建人類命運共同體具有重要的文化意義。尤其是「萬物一體說」思想中所蘊含的對世界的關切和良知之要義，構成了當今世界認同和理解人類命運共同體的一個方面，為各國民族承認、接受、認同人類命運共同體提供了有效幫助。可以說，陽明思想特別是陽明心學，是構成人類命運共同體的文化源泉之一，是「良知之治」的基本文化內涵。未來，隨著人類文明重心的轉移，陽明心學在全球傳播與普及，並為人類命運共同體提供更多的文化滋養與指引，東方文明必將綻放出更加璀璨的良知之光。

Reference
參考文獻

一 中文專著

〔1〕陳國強：《簡明文化人類學詞典》，浙江人民出版社 1990 年版。

〔2〕大數據戰略重點實驗室：《塊數據 2.0：大數據時代的範式革命》，中信出版社 2016 年版。

〔3〕大數據戰略重點實驗室：《塊數據 3.0：秩序互聯網與主權區塊鏈》，中信出版社 2017 年版。

〔4〕大數據戰略重點實驗室：《塊數據 5.0：數據社會學的理論與方法》，中信出版社 2019 年版。

〔5〕大數據戰略重點實驗室：《數權法 1.0：數權的理論基礎》，社會科學文獻出版社 2018 年版。

〔6〕大數據戰略重點實驗室：《數權法 2.0：數權的制度建構》，社會科學文獻出版社 2020 年版。

〔7〕大數據戰略重點實驗室：《重新定義大數據：改變未來的十大驅動力》，機械工業出版社 2017 年版。

〔8〕段凡：《權力與權利：共置和構建》，人民出版社 2016 年版。

〔9〕段永朝、姜奇平：《新物種起源：互聯網的思想基石》，商務印書館 2012 年版。

〔10〕高航、俞學勱、王毛路：《區塊鏈與新經濟：數字貨幣 2.0 時代》，電子工業出版社 2016 年版。

〔11〕貴陽市人民政府新聞辦公室：《貴陽區塊鏈發展和應用》，貴州人民出版社 2016 年版。

〔12〕郭忠華、劉訓練：《公民身分與社會階級》，江蘇人民出版社 2017 年版。

〔13〕井底望天等：《區塊鏈世界》，中信出版社 2016 年版。

〔14〕李步雲：《法理探索》，湖南人民出版社 2003 年版。

〔15〕李開復、王詠剛：《人工智能》，文化發展出版社 2017 年版。

〔16〕李開復：《AI·未來》，浙江人民出版社 2018 年版。

〔17〕李翔宇：《萬物智聯：走向數字化成功之路》，電子工業出版社 2018 年版。

〔18〕李彥宏：《智能革命：迎接人工智能時代的社會、經濟與文化變革》，中信出版社 2017 年版。

〔19〕李智勇：《終極複製：人工智能將如何推動社會巨變》，機械工業出版社 2016 年版。

〔20〕連玉明：《貴陽社會治理體系和治理能力發展報告》，當代中國出版社 2014 年版。

〔21〕聯合國全球治理委員會：《我們的全球夥伴關係》，牛津大學出版社 1995 年版。

〔22〕林德宏：《科技哲學十五講》，北京大學出版社 2004 年版。

〔23〕劉鋒：《互聯網進化論》，清華大學出版社 2012 年版。

〔24〕劉進長：《人工智能改變世界：走向社會的機器人》，中國水利水電出版社 2017 年版。

〔25〕劉品新：《網絡法》，中國人民大學出版社 2009 年版。

〔26〕劉權：《區塊鏈與人工智能：構建智能化數字經濟世界》，人民郵電出版社 2019 年版。

〔27〕麻寶斌等：《公共治理理論與實踐》，社會科學文獻出版社 2013 年版。

〔28〕齊愛民：《個人資料保護法原理及跨國流通法律問題研究》，武漢大學

出版社 2004 年版。

〔29〕齊延平：《人權觀念的演進》，山東大學出版社 2015 年版。

〔30〕錢學森：《錢學森書信（第 7 卷）》，國防工業出版社 2007 年版。

〔31〕數字資產研究院：《Libra：一種金融創新實驗》，東方出版社 2019 年版。

〔32〕蘇力主編：《法律書評（第一輯）》，法律出版社 2003 年版。

〔33〕王廣輝：《人權法學》，清華大學出版社 2015 年版。

〔34〕王堅：《在線：數據改變商業本質，計算重塑經濟未來》，中信出版社 2016 年版。

〔35〕吳曉波：《騰訊傳（1998-2016）：中國互聯網公司進化論》，浙江大學出版社 2017 年版。

〔36〕信息社會 50 人論壇編著：《未來已來：「互聯網＋」的重構與創新》，上海遠東出版社 2016 年版。

〔37〕徐明星等：《區塊鏈：重塑世界經濟》，中信出版社 2016 年版。

〔38〕許崇德：《憲法》，中國人民大學出版社 2009 年版。

〔39〕閆慧：《中國數字化社會階層研究》，國家圖書館出版社 2013 年版。

〔40〕楊保華、陳昌：《區塊鏈：原理、設計與應用》，機械工業出版社 2017 年版。

〔41〕楊延超：《機器人法：構建人類未來新秩序》，法律出版社 2019 年版。

〔42〕姚前主編：《區塊鏈藍皮書：中國區塊鏈發展報告（2019）》，社會科學文獻出版社 2019 年版。

〔43〕殷海光：《中國文化的展望》，中國和平出版社 1988 年版。

〔44〕余晨：《看見未來——改變互聯網世界的人們》，浙江大學出版社 2015 年版。

〔45〕張凌、郭立新、黃武主編：《犯罪防控與平安中國建設——中國犯罪

學學會年會論文集》，中國檢察出版社 2013 年版。

〔46〕張文顯：《二十世紀西方法哲學思潮研究》，法律出版社 2006 年版。

〔47〕張文顯：《法理學（第四版）》，高等教育出版社、北京大學出版社 2011 年版。

〔48〕張小猛、葉書建：《破冰區塊鏈：原理、搭建與案例》，機械工業出版社 2018 年版。

〔49〕長鋏等：《區塊鏈：從數字貨幣到信用社會》，中信出版社 2016 年版。

〔50〕趙洲：《主權責任論》，法律出版社 2010 年版。

〔51〕中國蔡元培研究會：《蔡元培全集（第二卷）》，浙江教育出版社 1997 年版。

〔52〕周鯁生：《國際法（上冊）》，武漢大學出版社 2009 年版。

〔53〕卓澤淵：《法治國家論》，中國方正出版社 2001 年版。

〔54〕〔奧〕維克托·邁爾-舍恩伯格、〔德〕托馬斯·拉姆什：《數據資本時代》，李曉霞、周濤譯，中信出版社 2018 年版。

〔55〕〔澳〕托比·沃爾什：《人工智能會取代人類嗎？》，閭佳譯，北京聯合出版有限公司 2018 年版。

〔56〕〔波〕彼得·什托姆普卡：《信任：一種社會學理論》，程勝利譯，中華書局 2005 年版。

〔57〕〔德〕哈貝馬斯：《在事實與規範之間：關於法律和民主法治國的商談理論》，童世駿譯，生活·讀書·新知三聯書店 2003 年版。

〔58〕〔德〕康德：《法的形而上學原理——權利的科學》，沈叔平譯，商務印書館 1991 年版。

〔59〕〔德〕馬克思、〔德〕恩格斯：《馬克思恩格斯全集（第 1 卷）》，中共中央馬克思恩格斯列寧斯大林著作編譯局譯，人民出版社 2006 年版。

〔60〕〔德〕馬克思、〔德〕恩格斯:《馬克思恩格斯全集（第 3 卷）》，中共中央馬克思恩格斯列寧斯大林著作編譯局譯，人民出版社 1972 年版。

〔61〕〔德〕馬克思、〔德〕恩格斯:《馬克思恩格斯全集（第 46 卷・上）》，中共中央馬克思恩格斯列寧斯大林著作編譯局譯，人民出版社 1979 年版。

〔62〕〔德〕文德爾班:《哲學史教程》，羅達仁譯，商務印書館 1993 年版。

〔63〕〔俄〕列寧:《列寧選集（第四卷）》，中共中央馬克思恩格斯列寧斯大林著作編譯局譯，人民出版社 1972 年版。

〔64〕〔法〕盧梭:《社會契約論（雙語版）》，戴光年譯，武漢出版社 2012 年版。

〔65〕〔法〕盧梭:《社會契約論》，何兆武譯，商務印書館 2003 年版。

〔66〕〔法〕托克威爾:《論美國的民主（下卷）》，董果良譯，商務印書館 1990 年版。

〔67〕〔古羅馬〕西塞羅:《國家篇法律篇》，沈叔平、蘇力譯，商務印書館 1999 年版。

〔68〕〔古希臘〕柏拉圖:《理想國》，郭斌、張竹明譯，商務印書館 1986 年版。

〔69〕〔古希臘〕亞里士多德:《政治學》，吳壽彭譯，商務印書館 1965 年版。

〔70〕〔美〕A.J.赫舍爾:《人是誰》，隗仁蓮譯，貴州人民出版社 1994 年版。

〔71〕〔美〕J.范伯格:《自由、權利與社會正義》，王守昌等譯，貴州人民出版社 1998 年版。

〔72〕〔美〕阿爾文・托夫勒:《第三次浪潮》，黃明堅譯，中信出版社

2018 年版。

〔73〕〔美〕安德雷斯・韋思岸：《大數據和我們——如何更好地從後隱私經濟中獲益？》，胡小銳、李凱平譯，中信出版社 2016 年版。

〔74〕〔美〕彼得・戴曼迪斯、〔美〕史蒂芬・科特勒：《富足：改變人類未來的 4 大力量》，賈擁民譯，浙江人民出版社 2014 年版。

〔75〕〔美〕戴維・溫伯格：《萬物皆無序：新數字秩序的革命》，李燕鳴譯，山西人民出版社 2017 年版。

〔76〕〔美〕丹尼斯・朗：《權力論》，陸震綸、鄭明哲譯，中國社會科學出版社 2001 年版。

〔77〕〔美〕弗朗西斯・福山：《大斷裂：人類本性與社會秩序的重建》，唐磊譯，廣西師範大學出版社 2015 年版。

〔78〕〔美〕亨利・基辛格：《世界秩序》，胡利平、林華、曹愛菊譯，中信出版社 2015 年版。

〔79〕〔美〕傑夫・斯蒂貝爾：《斷點——互聯網進化啟示錄》，師蓉譯，中國人民大學出版社 2015 年版。

〔80〕〔美〕傑里米・里夫金：《零邊際成本社會》，賽迪研究院專家組譯，中信出版社 2017 年版。

〔81〕〔美〕凱文・凱利：《必然》，周峰等譯，電子工業出版社 2016 年版。

〔82〕〔美〕克特・W・巴克：《社會心理學》，南開大學社會學系譯，南開大學出版社 1984 年版。

〔83〕〔美〕勞倫斯・萊斯格：《代碼 2.0：網絡空間中的法律》，李旭、沈偉偉譯，清華大學出版社 2009 年版。

〔84〕〔美〕雷・庫茲韋爾：《奇點臨近》，李慶誠等譯，機械工業出版社 2011 年版。

〔85〕〔美〕里查德・A.斯皮內洛：《世紀道德——信息技術的倫理方面》，

劉鋼譯，中央編譯出版社 1999 年版。

〔86〕〔美〕梅蘭妮·斯萬：《區塊鏈：新經濟藍圖及導讀》，韓鋒，龔鳴等譯，新星出版社 2016 年版。

〔87〕〔美〕米歇爾·渥克：《灰犀牛：如何應對大概率危機》，王麗雲譯，中信出版社 2017 年版。

〔88〕〔美〕納西姆·尼古拉斯·塔勒布：《反脆弱：從不確定性中獲益》，雨柯譯，中信出版社 2013 年版。

〔89〕〔美〕納西姆·尼古拉斯·塔勒布：《黑天鵝：如何應對不可預知的未來》，萬丹、劉寧譯，中信出版社 2019 年版。

〔90〕〔美〕尼葛洛龐帝：《數字化生存》，胡泳、范海燕譯，電子工業出版社 2017 年版。

〔91〕〔美〕尼古拉斯·克里斯塔基斯、〔美〕詹姆斯·富勒：《大連接：社會網絡是如何形成的以及對人類現實行為的影響》，簡學譯，中國人民大學出版社 2012 年版。

〔92〕〔美〕皮埃羅·斯加魯菲、牛金霞、閆景立：《人類 2.0：在硅谷探索科技未來》，中信出版社 2017 年版。

〔93〕〔美〕史蒂芬·科特勒：《未來世界：改變人類社會的新技術》，宋麗珏譯，機械工業出版社 2016 年版。

〔94〕〔美〕托馬斯·弗里德曼：《世界是平的：二十一世紀簡史》，何帆、肖瑩瑩、郝正非譯，湖南科學技術出版社二〇〇八年版。

〔95〕〔美〕吳霽虹：《眾創時代：互聯網＋、物聯網時代企業創新完整解決方案》，中信出版社 2015 年版。

〔96〕〔美〕希拉·賈撒諾夫等：《科學技術論手冊》，盛曉明等譯，北京理工大學出版社 2004 年版。

〔97〕〔美〕詹姆斯·亨德勒、〔美〕愛麗絲 M.穆維西爾：《社會機器：即

將到來的人工智能、社會網絡與人類的碰撞》，王曉等譯，機械工業出版社 2018 年版。

〔98〕〔美〕珍妮弗·溫特、〔日〕良太小野：《未來互聯網》，鄭常青譯，電子工業出版社 2018 年版。

〔99〕〔南非〕伊恩·戈爾丁、〔加〕克里斯·柯塔納：《發現的時代：21世紀風險指南》，李果譯，中信出版社 2017 年版〔100〕〔日〕大須賀明：《生存權論》，林浩譯，法律出版社 2000 年版。

〔101〕〔日〕松尾豐：《人工智能狂潮：機器人會超越人類嗎？》，趙函宏等譯，機械工業出版社 2016 年版。

〔102〕〔以〕尤瓦爾·赫拉利：《今日簡史：人類命運大議題》，林俊宏譯，中信出版社 2018 年版。

〔103〕〔以〕尤瓦爾·赫拉利：《未來簡史：從智人到神人》，林俊宏譯，中信出版社 2017 年版。

〔104〕〔英〕A.J.M.米爾恩：《人的權利與人的多樣性——人權哲學》，夏勇、張志銘譯，中國大百科全書出版社 1995 年版。

〔105〕〔英〕安東尼·吉登斯：《現代性的後果》，田禾譯，譯林出版社 2011 年版。

〔106〕〔英〕安東尼·吉登斯：《現代性與自我認同》，趙旭東、方文譯，生活·讀書·新知三聯書店 1998 年版。

〔107〕〔英〕彼得 B.斯科特-摩根：《2040 大預言：高科技引擎與社會新秩序》，王非非譯，機械工業出版社 2017 年版。

〔108〕〔英〕達爾文：《人類的由來》，潘光旦、胡壽文譯，商務印書館 1997 年版。

〔109〕〔英〕霍布斯：《利維坦》，黎思復、黎延弼譯，商務印書館 1986 年版。

〔110〕〔英〕梅因：《古代法》，高敏、瞿慧虹譯，中國社會科學出版社 2009 年版。

〔111〕〔英〕尼爾‧弗格森：《文明》，曾賢明等譯，中信出版社 2012 年版。

〔112〕〔英〕喬治‧扎卡達基斯：《人類的終極命運——從舊石器時代到人工智能的未來》，陳朝譯，中信出版社 2017 年版。

〔113〕〔英〕維克托‧邁爾-舍恩伯格、〔英〕肯尼思‧庫克耶：《大數據時代：生活、工作與思維的大變革》，盛楊燕、周濤譯，浙江人民出版社 2013 年版。

〔114〕〔英〕亞當‧斯密：《道德情操論》，蔣自強等譯，商務印書館 2015 年版。

〔115〕〔英〕亞當‧斯密：《道德情操論》，謝宗林譯，中央編譯出版社 2008 年版。

〔116〕〔英〕亞當‧斯密：《國民財富的性質和原因的研究》，商務印書館 2011 年版。

〔117〕〔英〕詹寧斯、〔英〕瓦茨修訂：《奧本海國際法（第一卷第一分冊）》，王鐵崖等譯，中國大百科全書出版社 1995 年版。

三　中文期刊

〔1〕白淑英：《論虛擬秩序》，《學習與探索》2009 年第 4 期。

〔2〕蔡放波：《論政府責任體系的構建》，《中國行政管理》2004 年第 4 期。

〔3〕曹紅麗、黃忠義：《區塊鏈：構建數字經濟的基礎設施》，《網絡空間安全》2019 年第 5 期。

〔4〕曾歡：《試論人權與國家主權的辯證統一關係》，《法制與社會》2015 年第 5 期。

〔5〕陳柏峰：《熟人社會——村莊秩序機制的理想型探究》，《社會》2011年第1期。

〔6〕陳彩虹：《人工智能與人類未來》，《書屋》2018年第12期。

〔7〕陳彩虹：《在無知中迎來第四次工業革命》，《讀書》2016年第11期。

〔8〕陳端：《數字治理推進國家治理現代化》，《前線》2019年第9期。

〔9〕陳菲菲、王學棟：《基於區塊鏈的政府信任構建研究》，《電子政務》2019年第12期。

〔10〕陳吉棟：《智能合約的法律構造》，《東方法學》2019年第3期。

〔11〕陳仕偉：《大數據時代數字鴻溝的倫理治理》，《創新》2018年第3期。

〔12〕陳秀平、陳繼雄：《法治視角下公權力與私權利的平衡》，《求索》2013年第10期。

〔13〕陳學斌：《「灰犀牛」》，《黑龍江金融》2018年第2期。

〔14〕陳玉剛：《國際秩序與國際秩序觀（代序）》，《復旦國際關係評論》2014年第1期。

〔15〕陳志英：《主權的現代性反思與公共性回歸》，《現代法學》2007年第5期。

〔16〕陳致遠：《從中、俄、美、日史料看「常德細菌戰」》，《湖南社會科學》2016年第1期。

〔17〕大數據戰略重點實驗室：《「數據鐵籠」：技術反腐的新探索》，《中國科技術語》2018年第4期。

〔18〕大數據戰略重點實驗室：《區塊鏈賦能社會治理的十條路徑》，《領導決策信息》2019年第47期。

〔19〕刁志萍：《從傳統文化模式的利弊反思全球危機的實質》，《中國軟科學》2003年第2期。

〔20〕董慧、李家麗:《新時代網絡治理的路徑選擇:網絡空間命運共同體》,《學習與實踐》2017 年 12 期。

〔21〕竇炎國:《公共權力與公民權利》,《毛澤東鄧小平理論研究》2006 年第 5 期。

〔22〕范鋒:《網絡空間命運共同體構建的理論基礎與實踐路徑》,《河北大學學報(哲學社會科學版)》2018 年第 6 期。

〔23〕方興東:《棱鏡門事件與全球網絡空間安全戰略研究》,《現代傳播(中國傳媒大學學報)》2014 年第 1 期。

〔24〕馮偉、梅越:《大數據時代,數據主權主沉浮》,《信息安全與通信保密》2015 年第 6 期。

〔25〕付偉、于長鉞:《數據權屬國內外研究述評與發展動態分析》,《現代情報》2017 年第 7 期。

〔26〕高曉燕:《侵華日軍 731 部隊的雛形——背蔭河細菌實驗場》,《日本侵華史研究》2014 年第 1 期。

〔27〕郭道暉:《權力的特性及其要義》,《山東科技大學學報(社會科學版)》2006 年第 2 期。

〔28〕郭少飛:《區塊鏈智能合約的合同法分析》,《東方法學》2019 年第 3 期。

〔29〕國章成:《人工智能可能帶來的五個奇點》,《理論視野》2018 年第 6 期。

〔30〕韓波:《熟人社會:大數據背景下網絡誠信構建的一種可能進路》,《新疆社會科學》2019 年第 1 期。

〔31〕韓璇、劉亞敏:《區塊鏈技術中的共識機制研究》,《信息網絡安全》2017 年第 9 期。

〔32〕韓璇、袁勇、王飛躍:《區塊鏈安全問題:研究現狀與展望》,《自動

化學報》2019 年第 1 期。

〔33〕郝國強：《從人格信任到算法信任：區塊鏈技術與社會信用體系建設研究》，《南寧師範大學學報（哲學社會科學版）》2020 年第 1 期。

〔34〕何波：《數據主權法律實踐與對策建議研究》，《信息安全與通信保密》2017 年第 5 期。

〔35〕何哲：《人類未來世界治理體系形態與展望》，《甘肅行政學院學報》2018 年第 4 期。

〔36〕何哲：《網絡文明時代的人類社會形態與秩序構建》，《南京社會科學》2017 年第 4 期。

〔37〕賀海武、延安、陳澤華：《基於區塊鏈的智能合約技術與應用綜述》，《計算機研究與發展》2018 年第 11 期。

〔38〕賀建清：《金融科技：發展、影響與監管》，《金融發展研究》2017 年第 6 期。

〔39〕賀天平、宋文婷：《「數—數據—大數據」的歷史沿革》，《自然辯證法研究》2016 年第 6 期。

〔40〕胡波：《共享模式與知識產權的未來發展——兼評「知識產權替代模式說」》，《法制和社會發展》2013 年第 4 期。

〔41〕黃志雄、應瑤慧：《美國對網絡空間國際法的影響及其對中國的啟示》，《復旦國際關係評論》2017 年第 2 期。

〔42〕姜疆：《數據的權屬結構與確權》，《新經濟導刊》2018 年第 7 期。

〔43〕姜奇平：《數字所有權要求支配權與使用權分離》，《互聯網週刊》2012 年第 5 期。

〔44〕蔣廣寧：《法治國家中的公權力和私權利》，《知識經濟》2010 年第 24 期。

〔45〕金兼斌：《網絡時代的社會信任建構：一個分析框架》，《理論月刊》

2010 年第 6 期。

〔46〕李愛君：《數據權利屬性與法律特徵》，《東方法學》2018 年第 3 期。

〔47〕李傳軍：《網絡空間全球治理的秩序變遷與模式構建》，《武漢科技大學學報（社會科學版）》2019 年第 1 期。

〔48〕李慧：《人工智能：改變世界的技術浪潮》，《信息安全與通信保密》2016 年第 12 期。

〔49〕李三虎：《數據社會主義》，《山東科技大學學報（社會科學版）》2017 年第 6 期。

〔50〕李升：《「數字鴻溝」：當代社會階層分寫的新視角》，《社會》2006 年第 6 期。

〔51〕李瀟、高曉雨：《關注國際數據治理博弈動向 維護我國數據主權》，《保密科學技術》2019 年第 3 期。

〔52〕李瀟、劉俊奇、范明翔：《WannaCry 勒索病毒預防及應對策略研究》，《電腦知識與技術》2017 年第 19 期。

〔53〕李志斐：《水資源外交：中國周邊安全構建新議題》，《學術探索》2013 年第 4 期。

〔54〕連玉明：《向新時代致敬——基於主權區塊鏈的治理科技在協商民主中的運用》，《中國政協》2018 年第 6 期。

〔55〕林德宏：《人與技術關係的演變》，《科學技術與辯證法》2003 年第 6 期。

〔56〕劉紅、胡新和：《數據革命：從數到大數據的歷史考察》，《自然辯證法通信》2013 年第 12 期。

〔57〕劉建平、周云：《政府信任的概念、影響因素、變化機制與作用》，《廣東社會科學》2017 年第 6 期。

〔58〕劉凱：《試析全球化時代制約國家主權讓渡的困難和問題》，《理論與

現代化》2007 年第 3 期。

〔59〕劉奇:《技術化時代謹防技術作惡》,《中國發展觀察》2019 年第 15 期。

〔60〕劉千仞等:《基於區塊鏈的數字身分應用與研究》,《郵電設計技術》2019 年第 4 期。

〔61〕劉若飛:《我國區塊鏈市場發展及區域布局》,《中國工業評論》2016 年第 12 期。

〔62〕劉淑春:《數字政府戰略意蘊、技術構架與路徑設計——基於浙江改革的實踐與探索》,《中國行政管理》2018 年第 9 期。

〔63〕劉曦子:《區塊鏈與人工智能技術融合發展初探》,《網絡空間安全》2018 年第 11 期。

〔64〕劉曉純、吳穹:《公權力的異化及其控制》,《改革與開放》2012 年第 10 期。

〔65〕劉懿中等:《區塊鏈共識機制研究綜述》,《密碼學報》2019 年第 4 期。

〔66〕劉影、吳玲:《全球網絡空間治理:亂象、機遇與中國主張》,《知與行》2019 年第 1 期。

〔67〕劉玉青、龔衍麗:《網絡戰時代的安全威脅及對策研究》,《情報探索》2014 年第 11 期。

〔68〕龍坤、朱啟超:《網絡空間國際規則制定——共識與分歧》,《國際展望》2019 年第 3 期。

〔69〕龍榮遠、楊官華:《數權、數權制度與數權法研究》,《科技與法律》2018 年第 5 期。

〔70〕陸地:《網絡視頻與信息「共產主義」》,《新聞與寫作》2014 年第 1 期。

〔71〕呂乃基:《從由實而虛,到以虛馭實——一個外行眼中的「區塊鏈」》,《科技中國》2017 年第 1 期。

〔72〕馬麗娟:《治理理論研究及其價值述評》,《遼寧行政學院學報》2012 年第 10 期。

〔73〕馬維:《除了黑天鵝,你還需要知道灰犀牛——讀〈灰犀牛〉》,《中國企業家》2017 年第 7 期。

〔74〕馬長山:《「互聯網＋時代」法治秩序的解組與重建》,《探索與爭鳴》2016 年第 10 期。

〔75〕馬長山:《新欄寄語》,《華東政法大學學報》2018 年第 1 期。

〔76〕馬長山:《智慧社會背景下的「第四代人權」及其保障》,《中國法學》2019 年第 5 期。

〔77〕馬長山:《智慧社會的治理難題及其消解》,《求是學刊》2019 年第 5 期。

〔78〕米曉文:《數字貨幣對中央銀行的影響與對策》,《南方金融》2016 年第 3 期。

〔79〕南風窗編輯部:《技術想要什麼》,《南風窗》2019 年第 26 期。

〔80〕倪健民:《信息化發展與我國信息安全》,《清華大學學報(哲學社會科學版)》2020 年第 4 期。

〔81〕倪偉波:《安全利用「核」你在一起》,《科學新聞》2017 年第 6 期。

〔82〕潘愛國:《論公權力的邊界》,《金陵法律評論》2011 年第 1 期。

〔83〕潘云鶴:《世界的三元化和新一代人工智能》,《現代城市》2018 年第 1 期。

〔84〕彭云:《大數據環境下數據確權問題研究》,《現代電信科技》2016 年第 5 期。

〔85〕齊愛民、祝高峰:《論國家數據主權制度的確立與完善》,《蘇州大學

學報（哲學社會科學版）》2016 年第 1 期。

〔86〕錢曉萍：《對我國發行數字貨幣幾點問題的思考》，《商業經濟》2016
年第 3 期。

〔87〕邱仁宗等：《大數據技術的倫理問題》，《科學與社會》2014 年第
1 期。

〔88〕邱勛：《中國央行發行數字貨幣：路徑、問題及其應對策略》，《西南
金融》2017 年第 3 期。

〔89〕全國科學技術名詞審定委員會、大數據戰略重點實驗室：《大數據十
大新名詞》，《中國科技術語》2017 年第 2 期。

〔90〕沈明明：《哲學：人類精神世界的「轉向」——科學與哲學關係再認
識》，《福建論壇（文史哲版）》2000 年第 6 期。

〔91〕石丹：《企業數據財產權利的法律保護與制度構建》，《電子知識產權》
2019 年第 6 期。

〔92〕孫崇銘：《化危為機，提升企業的科創能力》，《中國商界》2019 年第
4 期。

〔93〕孫南翔、張曉君：《論數據主權——基於虛擬空間博弈與合作的考
察》，《太平洋學報》2015 年第 2 期。

〔94〕孫小禮：《21 世紀的科學和哲學》，《新視野》2003 年第 6 期。

〔95〕唐彬：《互聯網是一群人的浪漫》，《中國商界》2015 年第 5 期。

〔96〕陶林：《人權與主權之間的張力與契合》，《哲學研究》2013 年第
5 期。

〔97〕汪玉凱：《智慧社會倒逼國家治理智慧化》，《中國信息界》2018 年第
1 期。

〔98〕王邦佐、桑玉成：《論責任政府》，《黨政幹部文摘》2003 年第 6 期。

〔99〕王剛、周蓮芳：《試析西方之亂的表現及成因》，《思想理論教育導刊》

2019 年第 3 期。

〔100〕王海龍、田有亮、尹鑫:《基於區塊鏈的大數據確權方案》,《計算機科學》2018 年第 2 期。

〔101〕王涵:《基於區塊鏈的社會公益行業的發展趨勢研究》,《科技經濟導刊》2018 年第 36 期。

〔102〕王建美:《網絡空間命運共同體的四重維度》,《中國集體經濟》2019 年第 25 期。

〔103〕王建民:《轉型時期中國社會的關係維持——從「熟人信任」到「制度信任」》,《甘肅社會科學》2005 年第 6 期。

〔104〕王俊生等:《數字身分鏈系統的應用研究》,《電力通信技術研究及應用》2019 年第 5 期。

〔105〕王琳、朱克西:《數據主權立法研究》,《雲南農業大學學報(社會科學)》2016 年第 6 期。

〔106〕王毛路、陸靜怡:《區塊鏈技術及其在政府治理中的應用》,《電子政務》2018 年第 2 期。

〔107〕王明進:《全球網絡空間治理的未來:主權、競爭與共識》,《人民論壇‧學術前沿》2016 年第 4 期。

〔108〕王文清:《科學教育中的建模理論》,《科技信息》2011 年第 3 期。

〔109〕魏書音:《CLOUD 法案隱含美國數據霸權圖謀》,《中國信息安全》2018 年第 4 期。

〔110〕文庭孝、劉璇:《戴維‧溫伯格的「新秩序理論」及對知識組織的啟示》,《圖書館》2013 年第 3 期。

〔111〕蕭崧、李雅倩:《「黑天鵝」和「灰犀牛」的新義》,《語文學習》2017 年第 11 期。

〔112〕吳冠軍:《信任的「狡計」——信任缺失時代重思信任》,《探索與

爭鳴》2019 年第 12 期。

〔113〕吳漢東：《人工智能時代的制度安排與法律規制》，《法律科學》2017
年第 5 期。

〔114〕吳寧、章書俊：《論互聯網與共產主義》，《長沙理工大學學報（社
會科學版）》2018 年第 2 期。

〔115〕伍貽康、張海冰：《論主權的讓渡——對「論主權的『不可分割性』」
一文的論辯》，《歐洲研究》2003 年第 6 期。

〔116〕謝剛等：《大數據時代電子公共服務領域的個人數字身分及保護措
施》，《中國科技論壇》2015 年第 10 期。

〔117〕謝桃：《公權力與私權利的博弈》，《知識經濟》2011 年第 21 期。

〔118〕熊健坤：《區塊鏈技術的興起與治理新革命》，《哈爾濱工業大學學
報（社會科學版）》2018 年第 5 期。

〔119〕徐靖：《共享數字化未來》，《互聯網經濟》2019 年第 5 期。

〔120〕徐雷：《人工智能第三次浪潮以及若干認知》，《科學（上海）》2017
年第 3 期。

〔121〕徐偉：《企業數據獲取「三重授權原則」反思及類型化構建》，《交
大法學》2019 年第 4 期。

〔122〕徐曉蘭：《區塊鏈技術與發展研究》，《電子技術與軟件工程》2019
年第 16 期。

〔123〕徐雅倩、王剛：《數據治理研究：進程與爭鳴》，《電子政務》2018
年第 8 期。

〔124〕徐忠、鄒傳偉：《區塊鏈能做什麼、不能做什麼？》，《金融研究》
2018 年第 11 期。

〔125〕許可：《決策十字陣中的智能合約》，《東方法學》2019 年第 3 期。

〔126〕楊斐：《試析國家主權讓渡概念的界定》，《國際關係學院學報》2009

年第 2 期。

〔127〕楊光飛：《「殺熟」：轉型期中國人際關係嬗變的一個面相》，《學術
交流》2004 年第 5 期。

〔128〕葉穗冰：《論網絡空間命運共同體的運行規律》，《經濟與社會發展》
2018 年第 3 期。

〔129〕易善武：《主權讓渡新論》，《重慶交通大學學報（社會科學版）》
2006 年第 3 期。

〔130〕于華：《大學是科學與哲學共繁共榮的家園》，《法制與社會》2019
年第 32 期。

〔131〕于志剛：《「公民個人信息」的權利屬性與刑法保護思路》，《浙江社
會科學》2017 年第 10 期。

〔132〕雲嶺：《「自然人」與「技術人」：對基因編輯嬰兒事件的倫理審視》，
《昆明理工大學學報（社會科學版）》2019 年第 2 期。

〔133〕張本才：《未來法學論綱》，《法學》2019 年第 7 期。

〔134〕張成福：《責任政府論》，《中國人民大學學報》2000 年第 2 期。

〔135〕張華：《數字化生存共同體與道德超越》，《道德與文明》2008 年第
6 期。

〔136〕張建文、賈章范：《法經濟學視角下數據主權的解釋邏輯與制度構
建》，《重慶郵電大學學報（社會科學版）》2018 年第 6 期。

〔137〕張婧羽、李志紅：《數字身分的異化問題探析》，《自然辯證法研究》
2018 年第 9 期。

〔138〕張明、鄭聯盛：《次貸危機走向縱深　房利美房地美危機透視》，《當
代金融家》2008 年第 8 期。

〔139〕張文顯：《新時代的人權法理》，《人權》2019 年第 3 期。

〔140〕張毅、朱藝：《基於區塊鏈技術的系統信任：一種信任決策分析框

架》，《電子政務》2019 年第 8 期。

〔141〕趙剛、王帥、王碰：《面向數據主權的大數據治理技術方案探究》，《網絡空間安全》2017 年第 2 期。

〔142〕趙金旭、孟天廣：《技術賦能：區塊鏈如何重塑治理結構與模式》，《當代世界與社會主義》2019 年第 3 期。

〔143〕趙可金：《國際秩序變革與中國的世界角色》，《人民論壇》2017 年第 14 期。

〔144〕趙磊：《信任、共識與去中心化——區塊鏈的運行機制及監管邏輯》，《銀行家》2018 年第 5 期。

〔145〕趙旭東：《新技術革命對國家主權的影響》，《歐洲》1997 年第 6 期。

〔146〕鄭剛：《金融攻擊：一種全新的隱型戰爭方式》，《競爭情報》2013 年第 3 期。

〔147〕鄭戈：《區塊鏈與未來法治》，《東方法學》2018 年第 3 期。

〔148〕中國人民銀行宜賓市中心支行課題組：《數字貨幣發展應用及貨幣體系變革探討——基於區塊鏈技術》，《西南金融》2016 年第 5 期。

〔149〕朱虹：《「親而信」到「利相關」：人際信任的轉向——一項關於人際信任狀況的實證研究》，《學海》2011 年第 4 期。

〔150〕朱紀偉：《區塊鏈：數字金融的基石》，《信息化建設》2019 年第 7 期。

〔151〕朱玲：《我國數字政府治理的現實困境與突破路徑》，《人民論壇》2019 年第 32 期。

〔152〕〔日〕見田宗介：《人類與社會的未來》，朱偉玨譯，《社會科學》2007 年第 12 期。

三 中文報章

〔1〕陳捷、方一云：《「黑天鵝」與「灰犀牛」》，《金融時報》2017 年 9 月 8 日，第 10 版。

〔2〕陳一鳴：《伊朗核問題大事記》，《人民日報》2006 年 1 月 11 日，第 3 版。

〔3〕方彪：《智能合約助推智能社會建設》，《中國社會科學報》2019 年 8 月 28 日，第 7 版。

〔4〕奉清清：《立時代潮頭 發思想先聲：肩負起繁榮發展哲學社會科學的職責使命》，《湖南日報》2016 年 7 月 7 日，第 8 版。

〔5〕傅瑩：《國際秩序與中國作為》，《人民日報》2016 年 2 月 15 日，第 5 版。

〔6〕鞏富文：《以區塊鏈賦能社會治理》，《人民日報》2019 年 11 月 21 日，第 5 版。

〔7〕何申等：《區塊鏈：未來已來》，《人民郵電》2019 年 11 月 15 日，第 7 版。

〔8〕江文富：《生命文化：科學與人文的和洽之道》，《光明日報》2016 年 2 月 17 日，第 14 版。

〔9〕姜輝：《充分發揮制度優勢，成功實現「中國之治」》，《人民日報》2020 年 1 月 7 日，第 10 版。

〔10〕金永生：《把握「互聯網＋」的本質與增長模式》，《人民日報》2015 年 9 月 21 日，第 7 版。

〔11〕李一：《「數字社會」運行狀態的四個特徵》，《學習時報》2019 年 8 月 2 日，第 8 版。

〔12〕林喆：《何謂人權？》，《學習時報》2004 年 3 月 1 日，第 T00 版。

〔13〕劉建明：《「大數據」不是萬能的》，《北京日報》2013 年 5 月 6 日，第 18 版。

〔14〕馬長山：《確認和保護「數字人權」》，《北京日報》2020 年 1 月 6 日，第 14 版。

〔15〕梅宏：《夯實智慧社會的基石》，《人民日報》2018 年 12 月 2 日，第 7 版。

〔16〕邱銳：《「數據之治」推進「中國之治」》，《學習時報》2019 年 12 月 27 日，第 7 版。

〔17〕闞天舒、方彪：《智能時代區塊鏈技術重塑社會共識》，《中國社會科學報》2019 年 10 月 23 日，第 5 版。

〔18〕申衛星：《實施大數據戰略應重視數字經濟法治體系建設》，《光明日報》2018 年 7 月 23 日，第 11 版。

〔19〕王關義：《哲學社會科學，發揮好引導功能》，《人民日報》2013 年 8 月 4 日，第 5 版。

〔20〕王晶：《「數字公民」與社會治理創新》，《學習時報》2019 年 8 月 30 日，第 3 版。

〔21〕王攀、肖思思、周穎：《聚焦「基因編輯嬰兒」案件》，《人民日報》2019 年 12 月 31 日，第 11 版。

〔22〕王錫鋅：《數據治理立法不能忽視法治原則》，《經濟參考報》2019 年 7 月 24 日，第 8 版。

〔23〕王延川：《區塊鏈：鋪就數字社會的信任基石》，《光明日報》2019 年 11 月 17 日，第 7 版。

〔24〕謝方：《科幻、未來學與未來時代》，《中國社會科學報》2013 年 1 月 25 日，第 A5 版。

〔25〕辛鳴：《罔顧西方之亂的原由》，《人民日報》2017 年 7 月 16 日，第

5 版。

〔26〕許耀桐:《應提「國家治理現代化」》,《北京日報》2014 年 6 月 30 日,第 18 版。

〔27〕許正中:《全球治理創新與中國智慧》,《學習時報》2019 年 11 月 15 日,第 2 版。

〔28〕殷劍峰:《數字革命、數據資產和數據資本》,《第一財經日報》2014 年 12 月 23 日,第 A9 版。

〔29〕張奕卉、魏凱:《區塊鏈重塑數字身分 哪些應用值得期待?》,《人民郵電》2019 年 4 月 11 日,第 7 版。

〔30〕趙永新:《區塊鏈信任機制推動普惠金融發展 助力解決中小微企業融資難題》,《證券日報》2019 年 12 月 26 日,第 B1 版。

〔31〕鄭文明:《互聯網治理模式的中國選擇》,《中國社會科學報》2017 年 8 月 17 日,第 3 版。

〔32〕鄭永年:《被動回應階段已經過去,經驗表明,被動的回應做得再好,也遠遠不夠——有效回應美國的「國際秩序」定義權》,《北京日報》2019 年 9 月 2 日,第 16 版。

〔33〕鄭志明:《建立國家主權區塊鏈基礎平台迫在眉睫》,《中國科學報》2018 年 10 月 18 日,第 6 版。

〔34〕支振鋒:《網絡空間命運共同體的全球願景與中國擔當》,《光明日報》2016 年 11 月 27 日,第 6 版。

四 其他中文文獻

〔1〕邊哲:《區塊鏈技術——為數字政府治理構建數據信任》,光明網,2019 年,https://theory.gmw.cn/2019-11/04/content_33291595.htm。

〔2〕德勤、世界經濟論壇:《完美構想:數字身分藍圖》,德勤,2017 年,

https://www2.deloitte.com/cn/zh/pages/financial services/articles/disruptive-innovation-digital-identity.html。

〔3〕華為雲:《華為區塊鏈白皮書》,國脈電子政務網,2018 年,http://www.echinagov.com/cooperativezone/210899.html。

〔4〕浪潮、國際數據公司:《2019 年數據及存儲發展研究報告》,浪潮,2019 年,https://www.inspur.com/lcjtww/2315499/2315503/2315607/2482232/index.html。

〔5〕習近平:《決勝全面建成小康社會　奪取新時代中國特色社會主義偉大勝利──在中國共產黨第十九次全國代表大會上的報告》,人民網,2017 年,http://cpc.people.com.cn/n1/2017/1028/c64094-29613660-14.html。

〔6〕習近平:《在哲學社會科學工作座談會上的講話》,新華網,2016 年,http://www.xinhuanet.com//politics/2016-05/18/c_1118891128.htm。

〔7〕習近平:《在中國科學院第十九次院士大會、中國工程院第十四次院士大會上的講話》,新華網,2018 年,http://www.xinhuanet.com/politics/2018-05/28/c_1122901308.htm。

〔8〕楊東、俞晨暉:《區塊鏈技術在政府治理、社會治理和黨的建設中的應用》,人民論壇網,2019 年,http://www.rmlt.com.cn/2019/1230/565266.shtml。

〔9〕中國區塊鏈技術和產業發展論壇:《中國區塊鏈技術和應用發展白皮書(2016)》,中國區塊鏈技術和產業發展論壇官網,2016 年,http://www.cbdforum.cn/bcweb/index/article/rsr-6.html。

〔10〕中國信息通信研究院:《區塊鏈白皮書(2019 年)》,中國信息通信研究院官網,2019 年,http://www.caict.ac.cn/kxyj/qwfb/bps/201911/P020191108365460712077.pdf。

〔11〕中國移動研究院:《2030＋願景與需求報告》,中國移動研究院官網,
2019 年,http://cmri.chinamobile.com/news/5985.html。

〔12〕朱岩:《用區塊鏈等技術手段促進人類命運共同體建設》,MBA 中國
網,2018 年,http://www.mbachina.com/html/tsinghua/201809/168431.html。

〔13〕〔美〕雷因塞爾等:《IDC:2025 年中國將擁有全球最大的數據圈》,
安防知識網,2019 年,http://security.asmag.com.cn/news/201902/97598.
html。

五 外文專著及其析出文獻

〔1〕Coleman S.「Foundations of digital government」//Chen H. *Digital
Government*. Boston, MA: Springer. 2008.

〔2〕Comte I Auguste. *System of Positive Polity*(2 vols).. London: Longmans,
Green & Co.. 1875.

〔3〕Nagel T. *The Possibility of Altruism*. Princeton: Princeton University Press. 1978.

六 外文期刊

〔1〕Begg C, Caira T.「Exploring the SME quandary:Data go vernance in practise
in the small to medium-sized enter prise sector」. *The Electronic Journal
Information Systems Evaluation*, 2012, 15(1).

〔2〕Hestenes, D「. Modeling games in the newtonian world」. *Am.J.Phys*, 1992,
(8).

七 其他外文文獻

〔1〕World Economic Forum.「The global risks report 2019(14th edition)」.
World Economic Forum. 2019. http://www3.we forum.org/docs/WEF_
Global_Risks_Report_2019.pdf.

Index
術語索引

K

Postscript

後 記

　　二〇一六年的最後一天，貴陽市人民政府新聞辦公室率先發布發展區塊鏈的地方宣言——《貴陽區塊鏈發展和應用》白皮書，開創性地提出「主權區塊鏈」的全新概念。隨後，全國科學技術名詞審定委員會在二〇一七中國國際大數據產業博覽會上審定發布「大數據十大新名詞」，「主權區塊鏈」入選其中，成為中國科技名詞。

　　大數據戰略重點實驗室是貴陽市人民政府和北京市科學技術委員會共建的跨學科、專業性、國際化、開放型研究平臺，是中國大數據發展新型高端智庫。二〇一五年以來，研究推出的「治理科技三部曲」（「塊數據」「數權法」「主權區塊鏈」）被譽為重構數字文明新時代的三大支柱，在國內外具有較大影響力。「主權區塊鏈」一直是我們的重要研究方向。其中，《塊數據 3.0》以「秩序互聯網與主權區塊鏈」為副標題，重點研究了從技術之治到制度之治的治理科技。《重新定義大數據》設專章論述了主權區塊鏈創新組織方式、治理體系、運行規則的重要意義。《數典》形成了以「主權區塊鏈」為重要組成部分的知識體系和術語體系，獲得了聯合國教科文組織國際工程科技知識中心的認可和推薦。

　　《主權區塊鏈 1.0：秩序互聯網與人類命運共同體》是大數據戰略重點實驗室在塊數據、數權法理論研究基礎上推出的又一重大創新成果，是對習

近平總書記「努力讓我國在區塊鏈這個新興領域走在理論最前沿、占據創新制高點、取得產業新優勢」重要講話精神的積極回應。一是提出了互聯網發展從信息互聯網到價值互聯網再到秩序互聯網的基本規律；二是推出了數據主權論、社會信任論、智能合約論「新三論」；三是論述了科技向善與陽明心學對構建人類命運共同體的重要意義。本書基於秩序互聯網和人類命運共同體對區塊鏈展開研究，希望為區塊鏈的發展與應用提供一種新視角、新理念和新思想。未來，我們將陸續推出「主權區塊鏈」系列理論專著，從改變未來世界的新力量、數字政府引領未來、協商民主改變世界到全球治理的中國智慧，為互聯網全球治理提供中國方案，為推動構建網絡空間命運共同體貢獻中國智慧。

本書由大數據戰略重點實驗室組織討論交流、深度研究和集中撰寫。連玉明提出總體思路和核心觀點，並對框架體系進行了總體設計，龍榮遠、張龍翔細化提綱和主題思想，連玉明、朱穎慧、宋青、武建忠、張濤、龍榮遠、宋希賢、張龍翔、鄒濤、陳威、沈旭東、楊璐、楊洲負責撰寫，龍榮遠、張龍翔負責統稿。陳剛為本書提出了許多具有前瞻性和指導性的重要觀點。貴州省委常委、貴陽市委書記趙德明，貴陽市委副書記、市長陳晏，貴陽市委常委、常務副市長徐昊，貴陽市委常委、市委秘書長劉本立等為本書貢獻了大量具有建設性的思想和見解。成稿後，大數據戰略重點實驗室浙江大學研究基地召開了學術研討會。浙江大學互聯網金融研究院院長、浙江大學國際聯合商學院院長賁聖林教授，浙江大學計算機科學與技術學院教授、浙江大學區塊鏈研究中心主任、浙江大學互聯網金融研究院副院長楊小虎，浙江大學光華法學院教授、浙江大學互聯網金融研究院副院長李有星，浙江大學光華法學院副院長趙駿教授，美國威斯康星大學奧克萊爾分校終身教授、浙江大學互聯網金融研究院區塊鏈工作室主任張瑞東，浙江大學人工智能研究所副所長鄭小林教授，浙江大學社會學系陳宗仕副教授，浙江大學國

際聯合商學院楊利宏副教授等就本書相關議題進行了交流和研討，各位專家學者從不同角度提出了許多真知灼見。應該說，本書是集體智慧的結晶。在此，需要特別感謝的是浙江大學出版社的領導和編輯們，魯東明社長以前瞻的思維、獨到的眼光和超人的膽識對本書高度肯定並提供出版支持，組織多名編輯精心策劃、精心編校、精心設計，本書才得以如期與讀者見面。當科技名詞成為時代名詞，主權區塊鏈將會以我們可能都無法想像的方式改變世界。如果說，區塊鏈是二十一世紀初人類最偉大的技術創新，那麼，主權區塊鏈的發展必然會成為二十一世紀後半葉最讓人興奮和最值得期待的原生創新，這種原生創新是一種全方位的創新，既包括技術創新，也包括理論創新、制度創新、模式創新。區塊鏈為我們勾畫了一幅人類走向數字文明的願景，而主權區塊鏈就是那把我們所有人都期待的鑰匙，它將打開數字文明的未來之門。

本書付梓之際，正值新冠肺炎疫情防控的最關鍵階段。世界各國正夜以繼日地推進新冠肺炎疫情防控應急科技攻關，加大科技成果在疫情防控中的應用力度。互聯網、大數據、人工智能、區塊鏈等新一代信息技術在其中發揮了重要作用，打響了一場全民抗擊新冠肺炎的科技戰。可以預見，疫情過後，新一代信息技術將不僅被視為經濟發展的新動能，更會成為治理體系和治理能力現代化的重要新支撐。區塊鏈特別是主權區塊鏈建設將脫虛向實，由點帶面，深入治理和服務的方方面面。治理科技將成為國家治理現代化的重要手段。希望我們的一些思考，能夠為治理科技的應用、治理體制的創新、治理場景的運行提供一點參考。區塊鏈是一個不斷升溫的熱點技術和焦點話題，當前各界對它的看法和理解也不盡一致。在編著本書的過程中，我們儘力蒐集最新文獻，吸納最新觀點，以豐富本書思想。儘管如此，由於水平有限、學力不貸和認知侷限，加上本書所涉領域繁多複雜，我們的觀點並不一定是絕對準確的，書中難免有疏漏差誤之處，特別是對引用的文獻資料

和出處可能掛一漏萬，懇請讀者批評指正。

大數據戰略重點實驗室
二〇二〇年三月十日

大學叢書 1700001

主權區塊鏈 1.0——
秩序互聯網與人類命運共同體

作　　者　大數據戰略重點實驗室
主　　編　連玉明
責任編輯　蘇　輗

發 行 人　林慶彰
總 經 理　梁錦興
總 編 輯　張晏瑞
編 輯 所　萬卷樓圖書股份有限公司
排　　版　菩薩蠻數位文化有限公司
印　　刷　博創印藝文化事業有限公司
封面設計　菩薩蠻數位文化有限公司

發　　行　萬卷樓圖書股份有限公司
　　　　　臺北市羅斯福路二段 41 號 6 樓之 3
　　　　　電話 (02)23216565
　　　　　傳真 (02)23218698
　　　　　電郵 SERVICE@WANJUAN.COM.TW
香港經銷　香港聯合書刊物流有限公司
　　　　　電話 (852)21502100
　　　　　傳真 (852)23560735

ISBN 978-986-478-446-2

2021 年 2 月初版

定價：新臺幣 640 元

如何購買本書：
1. 劃撥購書，請透過以下郵政劃撥帳號：
　　帳號：15624015
　　戶名：萬卷樓圖書股份有限公司
2. 轉帳購書，請透過以下帳戶
　　合作金庫銀行　古亭分行
　　戶名：萬卷樓圖書股份有限公司
　　帳號：0877717092596
3. 網路購書，請透過萬卷樓網站
　　網址 WWW.WANJUAN.COM.TW
大量購書，請直接聯繫我們，將有專人為
您服務。客服：(02)23216565　分機 610

如有缺頁、破損或裝訂錯誤，請寄回更換

國家圖書館出版品預行編目(CIP)資料

主權區塊鏈 1.0：秩序互聯網與人類命運共同
體 / 大數據戰略重點實驗室作.連玉明主編 --
初版.-- 臺北市：萬卷樓圖書股份有限公司,
2021.02
　　面；　公分.--(大學叢書；1700001)
ISBN 978-986-478-446-2(精裝)
1.資訊社會 2.網路社會 3.資料探勘

541.415　　　110001682